Educational Psychology

교육심리학

정황순 박현정 김영옥

태영출판사

머리말

교육을 통해서만이 인간은 가치로운 존재로 태어날 수 있다. 그러므로 교육은 인간이 가지고 태어난 무한한 가능성을 실현하게 도와주는 것이다. 또한 교육은 사람을 '사람다운 사람'으로 새롭게 바꾸어 가는 일이며, 이를 위해 교사와 학습자 사이의 교육내용을 매개로하여 가치로운 방향으로의 인간행동의 변화를 추구하는 의도적인 상호작용이라고 할 수 있다. 교육심리학은 이러한 교육적 상호작용의 효과를 최대한 높이기 위해 다양한 심리학적 방법을 적용하여, 교육실천에 필요한 지식과 기술을 제공하는 것이다. 즉, 교육에 있어서 심리학적 관심은 학습효과를 극대화시키기 위하여 학습자의 발달이나 지능 혹은 창의성, 동기 같은 학습자의 내부 요인을 탐구하는 것과 이러한 학습자의 내부의 요인들이 환경에 의하여 어떻게 발현되어 최적의 학습이 이루어지는지에 대한 탐색이다. 따라서 교육심리학은 바로 가르치고 배우는 교수-학습 활동과 그 활동에 영향을 미치는 요인들에 대한 다양한 지식을 제공한다. 급변하는 사회에 접어들수록 교육에 영향을 미치는 학생들의 개인적 요인뿐만 아니라, 이를 둘러싼 사회적 요인은 점차 다양해지고 그 필요성은 더욱 절실해지므로 이에 대한 다양하고 적극적인 탐색이 중요하다. 이러한 중요성을 강조하며 이 책은 대학생 및 교육과 학습에 관심 있는 사람들이 폭넓게 이해하도록 교육심리학에 대한 기본 개념과 교육현장에서의 교육심리학적 지식의 활용을 돕기 위한 내용을 담고 있다.

이 책은 전체 12장으로 이루어져 있다. 제1장은 교육의 심리학적인 기초부분으로, 교육심리학의 연구영역 및 방법을 다루었다. 2장, 발달과 발달이론부분에서는 인지적인 발달과 정의적인 발달을 나누어 살펴보았으며, 3장과 4장에서는 학습자의 지능과 창의성 등 개인차의 이해와 특수한 학습자를 다뤘다. 5장 성격과 자아개념 부분에서는 학습자 개인의 발달특성에 관한 연구들을 정리하였다. 6장 학습이론, 7장 학습에 영향을 미치는 조건, 8장 수업, 9장 교사에 대한 이해부분에서는 학습과 수업에 영향을 미치는 변인과 교수-학습에의 적용을 통해 효율적인 수업 방법을 모색하였다. 10장 적응과 부적응, 11장 생활지도와 상담, 12장 교육평가 부분에서는 실제적인 교수-학습과정에서 만나는 학습자와의 구체적인 상호작용 과정에서 맞닥뜨리는 실제적인 문제들, 특히 최근에 사회적인 문제가 되고 있는 학교폭력과 왕따 문제 등을 통해 학습자에 대한 구체적인 이해와 이와 관련하여 교사의 역할에 관한 전반적인 내용을 다루었다.

전공영역과 관련하여 교육심리의 전 분야를 다루고자 애썼으며, 한 학기 강의 분량으로 되어 있다. 이 책은 기존에 출판된 내용들을 바탕으로 보완하였으나, 아직도 미흡한 점이 많아 부족하고 미흡한 점을 지속적으로 연구하여 보완하고자 한다.

책을 출판하기까지 아낌없는 노력을 해 주신 태영출판사의 김현태 사장님과 그 가족들에게 진심으로 감사를 드린다.

2013년 7월

저자 일동

차 례

제1장

교육심리학의 기초

1. 교육과 교육심리학
2. 교육심리학의 연구영역
3. 교육심리학의 연구방법

1. 교육과 교육심리학

1) 교육심리학의 성격

교육심리학은 심리학적 지식을 교육현상에 적용하려는 응용적 심리학이라고 할 수 있다. 그러나 교육심리학을 단순히 심리학적 지식의 응용이라는 관점에서만 그 성격을 규정할 수는 없다. 교육심리학은 교육의 현상과 과정을 심리학적으로 기술하고 설명한다는 점에서 그 자체가 독자적인 연구대상을 가지는 심리학이라고 할 수 있다. 전통적으로 교육심리학의 중심영역은 발달, 학습과 교수, 적응과 지도, 사회집단과 집단역학, 측정과 평가 등이 중심을 이루고 있다(이성진 등, 1995, p. 8).

교육심리학은 심리학의 특수영역으로 발전되어 왔으나 최근에는 독자적인 학문영역으로 발전 · 규명되고 있다. 교육심리학은 응용심리학적인 요인도 있으나 그렇다고 하여 일반심리학에서 밝혀진 원리, 법칙을 교육문제에 단순히 응용하는 학문분야는 아닌 것이다. 그것은 마치 의료공학이 일반물리학의 원리를 환자의 진단, 치료에 응용하는 분야가 아닌 것과 같은 것이다. 더욱이 교육심리학은 독자적인 이론과 방법론을 통하여 자율학(autonomous discipline)으로 발전되어야 한다. 브루너는 '교육심리학의 과제는 응용에 있는 것이 아니고, 형성에 있다.'고 강조하고 있다.

교육심리학이 초기에는 '응용심리학'의 한 분야로서 '심리기술학'과 같은 뜻으로 인식되기도 하였다. 그러나 일반심리학의 이론을 교육에 응용하는 입장이 안고 있는 가장 큰 약점은 일반심리학이 연구해 놓은 이론이 가치의 문제나 인간의 교육적 형성과는 거리가 멀다고 하는 점이다. 일반심리학도 인간을 연구대상으로 삼지만 여기에서는 가치나 교육의 문제와는 관계없이 다만 주어진 문제와 사실의 법칙 및 이론만을 규명하는 과학성이 강조되고 있다. 따라서 실험실에서 얻어진 일반심리학의 이론을 그대로 인간에게 적용하거나 교육적 상황에 적용하게 된다면, 때로는 그릇된 진단과 잘못된 해석을 하게 될 위험성을 가지고 있다는 것을 알 수 있다.

이성진(1995)은 교육심리학과 일반심리학의 4가지 주요한 관심의 차이를 다음과 같이 지적하고 있다.

첫째, 일반심리학은 인간행동에 관한 보편적 원리와 법칙을 확립하는 데에 그 주목적이 있는 반면, 교육은 개개 학습자의 특성을 변화시키는 데 그 목적이 있다. 이처럼 심리학과 교육은 그 목적이 다르기 때문에 심리적 연구가 제공하는 원리와 법칙을 교육의 현장에 적용하기 위해서는 단순한 수식 이상의 상당한 정도의 수정이 요구되며, 때로는 차원이 다른 변형이 요구된다. 학습심리학의 원리를 학교현장에 적용할 수 있도록 "번역"하려는 노력이 상당한 매력을 끌고 있었으나, 그것은 큰 성과를 거두지 못하고 말았다. 이러한 노력의 성과가 어떠하든, 비록 심리학적 보편원리의 교육에의 적용이 성공한다 하더라도, 그것은 어디까지나 심리학의 학문적 성과이지 교육심리학의 성과라고 보기는 어렵다.

둘째, 보편적 법칙을 확립하려고 하는 심리학은 방법론적으로 정밀성과 경제성(parsimony)을 중요시하면서 일관성만 있다면 행동의 작은 변화와 차이도 중요한 고려의 대상으로 하고 있다. 예컨대 지각에 관한 심리학적 연구에서 빛의 룩스의 미세한 차이가 시지각에 어떤 영향을 미치는가 하는 것은 지각현상에 대한 심리학의 지식에 중요한 공헌을 한다. 이와는 반대로 교육은 다소의 정밀성과 경제성의 희생은 무릅쓰고라도 학습자의 행동에 상당히 큰, 그리고 의의 있는 변화를 일으키는 변인에 관심을 갖지 않을 수 없다. 즉 교육의 생태학적 타당성에 관심이 있다.

셋째, 심리학은 특수한 영역을 제외하면 가치중립적이며 기술적인 반면, 교육은 가치지향적이며 처방적이라는 점에서 심리학적 지식의 교육에의 적용에 무리를 초래한다. 심리학이 가치중립적인가 또는 가치중립적이어야 하는가 하는 문제는 논란을 야기하기도 하지만, 심리학은 일반적으로 행동의 학습, 변화, 발달 등의 연구에서 있는 그대로 본질적 현상을 충분히 기록하고 증명하는 입장을 취한다. 이렇게 본다면, 심리학은 교육학에 비해서는 그 출발부터 가치중립적인 실증과학이라고 할 수 있다. 그러나 교육은 어떤 가치를 실현하려는 과정이기 때문에, 가치중립적인 심리학과는 상당히 다른 결정을 해야 한다. 학습이론을 중심으로 Skinner와 Bruner를 대비할 때, Skinner의 이론을 기술적이라고 하고 Bruner의 이론을 처방적이라고 하는 이유도 여기에 있다. 심리학 교과서에서 Bruner를 학습이론가 대열에 합류시키기를 꺼려하는 바에 주목할 만하다.

넷째, 과거에 심리학의 원리나 법칙들이 주로 통제된 실험실에서 확립된 반면, 교육은 이에 비하면 상당히 자연 상태에 가까운 교실에서 일어나는 과정이기 때문에 심리학의 지식을 교육의 장에 적용하는 데 무리가 있다. 어떤 특수한 변인의 효과를 검증하는 것이 심리학의 실험이었기 때문에, 외래적 변인을 가급적 엄밀히 통제할 수밖에 없다. 이것은 심리실험 절차의 본질이다. 그러나 교육의 현장은 심리실험실에 비하면 통제되어 있지 않고 학습자에게 모든 변인이 각각 또는 전체적으로 동시에 작용하여 학습자의 행동에 영향을 미친다.

교육심리학은 부분적으로나 간접적으로 응용과학으로서의 성격을 띠고 있지만, 그러나 본질에 있어서는 '교육적 성장과 발달에 대한 조직적 연구'를 목적으로 하는 학문이며, 처음부터 교육을 위하여 '교육적인 상황에서 일어나는 작용, 응용, 행동, 경험을 연구대상'으로 하는 학문이다. 교육심리학은 심리적 기술학은 아니며, 교육의 과정에 수반하여 일어나는 제반 문제를 심리학적으로 탐구·해명하여 이를 과학적으로 설명, 처치하고, 예측할 수 있는 이론과 인간형성에 유용한 실천적 기술을 개발함과 동시에 교육의 실제에 도움을 주는 독자적인 과학의 성격을 띠고 있는 학문이라고 볼 수 있다.

2) 교육심리학의 발달

교육심리학의 원류는 19세기 초 심리학의 교육에의 응용에서 기원한다. Herbart는 '일반교육학'을 저술하여 교육학을 체계화하였다. 그는 교육목적을 윤리학에서 교육방법을 심리학에 구하려고 하였다. Fechner의 '정신물리학', Wunt의 생리학적 심리학에서의 정신측정은 교육심리학 탄생의 보다 직접적인 계기가 되었다. 그 외 Galton, Dewey, Ebbinghaus 등이 교육심리학 발전에 큰 영향을 미쳤다. 이러한 연구자들은 서로 상이한 문제의식과 방법을 통하여 노력하였지만, 객관성에의 소망, 양적 연구와 측정에 의하여 교육심리학을 확립하려는 확신을 공통적으로 보여주고 있다.

교육심리학은 20세기에 들어오면서 본격적인 탄생을 하게 된다. 최초의 교육심리학자 Thorndike는 인간성 탐구에 통계적 방법을 활용한 실증적 연구를 통하여 현대 교육심리학의 체계를 수립하였다. 그가 펴낸 '교육심리학'(1903)은 교육심리학의 독자적인 학문으로서의 위상을 확립하였다.

2. 교육심리학의 연구영역

스키너(Skinner)나 게이츠(Gates) 등은 교육심리학의 연구 내용을 다음과 같이 분류하고 있다. 스키너는 성장과 발달, 학습과 심리, 성격과 적응, 측정과 평가, 교수와 지도 등의 분야로 나누고 있다. 그리고 게이츠는 신체적 · 지적 · 정서적 발달, 학습과정, 사고 및 추리, 교수법, 교육과정 구성의 문제, 인성, 적응과 발달, 부적응의 진단과 치료, 결함 있는 아동 문제, 교사의 정신위생, 지능 및 학습능력의 측정, 능력결함의 진단, 학습발전의 평가 등이다(김제한 외, 1986, p. 21).

교육심리학의 연구영역에 대한 주요 저서들을 보면 기본적인 영역은 비슷하나, 서술하는 방식에 있어서 어느 면에 더 중점을 두느냐에 따라서 차이가 있음을 보여주고 있다. 교육심리학의 주요 연구영역을 보면 다음과 같다.

1) 발달 영역

교육은 인간이 바람직한 방향으로의 전인적인 성장을 꾀하는 것이다. 그러므로 교육심리학은 인간의 지적인 발달, 정서적인 발달, 사회성 발달, 신체적인 발달 등 인간의 전 발달영역뿐만 아니라 유아기, 아동기, 청소년기, 성인기, 노인기 등 인간발달의 전반적인 단계에 대한 이론과 실제를 연구하는 영역이다.

2) 개인차 영역

지능과 창의성 등은 발달에서 중요한 영역이다. 서로 다른 지능을 가진 학생들이 조화롭게 수업에 참석하여 긍정적인 결과를 얻기 위해서는 교사의 역할이 중요하다. 그러므로 발달의 보편적인 특징뿐만 아니라, 개인별 차이에 따른 특수성에 대한 연구는 중요하다. 더불어 최근 들어 활발하게 논의되어지고 있는 창의성, 인지양식 등 이들 개인차에 대한 보다 심층적인 연구가 필요하다.

3) 학습 영역

학습활동을 통해 바람직한 인간의 변화를 추구하는 것이 바로 교육의 핵심이다. 그러므로 효율적인 학습활동 등 교육의 효과를 극대화하기 위해서는 학습이론, 학습의 심리적인 과정에 대한 심층적인 연구와 이를 통한 지식이 필요하다.

4) 교수-학습과정 영역

교사들의 교수방법은 학생들의 학습과 생활에 많은 영향을 미친다. 따라서 다양한 교수계획, 교수목표, 교수방법 등에 대한 탐구를 통한 효과적인 교수방법에 대한 이해는 학습자의 적절한 발달을 위해 필요하다. 또한 학습의 현장에서 교사들은 능동적인 학습을 위해 학생들의 학습동기를 최대화시키는데 도움을 주어야 한다. 따라서 동기와 관련된 다양한 문제들과 동기이론의 고찰을 통해 효과적인 수업전략 방안을 모색해야 한다.

5) 생활지도 및 상담 영역

급변하는 사회 속에서 아동과 청소년으로 하여금 현명하게 대처하고, 현실적으로 당면하는 여러 문제들을 적절히 해결해 나가도록 하기 위해서, 학생이해의 방법, 상담의 방법, 정보수집과 제공방법, 부적응 학생에 관한 지도 방법과 이론을 다루는 것이 필요하다.

6) 교육평가 영역

교육이 의도하고 있는 교육의 목표를 어느 정도 달성했느냐의 여부를 결정하는 것이 평가활동이다. 이러한 면에서 교육의 효과와 학습효과의 측정과 분석, 즉 교육평가와 관련된 기술적인 이론과 실제를 다루어야 한다. 이러한 평가의 결과를 확인하고 분석함으로써 보다 나은 교육방법의 개선이 이루어질 수 있다.

3. 교육심리학의 연구방법

교육심리학은 효율적인 교육실천을 위해 여러 가지 문제를 심리학의 입장에서 연구하여 교육을 합리적이고 과학적으로 행하고자 하는 오랜 역사를 가지고 있다. 교육의 과학화를 처음 시도한 사람은 미국의 라이스(J. N. Rice)라는 교육학자이다. 그는 과학적 방법에 의한 교육문제 연구의 필요성을 주장하고, 이에 공감한 손다이크(E. L. Thorndike)는 교육에 있어서의 Testing이나 측정의 연구에 착수하여 이 방면의 연구를 위해 노력하였다. 그러나 교육의 과학적 연구는 단순히 심리학적인 연구만은 아니다. 과학의 출발은 가설을 설정하고 이를 검증하는 과정을 거치나, 교육과 관련된 현장연구는 실험적 연구의 결과를 복잡하고 역동적인 현장에 적용하기 위한 연구방법이다. 그러므로 아직도 교육심리학의 과학성 · 실천성이 큰 문제로 제기되어지는 것은 심리학의 이론적 연구를 단순히 옮겨 놓으면 교육실천에서는 멀어지고, 교육실천을 강조하여 현실적인 교육의 문제를 연구하다 보면 연구가 단편적이 되어 과학적인 체계에서 멀어지기 때문이다. 그러나 교육심리학은 경험과학이다. 그러므로 그 연구방법에 있어서 과학성을 갖추기 위해 노력해야 한다. 교육심리학이 과학인 이상 그 연구방법은 과학적 방법을 필요로 한다. 즉, 교육심리학의 연구방법은 사실을 추출해 내어 그 사실을 객관적으로 조작할 수 있는 과학적인 방법이 기초가 되어야 한다. 과학적 연구는 정확하고 객관적인 연구라야 하며, 숙련된 연구자에 의한 공평한 연구라야 하며, 실험자의 편견이나 주관에 좌우되지 않는 연구라야 한다.

교육심리학에 가장 많이 쓰이는 연구방법은 기술적 접근(descriptive approach), 설명식 접근(explanative approach), 그리고 임상적 접근(clinical approach)들이다.

기술적 접근이란 객관적으로 관찰되거나 측정된 사실을 주관적인 해석을 가하지 않고 있는 그대로 충실하게 언어적 형식으로 표현하는 방법으로 자연과학을 비롯한 기술과학의 대표적인 방법이다. 이 방법은 자연관찰법, 조직적 관찰법, 측정법, 조사법 등을 통해서 기술해야 할 자료를 수집하여 그 행동을 기술한다.

설명식 접근이란 일반적으로 인과성을 밝히는 연구형태로 어떤 정신현상이나 행동의 원인이 어디에서 연유되는 것이며, 그 행동이 또한 앞으로 어떤 행동으로 발전할 것인가의 예언적 연구형태를 말한다. 이 방법에서 주로 쓰이는 기법은 실험법이다.

임상적 접근은 현장에서 진단과 치료를 목적으로 연구하는 방법을 말한다. 이 경우 연구하려고 하는 사례의 성질이나 목적에 따라 기술적 접근 또는 설명적 접근의 어느 유형이든 될 수도 있고, 두 방법을 병행할 수도 있다. 예컨대 도벽이 있는 아동을 연구하려 할 때 무엇을 어떻게 훔치느냐 훔치는 빈도는 어느 정도냐의 문제는 기술적 연구방법으로 해야 하나, 도벽이 생기는 원인은 설명적 방법을 택해야 할 것이다. 이와 같은 임상적 접근의 기법은 일반적으로 사례연구의 방법을 택할 때가 많다.

교육심리학의 연구방법은 사실을 추출해 내어 그 사실을 객관적으로 조작할 수 있는 과학적인 방법이 기초가 되어야 하며, 구체적인 연구방법은 다음과 같다.

1) 관찰법

(1) 자연관찰법

어떤 변화와 사태를 아무런 인위적 조작을 가하지 않고 자연히 발생하는 사상과 행동을 관찰하는 방법이다.

(2) 실험관찰법

실험관찰법은 실험자가 계획적으로 통제하는 독립변인으로서의 특정조건과 이로 인하여 일어난 종속변인으로서의 특정사실(행동)과의 관계를 알아보려는 관찰법이다.

2) 면접법

면접법은 직접 피면접자인 학생을 앞에 두고 언어적 수단에 의해서 상대방의 특성을 관찰한다든가, 필요한 질문을 하여 응답을 구하는 방법이다.

3) 질문지법

질문지법이란 조사하고자 하는 사항을 문항으로 작성한 설문지를 통해 응답받는 방법이다. 질문지법에는 질문과 응답형식에 따라 자유문답법, 양분질문법, 다지선택법, 평정척도법, 등위법, 일대비교법 등이 있다.

4) 발달연구법

시간적 추이에 따라서 개체의 변화과정의 양상을 알아보는 유효한 방법이다. 이 방법은 단순한 현상의 기술로부터 탈피하여, 발달의 인과관계를 밝히기 위하여 가설을 검증하려고 하는 연구가 활발해짐에 따라 많이 이용되고 있는 방법이다.

(1) 종단적 연구법

동일한 대상에 대하여 시간을 추적하여 반복적 · 계속적으로 관찰 · 측정하고, 개체의 행동특성이 장기간에 걸쳐서 안정적이냐 변화적이냐를 알아보는 데 필요한 방법이다.

(2) 횡단적 연구법

발달의 변화과정을 둘 또는 그 이상의 시점으로 구분하여 각 연령단계별로 단기간에 자료를 수집하여 각 집단의 대표치를 구하여 비교하는 방법이다.

5) 일기법, 자서전법, 일화기록법

(1) 일기법

일기는 아동 및 청년심리의 연구법으로서 귀중한 자료가 되고 있다. 일기는 자발적인 기록, 장기간의 변화에 대한 기록, 자기표현이라는 점에서 심리발전의 과정을 알아보는 데 귀중한 자료가 된다.

(2) 자서전법

개인의 어린 시절 또는 청년시대를 회고하고 기록하게 하여, 여기서 정신적 · 신체적 · 사회적 · 정서적 성장발달의 경향과 과정을 파악하려는 방법이다.

(3) 일화기록법

개인의 행동발달과 성격 이해에 도움이 될 수 있도록 학생의 행동사례를 '사실자료(raw materials)' 그대로 기록하는 것이 일화기록법이다.

6) 소시오메트리(sociometry)

사회측정법을 말하며, 사회심리학에서 사회적 관계의 연구를 위한 측정일반을 지칭한다. 이 발상은 Moreno에 의하여 이루어졌으며, 이 방법은 집단구조에서의 모든 인간관계를 성원간의 견인(attraction), 반발(rejection), 무관심(indifference)에 의한 선택과 배척의 역학적 관계로 보고 있다.

학급내의 사회측정적 지위를 인기아, 보통아, 고립아, 배척아, 양립아로 구분하기도 하는데, 특히 배척경험은 이후의 적응에 대한 부정적 영향이 심대하므로 주의 깊은 지도가 요구된다.

7) 사례연구법(case study)

사례연구는 최근에 많이 쓰이는 방법으로 한 가지 사실이나 상황과 관련된 측면을 모든 각도에서 포괄적으로 다루는 것이다. 즉 소수의 연구대상을 선정하고 다양한 방법으로 필요한 정보나 자료를 수집해 연구대상이 지니고 있는 구체적 사실들을 밝히려는 경우에 사용한다. 교육현장에서 문제아나 특수아 등 개인연구에 많이 쓰이는데, 개인의 적응곤란의 원인이라고 생각되는 상황과 관련된 여러 가지 종류의 항목을 조사해서 문제의 원인을 진단하고 그에 따른 적절한 치료방법을 발견하는데 매우 유용하다.

8) 상관관계(correlational research)

상관연구는 어떤 사건이나 현상에 내재된 여러 변인들 간의 상호관계를 파악하고자 할 때 흔히 쓰이는 방법이다. 상관이란 두 변인들, 혹은 두 측정치 사이의 관계 정도와 방향을 말하는데 그 지수를 상관계수라고 하고, r로 표시한다. 만약 두 변인이 정적인 관계(한 변인이 증가하면 다른 변인도 증가할 때)일 경우에는 상관계수 r=1로 나타내며, 부적인 관계(한 변인이 증가하면 다른 변인은 감소할 때)일 경우에는 상관계수 r=-1로 표현한다. 또 두 변인이 아무런 관계성도 보이지 않을 때는 r=0로 표현된다. 그러나 상관관계에서 상관이 높다고 인과관계가 반드시 성립된다고는 말할 수 없다. 예를 들어, 상처받은 가정과 범죄와는 상관이 높다고 해서 상처받은 가정과 범죄가 인과관계를 이루고 있다고 속단할 수는 없다. 세 번째 변인인 빈곤이 범죄와 상처받은 가정의 원인이 될 수도 있다.

9) 검사법

검사법은 통계이론의 발전에 수반하여 이 방법의 이론적 근거가 더욱 명확해짐에 따라, 교육연구의 방법기술로서 그 타당성과 신뢰도를 높일 수 있는 유용한 방법으로 인정받고 있다. 표준화검사는 검사의 실시, 처리해석 활용이 표준화되어 있기 때문에 검사제작 정신에 위배 되어서는 안 된다. 그리고 검사의 세 가지 기능으로서 예언, 통제, 연구의 기능을 가지고 있다. 교육심리 연구에서 중요한 의미를 가지고 있는 표준화 검사로는 지능검사, 적성검사, 학력검사, 성격검사, 흥미검사, 태도 검사 등이 있다.

〈연구 문제〉

1. 교육심리학, 교육학, 심리학의 성격을 비교하여 설명하시오.
2. 교육심리학의 다양한 연구영역 중 현재 교육 현장의 문제를 해결하기 위하여 좀 더 시급하게 다루어야 할 영역은 어느 영역이라고 생각하는가? 그 이유는?
3. 교육심리학의 다양한 연구 방법 중 학교현장에서 많이 사용되어지는 방법을 하나 선택하여 구체적으로 설명하시오.

제2장

발달과 발달이론

1. 발달의 개관
2. Havighurst의 발달과업
3. 두뇌연구와 인간발달
4. Piget의 인지발달이론
5. Vygotsky의 인지발달이론
6. 도덕성 발달이론
7. 성격 및 사회성 발달이론
8. Bronfenbrenner의 맥락중심적 접근

1. 발달의 개관

1) 발달의 개념

인간발달(human development)이란 수태에서 죽음에 이르기까지 인간의 전 생애를 통해 계속되는 모든 변화의 양상과 과정을 말한다. 발달은 모든 변화에 다 적용되는 것이 아니라, 질서정연하게 일어나고 상당기간 동안 유지되는 변화들에만 적용된다(Woolfolk, 2007). 가벼운 질병이나 일시적 정서상태의 변화는 발달이라고 말할 수 없다. 발달적 변화의 과정에는 신체 · 운동기능 · 지능 · 사고 · 언어 · 성격 · 사회성 · 정서 · 도덕성 등 인간의 모든 특성들이 포함된다(송명자, 1995). 발달(development)은 성장과 성숙의 두 가지 의미를 전부 내포하고 있는 포괄적인 개념으로 변화의 유전적 요인뿐만 아니라 환경적 요인이 모두 포함되어 있다. 따라서 신체적 측면의 양적 변화와 함께 심리적 측면에서의 질적 변화를 모두 포함한다. 발달은 학습자의 변화와 관련된 개념이다. 효과적인 교육을 하기 위해서 교사는 학습자의 발달적 특징을 이해할 필요가 있다. 학습자의 발달적 특징에 따라 적합한 교육내용의 선정과 조직화, 교육방법, 평가가 고려되어야 한다.

인간 발달에 대한 연구들은 발달을 어떻게 보느냐에 따라 상이한 결과와 이론들을 주장한다. 구체적인 발달이론을 살피기 전에 인간발달을 이해하는 관점들의 차이에 대해서 언급하고자 한다. 인간성장에 관한 다음과 같은 폭넓은 관점들을 이해함으로써 학습자의 특성을 더 잘 이해할 수 있을 것이다.

전통적 접근에서는 아동기와 청년기의 발달은 긍정적인 변화인 반면에,

중년기 이후부터 노년기의 발달은 쇠퇴로 인한 부정적 변화라는 생각이 지배적이었다. 그러나 최근 주목을 받고 있는 평생발달적 관점에서는 '수정에서 사망에 이르는 동안 진행되는 체계적 변화'를 발달로 보아, 인간의 유기체는 일생을 통하여 변화할 수 있을 만큼 유연하며, 시간적으로 더 긴 성인기에서의 변화도 강조하였고, 이때에도 발달현상의 많은 부분들이 일어나고 있다고 밝히고 있다.

최근 발달심리학에서 평생발달적 관점을 강조하게 된 배경을 살펴보면,

첫째, 최근 성인인구가 많아짐에 따라 연구의 대상이 아동기를 벗어나 성인기, 노인기의 행동발달까지 확대되고 있다.

둘째, 상호작용이론은 새로운 관점에서 인간발달을 설명하고 있다. 아동의 발달변화는 가족에게 변화를 초래하고, 가족의 변화는 다시 개인의 변화를 가져온다. 이러한 관점은 인간이 전 생애를 통하여 끊임없이 변화하며 발전하는 것으로 받아들여졌으며, 일단 성인이 되면 신체적, 심리적 변화가 더 이상 오지 않는다는 사고는 잘못되었다는 인식을 가지게 되었다.

셋째, 단기간의 실험적 방법으로 얻어진 기존의 연구는 연령에 기초한 순간적인 지식만 제공하였지, 어떤 행동이 한 개인의 전 일생을 통하여 어떤 영향을 줄 것인지는 설명하지 못하였다. 그러나 평생발달적 관점에서는 인간 유기체는 일생을 통하여 변할 수 있을 만큼 유연하며, 시간적으로 긴 성인기에서의 변화도 강조하였고, 이때에도 발달현상의 많은 부분이 일어나고 있다고 밝히고 있다.

평생발달적 관점은 7가지 특징을 가진다(Santrock, J. W.).

첫째, 발달은 전생애적(lifelong)으로 이루어진다. 특정 단계만이 결정적으로 영향을 주는 것이 아니다. 발달에는 획득과 상실이 동시에 포함되며, 이들은 전생애에 걸쳐 역동적으로 상호작용한다.

둘째, 발달은 다면적(multi-dimentional)이다. 발달은 생물학적, 인지적, 사회·정서적 차원으로 이루어진다.

셋째, 발달은 다각적(multi-directional)이다. 어떤 차원이나 요소는 성장하는 반면에 다른 차원이나 요소는 퇴보한다. 예를 들면, 성인들은 그들의 다양한 경험에 힘입어 더욱 현명한 인지적 의사결정을 할 수 있지만, 정보처리 속도를 요구하는 과제에서는 뒤떨어진다.

넷째, 발달은 형성적(plastic)이다. 발달은 개인의 삶의 조건에 따라 다양한 경로를 통하여 이루어진다. 발달연구자들은 '형성성'과 '구속성'에 깊은 관심을 가지고 있다. 예를 들면, 연구자들은 성인들의 추론능력이 훈련을 통하여 개선될 수 있다는 것을 증명함으로써 발달의 형성성을 확인하였다.

다섯째, 발달은 역사성(embedded in history)을 가진다. '대공항'을 체험한 세대와 2차 대전 후 낙관적 분위기를 겪은 세대는 서로 다르다.

여섯째, 다학문적(studied by a number of disciplines)이다. 심리학자, 사회학자, 인류학자, 신경과학자, 의학자 등이 모두 인간의 발달을 연구하고 평생발달적 관점에서 발달문제를 밝히는 데 함께 노력한다.

일곱째, 발달은 상황적(contextual)이다. 인간은 끊임없이 상황에 따라 반응하기도 하고 상황에 영향을 주기도 한다. 상황적 관점에서 보면 인간이란 끊임없이 변화하는 세상 속에 존재하는 끊임없이 변화하는 존재이다.

2) 발달의 원리

(1) 연속적인 과정이다.

한 시기의 발달양상은 시간적 흐름으로 보아 전단계의 발달을 이어받고, 동시에 다음에 진행될 발달을 촉진시켜줄 기초를 닦는 역할을 하게 된다.

(2) 일정한 순서가 있다.

보행이 가능하려면 일어설 줄 알아야하고, 달릴 수 있으려면 그 전에 걸을 수 있어야 한다.

(3) 분화와 통합의 과정이다.

발달은 전체적 · 일반적 기능에서부터 부분적 · 특수적 기능으로 분화해 가는 동시에 그 분화는 단순한 세분화에 그치지 않고 분화된 각 부분들은 일정한 계열에 준해서 조직되고 통합된다.

(4) 발달은 주기적으로 일어난다.

보행을 개시할 시기에는 언어발달이 일시 부진상태에 들어갔다가, 다음 시기에 다시 나타난다.

(5) 발달에는 개인차가 있다.

발달에는 일반적인 원리가 있기는 하지만, 모든 사람이 같은 수준과 동일한 양상으로 발달할 수는 없다. 우선 선천적 소질이나 성별의 차이, 관심과 능력의 차이, 환경조건의 차이에 의해서 저마다 자기특유의 독특한 발달의 경향과 양상을 보인다.

(6) 발달은 상호관련적으로 일어난다.

보행이 자유로우면 사람을 만날 수 있는 범위가 커지므로 사회성도 발달한다.

(7) 발달은 유전과 환경의 상호작용에 의한다.

인간의 발달은 연령이 증가함에 따라 유전과 환경의 두 요인이 서로 영향을 주고받으면서 형성되어진다. 실제로 쌍둥이들의 지능과 성격에 대한 연구에서 유전적으로 동일한 일란성 쌍둥이와 유전적으로 관계없는 입양아와의 비교에서 유전적인 유사성이 존재하지만 환경의 영향을 무시할 수 없음이 꾸준히 보고되고 있다(McCartney, Harris, & Bernieri, 1990).

3) 발달에 관한 중요한 쟁점들

표 2-1 발달에 관한 중요한 쟁점들

쟁 점	제기되는 문제
발달의 본질	발달과정에 영향을 미치는 주요한 원인은 무엇인가? 유전인가? 환경인가?
발달을 유도하는 과정	발달의 주원인이 되는 중요한 과정은 무엇인가? 성숙인가? 학습인가?
발달의 결정적 시기	발달에는 결정적인 시기가 있는가? 그리고 결정적 시기는 발달속도와 어떻게 관련되는가?
발달의 형태	발달은 점진적이고 계속적인가? 혹은 비약적 단계로 이루어지는가?
초기경험과 후기경험의 중요성	발달에 있어서 초기경험이 중요한가? 아니면 후기경험이 중요한가?

(1) 유전과 환경

전성설(前成說)을 주장한 학자들은 남성의 정자나 여성의 난자 안에 이미 완전한 인간의 형상이 갖추어져 있다고 믿었다. 따라서 수태 시 오로지 제한된 양적변화 만이 일어나며, 환경은 발달의 결과에 거의 영향을 미치지 않는 것으로 믿었다. 반면에 John Locke는 아동을 백지상태(tabular rasa)에 비유함으로써 생물학적 기초가 아닌 환경적 영향력만이 모든 발달적 변화를 설명할 수 있다고 가정하는 극단적인 환경론을 주장하였다. 그러다가 18세기 말에 스위스의 동물학자인 Wolff가 인간의 생명은 미리 형성되어 있는 것이 아니라, 남성의 정자와 여성의 난자가 수정하여 만들어진 단세포로부터 출발한다는 사실을 발견하였다. 계속되는 논쟁결과, 심리학자들은 유전과 환경 중 어느 것이 더 중요한가 보다 상호작용을 연구하는 것이 더 중요하다는 것을 깨닫게 되었다.

개인의 인자형(因子型)은 표현형(表現型)을 절대적으로 제한한다. 예를 들어 우리가 아무리 많이 먹는다 해도 3M 이상은 자랄 수 없는 것처럼 유전전 요인은 좀처럼 능가할 수 없는 성장의 한계를 설정한다. 반면 환경적 요인은 유전적 잠재력이 실현될 수 있는 정도와 범위를 절대적으로 제한한다. 예컨대 지능의 성장과 발달은 유전에 의해 그 대략적인 한계가 결정되지만, 환경에 의해 달라질 수 있는 여지도 많아서 보통 IQ점수도 15점 정도의 범위내에서 변화가 가능한 것으로 보인다. 즉 선천적 특성들이 잠재적 변화의 한계를 규정하지만 이러한 한계는 적절한 환경이 뒷받침된 상태라야만 충분히 실현되어 질 수 있다.

(2) 성숙과 학습

성숙은 유전적 요인에 의해 발달적 변화들이 통제되는 생물학적 과정을 말한다. 유아기의 빠른 성장과 같은 변화나, 걷기 전에 서고, 두 단어로 말하기 전에 한 단어로 말하는 것과 같은 발달의 순서는 성숙에 기인하는 사건들로서 종의 특성이지 훈련의 결과가 아니다. 즉 이들은 학습에 의한 변화가 아니다. 성숙론자들은 좋지 않은 환경은 인간발달을 저해하는 요인은 될 수 있지만 기본적으로 성장은 성숙에 의존한다고 믿는다.

반면 학습론자들은 발달에서 경험의 중요성을 강조한다. 학습은 직접 또는 간접경험의 산물이다. 학습은 훈련이나 연습에서 기인하는 발달적 변화를 말하며 그 결과는 매우 개별적이고 특수하다. 예를 들어 운전기술이나 외국어의 습득은 매우 특정한 훈련에 의존하는 학습된 행동이라고 할 수 있다.

(3) 결정적 시기

모든 인간발달 이론들의 공통적인 견해는 인간발달은 연속적이라는 것이다. 어느 특정 시기에는 매우 빠르게 일어나지만 다른 시기에는 느리게 일어난다. 그러므로 발달심리학자들은 중요한 변수로서 변화속도의 차이에 관심을 갖는다. 예를 들면 유아기와 청년기의 신체변화는 다른 어느 시기보다 빠른 속도로 진행되며 보다 미묘한 심리적인 변화를 수반한다. 발달의 속도와 밀접하게 관련되는 쟁점은 결정적 시기가 정말로 존재하는가이다. 결정적 시기라 함은 유기체를 둘러싼 내적, 외적 사건들의 발달에 최대의 영향을 미치는 짧은 기간을 말한다.

인간에게 있어 결정적 시기를 연구하기 위해서 외부의 자극이나 신체적 접촉, 음식에 대한 욕구를 인위적으로 박탈한다면 윤리적인 문제가 발생하기 때문에 인간을 대상으로 결정적 시기를 연구한다는 것은 어려움이 있다. 따라서 우연히 자연발생적으로 발생한 사건들을 대상으로 연구할 수밖에 없다. 19세기초 프랑스의 시골에서 발견 된 빅터라는 12살 소년의 이야기는 바로 그와 같은 예다.

빅터는 구제불능 백치로 판명되어 동물과 같은 취급을 받은 후 이따르 의사에게 맡겨졌다. 그가 백치가 아니라는 것을 확인한 이따르는 언어교육을 시켰지만 끝내 그는 언어를 익히지 못했다. 이따르 의사는 그가 백치가 아님에도 불구하고, 언어를 습득하지 못한 것은 언어발달에 있어서 결정적인 시기가 있다는 가설을 뒷받침하는 증거라고 주장했다. Lennberg에 의하면 인간의 언어는 2세부터 사춘기에 이르는 동안 발달한다고 한다. 그렇다면 이러한 결정적 시기에 적절한 훈련을 받지 못한 것이 빅터가 언어를 습득하지 못한 이유라고 볼 수 있다.

또 하나의 예는 1970년 로스엔젤레스에서 발견된 Genie라는 소녀의 경우다. Genie는 아동학대 피해자로서, 출생 후 20개월부터 13세가 넘을 때까지 아버지에 의해 작은 구석방에 격리되어 살아왔다. 죄수복 같은 것을 입고 유아용 작은 의자에 하루 종일 묶여 있었기 때문에 손발만 겨우 움직일 수 있었다. 아무도 Genie에게 말을 걸지 않았고, Genie가 어떤 소리라도 내면 아버지에게 심한 매를 맞았다. Genie는 발견 당시 사춘기가 지나보였지만 심한 영양실조로 인해 어린아이처럼 보였으며, 똑바로 서지도 못하고, 말도 하지 못했다. 그 후 집중적인 언어훈련으로 Genie는 말을 하게 되었지만 끝내 정상적인 수준에는 도달하지 못했다. 그녀의 언어는 주로 2세 정도의 수준에 머물러 있었으며, 정상아동이 공식적인 훈련을 받지 않고도 자동적으로 습득하게 되는 문법을 이해하지 못했다.

결정적 시기를 입증하는 또 다른 예로 Johnson과 Newport는 모국어가 한국어이거나 중국어인 미국 이민자들을 대상으로 영어문법의 숙달정도를 알아보았다. 3~7세 사이에 이민와서 영어를 배운 경우에는 영어를 모국어 수준으로 유창하게 하였다. 그러나 이민당시의 연령이 높을수록 문법의 숙달정도는 감소하였으며, 사춘기(15세) 이후에는 급속도로 감소하였다.

결정적 시기에 관한 또 다른 예는 성 역할 부여의 시기에 관한 것이다. John Money는 양성체이거나 자신의 생물학적인 성과 반대로 양육된 아동들을 연구하였는데, 생후 18개월까지는 심리적 성 역할에 대해 상당히 융통성이 있다고 결론지었다. 예를 들어 남성인 사람도 인생 초기의 강력한 훈련을 통해서 여성으로 사회화될 수 있으나, 3-4세가 되면 사회화를 통해 반대성의 성 역할을 획득하는 기회가 급격히 감소된다. 발달의 특정영역에 있어서 결정적 시기는 확실히 존재한다.

(4) 연속성과 불연속성

행동주의적 접근과 같이 학습과 경험을 강조하는 발달론자들은 대부분 발달을 점진적이고 연속적인 과정으로 보며 성숙을 강조한다. 반면 발달이 일련의 독립적이고 질적으로 다른 단계들로 구성된다고 믿는 단계 이론가들은 발달을 불연속적인 과정으로 본다.

발달의 연속성을 강조하는 학자들은 발달을 수태에서 죽음까지 연속적이고 점진적으로 일어나는, 축적된 변화로 본다. 유아가 처음 말을 시작할 때 이것은 갑작스럽고 불연속적인 것으로 보이지만, 연속적 견해에서 보면 이것은 몇 주 또는 몇 달에 걸친 성장과 연습의 결과이다. 마찬가지로 사춘기 역시 갑작스럽고 불연속적인 사건으로 보이지만, 이 또한 수년간에 걸쳐 일어나는 점진적인 과정이다.

만일 변화가 갑작스럽게 일어나고 앞선 변화들과 상이하며, 발달적 변화에 각기 다른 일반 법칙이 적용된다면 발달은 불연속적 과정으로 간주된다. 즉 인간발달의 불연속성을 강조하는 학자들은 발달이 양적인 것이 아니고, 질적으로 서로 다른 단계를 통해서 진행된다고 본다. 예를 들어 추상적인 사고를 할 수 없었던 아동이 어느 날 갑자기 추상적인 사고를 할 수 있게 되고, 성인이 생식이 가능한 존재에서 어느 날 갑자기 그렇지 못한 존재로 변화한다. 이것은 양적이고 연속적인 변화가 아니고, 질적이고 불연속적인 발달이다. 이 두 가지 쟁점도 부자연스러운 양자택일의 문제이다. 만약, 상당기간에 걸쳐 변화의 실제 곡선을 관찰한다면 발달적 변화는 두 가지 형태를 결합한 모양일 것이다.

(5) 초기경험과 후기경험

일찍이 플라톤은 유아기에 흔들 그네를 많이 탄 아이가 나중에 커서 훌륭한 운동선수가 된다고 믿었다. 또한 유아가 생후 1년까지 따뜻하고 애정어린

보살핌을 받지 못하면 이후의 발달이 최적에 이르지 못한다고 보는 학자들도 있다. 19세기 뉴잉글랜드의 목사들은 주일예배 때 부모들에게 지금 유아기 자녀들을 양육하는 방식이 그들 자녀의 미래 성격을 결정한다고 설교하였다. 이와 같이 초기경험의 중요성을 강조하는 것은 인생은 계속되는 여정이기 때문에 한 개인의 심리적 특성은 그 근원을 더듬어 올라가 조사해봄으로써 알 수 있다는 신념에 기인한 것이다.

반면에 후기경험 주창자들은 인간의 발달은 유아기의 변화 이후 조각상과 같이 불변하는 것이 아니라, 조수의 간만처럼 끊임없이 변한다고 주장한다. 아동기의 발달뿐만 아니라, 전 생애의 발달에 초점을 맞춘 전생애발달론자들은 지금까지 발달의 후기경험이 지나치게 간과되었다고 주장한다.

부모-자녀 관계의 초기경험, 특히 5세 이전을 지나치게 강조하는 Freud를 신봉하는 서구문화에서는 초기경험의 중요성을 강조하는 경향이 있다. 그러나 모든 사람들이 이것을 믿는 것은 아니다. 예를 들면, 많은 아시아권에서는 6, 7세 이후에 겪게 되는 경험이 인간발달에 있어서 중요한 측면이라고 믿는다. 이러한 입장은 아동들의 추론능력이 아동중기에 발달한다고 믿는 오래된 신념에서 나온 것이다.

이상의 논쟁에서 어느 한편만을 지지한다는 것은 현명하지 못한 방법이다. 왜냐하면 인간의 전 생애를 통해 유전-환경, 성숙-학습, 연속성-불연속성, 초기경험-후기경험, 결정적 시기의 유무 중 어느 한쪽만이 발달에 영향을 미치는 것이 아니라, 양자가 모두 발달에 영향을 미친다고 보아야 하기 때문이다.

예를 들어 유전과 환경의 논쟁에서 인간발달에 중요한 역할을 하는 것은 양자의 상호작용이다. 남녀 청소년의 예를 들어보자. 유전적 요인이 신장과 체중, 사춘기 시작연령 등에서 남녀 간의 차이에 영향을 미친다. 즉 여자가 남자보다 키가 작고, 체중이 덜 나가며, 더 일찍 사춘기를 맞이한다. 그러나 환경적 요인의 영향으로 우리가 예전부터 익히 알던 남녀 간의 차이는 점점 사라지고 있다. 구체적으로 예전보다 더 많은 여성이 수학이나 과학 분야에 종사하고 있고, 점차 독립적이고 자율적으로 되어간다. 또한 전 세대에 비해 더 많은 여자 청소년들이 흡연을 하며 약물을 사용한다. 그러므로 남녀 간의 유사점이나 차이점을 어느 한 요인만으로 설명하는 것은 한계가 있으며 현명하지 못하다.

2. Havighurst의 발달과업

1) 발달과업의 개념

헤비거스트(R. J. Havighurst)는 발달과업(Developmental task)을 처음으로 제시하였으며, 이에 대해 "발달과업이란 개인의 일생 중 어떤 일정한 시기 또는 그 가까이에서 나타나는 과업으로 그 과업을 훌륭하게 성취하면 개인은 행복하고 이후의 과업도 잘 성공하지만, 만일 실패하면 불행을 맞으며 사회로부터 인정받을 수 없고, 이후의 과업 성취에도 곤란을 초래한다."고 주장하였다. 발달과업 이론 중 가장 대표적인 헤비거스트의 발달과업 이론의 내용을 제시하면 다음과 같다.

(1) 영아기와 유아기의 발달과업(1~5세)

① 걸음걸이 배우기
② 고형음식물 먹기
③ 말 배우기

④ 노폐물 배설의 통제 학습
⑤ 성차와 성적 성숙 학습
⑥ 생물적 안정성 이루기
⑦ 사회적 물리적 현실에 대한 단순한 개념의 형성
⑧ 자기를 부모, 형제 및 타인과 정서적으로 관련짓기
⑨ 선악의 구별을 배우고 양심을 발달시키기

(2) 아동기의 발달과업(6~12세)

① 보통 경기에 필요한 신체적 기능의 학습
② 성장하는 유기체로서 자기에 대한 건전한 태도 형성
③ 또래 친구 사귀는 것을 배우기
④ 적절한 사회적 성역할을 학습
⑤ 일상생활에 필요한 개념의 발달
⑥ 양심 · 도덕성 · 가치척도의 발달
⑦ 인격적 독립의 성취
⑧ 사회적 집단과 사회제도에 대한 태도의 발달

(3) 청년기의 발달과업(13~18세)

① 남녀 간에 새롭고 성숙한 관계 형성
② 남성으로서의 역할과 여성으로서의 역할을 감당
③ 자기의 체격을 인정하고 자기의 신체를 효과적으로 구사
④ 부모와 다른 성인으로부터 정서적으로 독립
⑤ 경제적 독립의 확신을 가짐
⑥ 직업의 선택과 준비

⑦ 결혼과 가정생활의 준비
⑧ 시민적 자질과 관련된 지적 기능과 개념의 발달
⑨ 사회적으로 책임 있는 행동을 추구하고 수행
⑩ 행동의 지표가 되는 하나의 틀로서 가치관과 논리체계를 습득

(4) 성년 초기의 발달과업(19~29세)

① 배우자의 선정
② 결혼 후 배우자와 동거하는 방식 습득
③ 가정생활의 출발
④ 육아방법 습득
⑤ 가정관리방법 습득
⑥ 직업 수행
⑦ 민주시민으로서 책임 이행
⑧ 마음에 맞는 사회집단의 발견

(5) 중년기의 발달과업(30~55세)

① 성인으로서 공민적 책임 수행
② 생활의 경제적 표준을 확립하고 수행
③ 10대 청소년으로 하여금 책임감 있고 행복한 성인이 되도록 도움
④ 성인다운 여가활동
⑤ 하나의 인격자로서 자기 배우자와 관계 형성
⑥ 중년기의 생리적 변화를 인정하고 이에 적응
⑦ 연로에 대한 적응

(6) 노년기의 발달과업(55세 이후)

① 줄어가는 체력과 건강에 적응
② 은퇴와 수입 감소에 적응
③ 배우자의 사망에 적응
④ 자기의 동년배와 친밀한 관계를 형성
⑤ 사회적인 공민적 책임 이행

2) 발달과업의 교육적 의의

① 학생의 신체적 · 정신적 · 지적 · 사회적인 성장발달을 돕고 원만한 인격을 형성하도록 안내하여, 사회에 현명하게 적응할 수 있는 지식과 기능을 기르도록 하며, 충분한 자기능력 신장을 도모할 수 있게 한다.
② 각 연령단계별로 과업을 성공적으로 수행하면 다음단계에서 그와 비슷한 과업을 훌륭하게 달성할 수 있게 된다.
③ 발달과업은 일정기간 내에 달성되어야 행복해지지만 실패하면 불행하게 된다. 그러므로 학생들이 빠지기 쉬운 부적응 행동(고립, 음주, 흡연, 폭행, 도벽, 좌절, 성적욕망 등) 때문에 과업수행이 뒤떨어지지 않도록 한다.
④ 교사나 학부모 등은 학생들의 발달정도를 파악하고 그들이 당면한 문제들이 무엇인지를 확인하여, 이러한 과업을 성공적으로 이룰 수 있도록 각별한 관심과 배려로 도와주어야 한다.

3. 두뇌연구와 인간발달

1) 두뇌 발달연구

신경과학자는 뇌의 행동이나 학습과의 관련성에 관심을 가지고 연구를 한다. 즉 학습은 뇌의 물리적 구조를 변화시키며, 이러한 구조적 변화는 뇌의 기능적 조직을 변화시킨다. 즉 학습은 뇌를 조직하거나 재조직한다. 그럼 뇌의 발달은 어떻게 이루어지는 것일까? 신경세포 뉴런은 신경세포나 감각기관에서 정보를 받아서 또 다른 신경세포에 전달하는 세포다. 정보가 뉴런에서 뉴런으로 전달되는 연결지점을 시냅스라 하며, 이 부분은 각성될 수도 있고 억제되기도 한다. 모든 시냅스에서 받은 정보를 통합하여 뉴런은 그 산출물을 결정한다. 인간 뇌는 최종적인 수의 시냅스 중 일부만을 가지고 태어나며, 이는 성인 용량의 2/3 정도다. 나머지 시냅스는 출생 후 형성되며, 이러한 과정의 일부는 경험에 의해 영향을 받는다.

시냅스는 두 가지 방식을 통해 뇌에 연결된다. 첫 번째는 시냅스가 과잉 산출되어서 선별적으로 소실되는 과정이며, 이는 경험을 통해 뇌가 정보를 통합하는 근본적인 기제이다. 성인과 비교해서 생후 6개월 영아는 대뇌피질 영역에 더 많은 시냅스를 가지고 있다. 이것은 생후 초기 몇 달 동안 많은 시냅스가 형성되고 이후에 상당수의 시냅스가 사라지기 때문이다. 시냅스의 과잉생성과 소실과정은 조각가가 필요 없는 부분을 없애는 가지치기 행동과 유사하다. 즉 과도하게 형성된 많은 수의 연결을 선별하고 부적절한 연결은 제거하는 과정을 거치게 된다. 이러한 과정을 거쳐 남아있는 연결은 이후

발달을 위한 감각과 인지기초의 정교화된 최종적인 형태이다.

시냅스 형성의 두 번째 방법은 형태가 완성될 때까지 새로운 시냅스를 추가하는 것이다. 시냅스의 과잉형성과 소실과 달리, 시냅스 추가과정은 인간 생애 전반에 걸쳐서 일어나며 특히 생애 후반이 중요하다. 과잉 형성된 시냅스가 적절한 신경연결을 선택하면서 두뇌는 가장 효율적으로 기능할 수 있는 조직화된 배선도를 갖는다. 두뇌발달이 정확하게 조직화되기 위해서는 외부에서 들어오는 시각정보가 필요하다. 즉 외부와 상호작용을 많이 할수록 뇌구조에 통합될 수 있는 정보를 더 많이 얻는다.

최근 증거에 따르면 학습경험과 관련 있는 신경계활동을 통해 신경세포는 새로운 시냅스를 만들어 낸다. 시냅스의 과잉형성 및 손실과정과 달리, 시냅스의 추가와 수정은 전 생애에 걸쳐서 일어나며 경험에 의해 영향을 받는다. 본질적으로 특정 사람에게 노출된 정보의 질과 한 사람이 소유하는 정보의 양은 전 생애에 걸쳐서 뇌구조에 반영된다.

학습의 특징은 기억의 지속성이나 취약성에 영향을 준다. 예를 들어 사람이 동일한 대상을 기억할 때 단어보다는 그림으로 기억하는 것이 더 효과적임을 일 수 있다. 학습하는 동안 단어와 그림을 함께 보여 주면 그림만 보여주었을 때보다 더 잘 기억한다(Roediger, 1997). 마음은 단순히 사상을 수동적으로 기록하는 것이 아니라, 적극적으로 저장하고 회상할 수 있도록 작동한다. 일련의 물체를 무작위 순서로 제시하였을 때, 사람들은 스스로 의미 있는 방식으로 새롭게 순서를 매기고 기억한다(Lichtenstein & Brewer, 1980). 학습은 기억과정과 정보 사이의 관계를 맺어 주는 것이다. 경험은 뇌구조의 발달에 중요한 요소이다. 즉 경험은 두뇌의 구조를 바꿀 수 있고, 특정 경험은 두뇌의 특정 효과를 미칠 수 있다. 초보자와 전문가의 주요한 차이는 정보가 조직되고 활용되는 방식에서 드러난다.

2) 뇌의 발달과정

복잡하고 섬세한 기능을 가진 뇌를 살펴보면 후두엽은 시각, 측두엽은 청각과 언어, 그리고 전두엽은 추상적 사고, 계획, 기억 등의 고등 기능을 맡고 있다. 그리고 이들 각 부위에는 특수화되지 않은 기능 몇 개를 관련시켜 해석하고 판단하는 연합기능을 맡는 연합야(聯合野)가 있다. 부위별 연합야 역시 기능에 차이가 있는데 학교 공부는 주로 학습과 기억의 측두엽, 그리고 지각, 인식 등의 두정엽에서 이루어진다. 이에 반해 전두엽은 사람을 사람답게 하는 최고 사령부로, 창조성과 야심, 자기 현시욕, 전향적 자세, 희망, 선악의 판단 등 인간만이 할 수 있는 고차원적 기능을 담당한다.

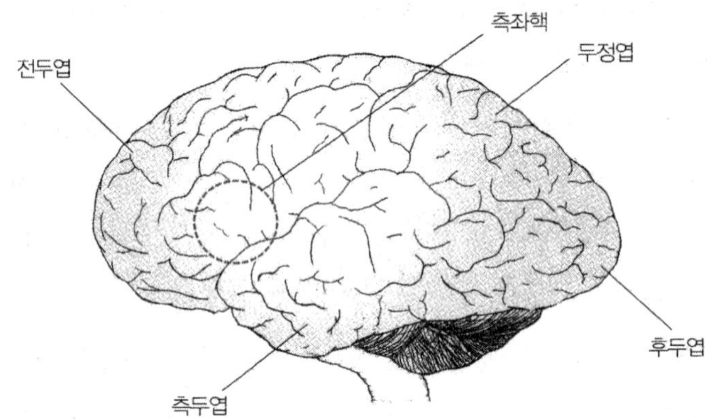

[그림 2-1] 뇌의 구조

(1) 0세, 피부는 제2의 뇌

피부로 전달되는 정보는 뇌의 발달 중 감정, 정서의 발달에 중요하다. 이 시기 엄마와 아이가 주고받는 모든 접촉이 두뇌발달과 연결된다. 목욕을 하면서 아기의 온 몸을 조물조물 만져주는 것, 뽀뽀를 하거나 볼을 부비는 것, 로션을 발라 주는 것, 꼭 안아 주는 것 등 엄마가 아이에게 하는 것뿐만 아니라, 아이가 엄마에게 하는 것도 모두 포함된다. 엄마 품에 안겨서 엄마의 가슴을 만지고 엄마의 얼굴을 쳐다보는 것만큼 아이의 두뇌발달에 좋은 것은 없다.

(2) 만 1~2세, 운동능력의 발달

이 시기는 전두엽과 두정엽, 후두엽이 골고루 발달한다. 이 시기의 뇌는 어느 한 부분만 발달하는 것이 아닌 만큼, 한쪽으로 편중된 학습을 시키지 않도록 해야 한다. 또한 이 시기는 대근육과 소근육이 함께 발달하는 시기인 만큼 소꿉놀이 등 정교한 장난감을 주어 아이의 뇌발달을 돕도록 해야 한다. 돌이 지나면서 이 시기의 아이들에게도 먹을거리의 변화가 나타난다. 음식의 재료를 빨고, 씹고, 먹고, 냄새 맡는 경험을 통하여 오감을 자극해 두뇌가 발달하는 것은 물론, 편식 습관을 예방할 수 있다. 이러한 씹는 과정은 뇌에 자극을 주어 뇌 신경회로를 활성화시키는 데 효과가 있다.

(3) 만 3~6세, 스스로 사고하는 힘

이 시기는 대뇌피질의 전두엽이 집중적으로 발달하는 시기이다. 전두엽은 종합적인 사고기능, 인간성, 종교성 등 최고의 인간적인 기능을 담당하는 부위이다. 세 살 배기의 뇌 활동은 어른 뇌의 2배로, 이러한 활동은 열 살까지 유지된다. 이 시기에 아이의 뇌가 분주히 움직이는 까닭은 그만큼 연결해야 하는 시냅스가 많기 때문이다. 종합적인 사고를 가능하게 하는 전두엽이 발달하는 시기인 만큼, 평생 올바른 사고를 갖게 하는 교육이 그 어떤 교육보다 앞서야 한다.

(4) 만 7~12세, 다양한 경험과 학습의 중요성

이 시기는 아이의 뇌가 교육을 원하는 시점이다. 이 시기는 대뇌피질의 가운데 부위인 두정엽과 양옆의 측두엽이 발달하는 시기이다. 측두엽은 언어, 청각기능을 담당하고, 두정엽은 공간과 입체적인 사고기능, 즉 수학적 · 물리적 사고를 담당한다. 즉 부모들이 조급하게 생각하였던 언어와 수학교육을 효율적으로 시킬 수 있는 시기이다.

(5) 사춘기, 어른 뇌로의 준비

12세부터 17세 정도까지가 전두엽의 발달이 가장 왕성한 시기이다. 완전히 새로 태어난다고 할 수 있을 정도로 전두엽의 구조나 네트워크, 시냅스의 형태, 세포의 숫자, 신경세포 자체의 숫자 등에 전반적인 변화가 일어난다. 그러므로 인간의 뇌에서 의미 있는 신경세포와 신경회로를 청소년기 이후에도 확보하려면, 초등학교 시기에 다양한 경험을 통해서 신경세포들이 활성화되고 중요한 회로라고 인정받아야 한다.

이 시기 전두엽은 이전의 경험을 토대로 앞으로 쓸 신경회로를 가려낸다. 뇌는 필요한 것보다 훨씬 많은 연결을 만들어 두었다가 그 가운데 상당 부분을 제거해 버리는 것이다. 뇌가 이러한 일을 하는 것은 성인이 되어서 한 분야에서 월등한 전문성을 갖게 하기 위해서이다.

청소년기 자녀를 둔 경우라면 다음의 몇 가지 사항을 반드시 기억해야 아이들이 스트레스로 뇌를 망치지 않을 수 있다.

① 공부는 하고 싶을 때 즐겁게 하게 한다.

사람의 뇌 중 전두엽에는 동기유발 기능을 담당하는 부위와 공부와 지적 활동을 담당하는 부위가 있다. 그런데 이 부위 바로 밑에 감정, 본능을 관장하는 부위가 있어, 두 부위가 서로 끊임없이 정보를 교환하면서 영향을 미친다. 즉 동기유발 뇌가 자극을 받으면 감정 기능도 영향을 받아 즐거운 기분을 발산하고, 이는 지성을 담당하는 전두엽을 자극해 집중력이 향상되고 공부도 효율적으로 이뤄지게 한다.

② 아이를 잘 재운다.

아인슈타인처럼 머리가 좋은 사람들 대부분이 고도의 집중력을 발휘한다. 고도의 집중력을 위해서는 잠이 꼭 필요하다. 뇌를 많이 쓰면 신경전달물질이 고갈되기 때문에 잠을 푹 자고 잘 먹어야 한다. 그런데 늦게까지 학원을 다니는 등 잠을 참아가며 공부를 하면, 뇌 회로를 망가뜨리고 정신적으로 스트레스를 주어 심하면 우울증에 이르게 된다.

③ 아이에게 솔직한 감정표현을 하게 한다.

스탠포드 대학의 제인 리처드(Jane Richard)박사는 여대생들에게 신체의 부상이 심한 남자에서 보통인 남자에 이르기까지 다양한 남자들의 슬라이드를 보여준 뒤, 여학생 절반에게는 자유롭게 감정을 표현하게 하고, 나머지 절반에게는 아무런 느낌이 없는 것처럼 무표정하게 있으라고 요구했다. 그리고 잠시 후 단기기억 테스트를 하였다. 결과는 감정표현이 자유로운 집단이 그렇지 못한 집단보다 점수가 더 높았다. 연구팀은 감정을 부자연스럽게 억제하려는 의도가 뇌의 집중력 변화를 가져와, 소수의 신경세포들만이 기억과정에 참여함으로써 기억력이 떨어진 것으로 추측했다.

④ 아이를 명랑하게 키운다.

명랑한 집단과 우울한 집단에게 자연과학 학습도서를 읽게 한 다음 조금 후에 그대로 옮기는 것과 그 내용과 관련된 문제를 푸는 두 가지 과제를 주었을 때 문제를 푸는 데에서는 명랑한 집단이 월등히 우수한 것으로 밝혀졌다. 즉, 명랑한 감정은 학습과 기억능력을 향상시킨다. 아이가 공부를 잘하기를 원한다면, 좋은 머리를 갖기 원한다면, 아이가 항상 행복할 수 있게 키워야 한다.

아이가 자라면 두뇌 또한 자란다. 아이의 연령에 따른 두뇌발달 포인트를 알면 아이에게 필요한 오감자극과 놀이교육도 문제없다. 연령별 두뇌발달은 다음 〈표 2-2〉와 같다.

표 2-2 연령별 두뇌발달표

〈1〉

연령	운동발달	감각 · 인지발달
0~3개월	(대근육) 발달운동과 생존을 위한 움직임이 많다. 엎드려서 머리를 들 수 있으며, 어깨를 잡아주면 고개를 들기도 한다. 번갈아가며 발차기를 할 수 있다. (소근육) 양손을 가슴으로 모을 수 있으며, 도움을 받으면 앉을 수 있다. 생후 6개월이 가까워지면 혼자서 앉기도 한다. 도움을 받으면 옆으로 구를 수 있다.	자기 손을 가지고 놀기도 하고, 뚫어지게 바라보기도 한다. 엄마 목소리가 들리는 쪽으로 고개를 돌릴 수 있고, 모빌을 쫓아 눈동자를 굴리기도 한다.
4~6개월	(대근육) 뒤집기를 할 수 있으며, 도움을 받으면 혼자 앉을 수 있다. 생후 6개월이 가까워지면 혼자서 앉기도 한다. 도움을 받으면 옆으로 구를 수 있다. (소근육) 고개를 움직이지 않고 시선을 움직일 수 있고, 물건을 향해 손을 뻗고 잡을 수 있다.	손에 물건을 주면 무조건 입으로 가져가 빤다. 다소 먼 곳의 물체를 구별할 수 있고 색깔도 구별한다. 엄마의 목소리에 민감하다.

연령	운동발달	감각 · 인지발달
7~12개월	(대근육) 손을 사용해 혼자 앉고, 먹고, 기고, 주변의 사물을 잡고서는 것이 가능하다. 생후 10개월경에는 팔다리를 이용해 길 수 있으며, 12개월 즈음에는 가구를 잡고 걸을 수 있다. (소근육) 한 손에서 다른 손으로 물건을 옮기고, 장난감을 가지고 놀 때 손목을 사용하기도 한다. 엄지와 검지로 물건을 잡을 수 있다. 생후 10개월이 넘으면 통에 물건을 넣고 꺼낼 수 있으며, 연필을 잡고 휘갈기기를 할 수 있다.	움직이고 소리 나는 것에 관심을 보이고 따라다닌다. 사람을 기억하고 새로운 것에 집중해 쳐다본다. 상자 속, 서랍 속 물건을 뒤지는 데 관심이 많다. 감춘 장난감을 찾아 낸다.
13~18개월	(대근육) 혼자 걸을 수 있고, 계단을 기어오를 수 있으며, 음악에 맞춰 움직일 수 있다. 생후 18개월 무렵에는 뒤로 걷거나 뛰어다는 것이 가능하며, 공을 차거나 물건을 던질 수 있다. (소근육) 한 손으로 물건을 쥐고 다른 손으로 조작하는 것처럼 두 손을 한꺼번에 사용하는 것이 가능하고, 손가락을 이용해 막대를 구멍에 꽂거나 탑 쌓기 놀이를 할 수 있다.	엄마의 지시를 이해한다. 물건을 건네줄 수 있고, 원이나 사각형 같은 간단한 도형을 맞출 수 있다. 거울 속에 비친 모습이 자기인줄 안다. 엄마 아빠의 행동을 모방하기를 좋아한다.
19~24개월	(대근육) 두 발을 모아 제자리에서 뛰는 것이 가능하며, 높은 곳을 기어오를 수 있다. 혼자 옷을 벗거나 문을 여닫는 것도 가능하다. 난간을 잡고 계단을 오르기도 한다. (소근육) 엄마가 동그라미를 그려주면 따라서 동그랗게 휘갈기기를 할 수 있으며, 수평선을 그려주면 비슷하게 그려보려고 한다.	감추는 것을 보지 못한 물건도 찾을 수 있고, 사물과 그림을 짝지을 수 있다. 움직이는 장난감을 올바르게 작동할 수 있다.

연령	운동발달	감각 · 인지발달
만 2세 이후	(대근육) 정지된 상태에서 균형잡기, 발끝이나 발꿈치만을 이용해 걷기, 도움받아 바른 자세로 한 칸씩 계단 오르기가 가능하다. 공 던지기, 세발자전거 타기도 할 수 있다. (소근육) 책장을 한 장씩 넘길 수 있고, 손가락을 사용해 쓰기 도구를 쥘 수 있다. 숟가락이나 포크를 사용할 수 있다.	일정한 기준에 따라 사물을 늘어놓을 수 있고, 사물의 공통점과 차이점을 안다. 시간에 대한 개념이 생기고, 밤낮을 구별하기 시작한다. 1부터 10까지 셀 수 있고, 2~6조각 정도의 퍼즐을 맞출 수 있다. 색 이름은 세 가지 이상 기억한다.
만 3세 이후	(대근육) 자전거 타기, 도움 없이 두 발을 교대로 내딛으며 계단 오르기 등을 할 수 있다. 머리 위로 공을 던지고, 튀긴 공을 잡는 것도 가능해진다. (소근육) 엄지와 검지로 매우 작은 물건을 잡을 수 있고, 종이를 접거나 가위로 오릴 수 있다. 반듯하진 않지만 쌓기놀이가 가능하다. 선이나 원과 같은 단순한 모양을 그릴 수 있다.	장난감을 나열하는 놀이를 좋아하고, 숫자에 관심이 많다. 호기심이 많아져 "왜?"라는 질문을 많이 한다.
만 4세 이후	(대근육) 뒤로 걸을 수 있고, 직선뿐 아니라 곡선인 평균대 위를 걸을 수도 있다. 빨리 달릴 수도 있고, 달리면서 방향 전환하는 것이 가능하다. 미끄럼틀이나 정글짐 등을 타고 내리는 놀이를 한다. (소근육) 블록을 높이 쌓고, 신발끈을 빼고, 가위로 선을 따라 오리는 것이 가능하다. 혼자 옷을 입을 수 있으며, 간단한 글씨를 쓸 수 있다. 두 부분으로 구성된 사람을 그릴 수 있다.	간단한 사건에 대해서는 나름대로 이유를 제시할 수 있고, 상상과 가상을 구별할 수 있다. 주의집중 시간이 10분 정도 된다.
만 5세 이후	(대근육) 안정감 있게 평균대 위를 걸을 수 있고, 줄넘기나 스케이트 타기 등이 가능하다. (소근육) 간단한 모양을 그리고 자르는 것을 할 수 있고, 적당한 풀칠을 해 보는 활동도 가능하다. 선 밖으로 나오지 않게 색칠도 할 수 있다. 이름이나 숫자 쓰기가 가능하다.	읽고 쓸 수 있는 글과 숫자가 늘어나고 주위 환경에 있는 글과 숫자를 읽고 싶어 한다. 사물을 특성에 따라 분류할 수 있으며, 과거와 현재의 개념을 정확하게 사용한다.

〈2〉

연령	정서 · 사회성발달	언어발달
0~3개월	사람의 얼굴을 좋아하고, 신체적 접촉을 즐겨 안아달라는 의사표시를 한다. 엄마의 목소리를 알고 시선을 맞출 수 있다.	울음을 통해 의사표현을 한다. 엄마가 말하면 옹알이로 반응하기 시작한다.
4~6개월	화를 내고, 짜증을 부릴 수 있으며, 기분이 좋고 나쁨을 목소리로 표현하기도 한다. 사람을 보고 미소를 지을 수 있으며, 행동으로 기분을 표현한다.	옹알이가 증가한다. 자기 이름에 반응하며, 다양한 모음소리를 낼 수 있다. 간혹 엄마와 이야기하듯 옹알이를 주고받기도 한다.
7~12개월	엄마를 유난히 좋아하고 낯가림이 생긴다. 다른 사람의 표정을 보고 기분을 알며, 낯선 환경에서 엄마와 떨어지면 불안해한다. 반항을 하거나 짜증을 부릴 수 있고, 독립심이 생기기 시작한다. 생후 12개월이 되면 손을 흔들어 인사하거나 머리를 까딱 숙여 인사를 하기도 한다.	옹알이가 최고조에 달하는 시기, 옹알이로 대화가 가능하다. 억양을 통해 의미를 파악하고, 간단한 소리를 따라 할 수 있다. 생후 10개월 정도가 되면 한 단어로 말하기 시작하여, 돌 전후로 의미 있는 단어를 사용한다.
13~18개월	자아 개념이 생기기 시작하면서 자주 고집을 피운다. 관심을 독차지하고 싶어한다. 생후 18개월경에는 부정적 정서를 숨기기도 한다.	주로 한 단어를 문장처럼 쓴다. 엄마의 간단한 심부름을 알아듣고 해낼 수 있다. 이해하는 단어가 많아진다.
19~24개월	당황, 수치, 죄책감, 질투, 자긍심, 기쁨, 동정, 분노 등 여러 정서가 다양하게 분화되고, 그 수준이 어른과 비슷해진다.	3~6개의 신체부위를 식별하고, 동물과 동물이 내는 소리를 짝지을 수 있다. 이야기 듣는 것을 좋아한다. 생후 24개월 즈음에는 두 단어를 사용하기 시작한다. 수사, 대명사, 동사를 쓰기 시작한다.
만 2세 이후	어른과 같은 모든 정서표현이 가능하다. 잘 놀다 싸우고, 금방 웃는 등 감정 변화가 심하다. 큰 소리나 어두운 곳을 무서워한다. 뽀뽀를 해 주는 대상이 다양해지고, 스스로 하려는 욕구가 커진다.	200~300개의 어휘를 구사한다. 전보문처럼 두 단어를 사용하다가 3~4개의 단어를 이어서 말한다. 의문문과 부정문도 가끔 사용한다. 이해하는 언어는 500~900개 수준이다.

연령	정서 · 사회성발달	언어발달
만 3세 이후	또래 아이들과 놀지만, 나란히 앉아서 따로 논다. "싫어"라는 말을 자주 하고, 특정한 사람이나 사물을 무서워한다. 화를 잘 내고 또래에게 질투심을 보이는 등 변덕스럽다.	약 900개의 어휘를 사용할 수 있다. 문자의 기본구조를 안다. 말을 잇기 위해 "음", "어" 같은 무위미한 말을 자주 사용한다. 질문이 많아지며 우스운 소리나 말놀이를 즐긴다. 과거 경험을 말할 수 있고, 4~5개의 단어를 사용해 문장을 만들 수 있다.
만 4세 이후	동성인 또래를 좋아하고, 역할놀이를 할 수 있다. 규칙적으로 학습을 할 수 있으며, 가끔 남을 도와주는 행동을 한다.	문장을 변형시킬 수 있고 과장이나 유머를 즐긴다. 글자와 숫자, 단어를 읽기 시작한다. 의문사와 인과관계 접속사를 말할 줄 안다.
만 5세 이후	좋아하는 또래 친구가 생기고, 규칙 있는 놀이나 또래와 함께 하는 놀이를 할 수 있다. 기분이 나쁘면 말로 표현 할 수 있다.	성인과 유사한 문법을 구사한다. 표현 할 수 있는 어휘가 2,000~3,000개에 달하고, 6~8개의 단어로 된 문장을 말할 수 있다. 새로운 단어에 대해 질문할 수 있고, 들은 이야기를 시간순서에 따라서 설명할 수 있다.

출처: EBS 제작팀(2009). 아이의 사생활. 서울: 지식채널, p. 78~79.

4. Piaget의 인지발달이론

1) 주요개념

스위스의 심리학자인 피아제(Jean Piaget : 1896~1980)는 인지발달에 대한 가장 영향력 있는 이론을 제시하였다. 피아제 이론은 인지발달에 있어서 질적인 변화를 구체화하는 단계적 인지발달이론이다. 비록 각 단계에서 아동이 나타내는 성취가 이전의 단계에 토대를 두고 있다 하더라도, 이러한 성취는 이전의 단계에서 아동이 보여 준 성취하고는 다르다. 그러므로 피아제이론을 지지하는 사람들은 시간이 지남에 따라 발달이 천천히 진행되기 보다는 갑자기 일어난다는 입장을 교사들이 갖고 있어야 한다고 생각한다. Piaget가 자신의 이론을 설명하면서 말하는 4가지 기본 요소(관점)는 다음과 같다.

첫째, 발달은 연속적이다.

모든 발달은 연속성을 지니고 있다. 어느 한 시점의 어떤 한 발달단계의 발달도 그 전의 발달과 관계없이는 알 수 없다. 예를 들어 어느 아이가 교육의 현장에서 공부를 못한다. 공부를 못할 이유가 없는 아이가 공부를 못한다. 그 이유는 발달은 연속성을 지닌 것인데, 이 연속선상에 문제가 있는 것이다. 아버지가 직장을 너무 자주 옮겨서 그때마다 아이가 적응을 하느라고 바빴다. 그래서 기초를 다질 시간이 없었다. 즉 한 성장에서의 문제행동의 특징은 발달과정 속에 문제가 있는 것이다.

둘째, 모든 발달은 분화와 미분화의 계속적인 과정을 통해서 이룩된다.

어느 것이 먼저이고 어느 것이 나중인지는 모르지만 인간의 발달을 보면 리듬을 탄다. 부분과 전체, 분화와 일반화, 이것을 성장이라고 한다. 이것은 학습하지 않고도 된다. 뼈가 자라는 것은 학습하지 않아도 된다. 한 살 정도의 어린아이 앞에 물체를 가져다 놓으면 어린아이는 그 물체를 잡으려고 한다. 아직 분화가 덜 되었기 때문에 팔 전체가 나간다. 잘 잡지 못하다가 몇 번의 연습을 통해서 조그만 물체도 잡을 수 있는 정도의 코디네이션이 된다. 그만큼 분화가 된 것이다. 몸 전체가 나갈 필요가 없다. 손만 나가면 된다. 손만 가지고 분화된 행동을 할 수 있다.

셋째, 발달의 연속성은 계속적인 확장에 의하여 이루어지고 발달과정중의 한 단계는 전 단계에 기초를 두고 확장된다.

처음에 우리가 경험을 할 때는 부분적인 조그만 경험에 지나지 않지만,

그 다음에 할 때는 연결이 되어진다. 예를 들면 협동이라는 개념이 있다. 맨 처음에는 두 사람이 같이 일하면 협동인줄 알았는데, 차차 학년이 올라가면서 협동이란 한 공동체가 서로 책임을 나누어서 같이 힘을 합쳐 살아나가는 것이라는 의미를 알게 된다. 여기에 경찰서, 소방서, 학교, 동사무소 등이 각각의 기능을 하면서 한 사회가 하나의 공동체로서 안정되고 원활하게 살아나가는 것에 도움을 주는 것으로 협동의 의미가 확장되어진다.

모든 개념이라고 하는 것은 처음에는 아주 단순하고 간단한 상태에서 복잡하고 깊은 의미에까지 확대되어 나간다. 처음에는 조그맣게 가졌던 개념이 새로운 경험이 합쳐짐에 따라, 그 경험을 수용하고 조직하는 그 자체가 커져나가는 과정이 있다. 존 듀이는 "배운다는 말은 자란다는 것이고, 자란다는 것은 경험의 계속적인 재구성을 뜻한다"라고 말하고 있다. 우리가 어제까지 가졌던 경험에서 새롭게 경험을 해나가는 동안에 여태까지 가졌던 경험과는 매우 성격이 다른 좀 더 확장된, 보다 복잡화된 것으로 변화해나가는 것을 설명하는 개념이다.

넷째, 각 발달단계는 기본적으로 전 단계의 반복이기는 하지만, 그것은 새로운 형태조직으로 발전하는 반복이다.

피아제는 한 인간의 경험이 재구성되어가는 과정을 오늘과 내일로 계속되어지는 행동의 변화를 통한 스키마의 변화의 조직이라고 보았다. 피아제의 단계설을 보면 많은 사람을 대상으로 하는 통계적인 방법을 쓰지 않고, 소수의 사람을 집중적으로 연속적으로 관찰하는 것을 통해서 그 속에서 일반적인 원칙을 도출하였음을 알 수 있다.

Piaget의 인지발달에 있어 주요개념은 다음과 같다.

(1) 스키마(schema, 복수형 schemata)

스키마란 개인이 환경을 조직하여 환경에 성공적으로 적응할 수 있도록 해주는 인지구조를 말한다. 우리 몸이 신체적인 구조를 가지듯이 사람의 마음도 정신구조, 즉 스키마타와 같은 구조를 가진다고 설명하고 있다. 즉 인간의 몸이 환경에 적응하기 위하여 소화기관, 호흡기관 등과 같은 다양한 구조로 조직되어 있는 것과 마찬가지로 인간의 마음도 새로운 환경에 잘 적응하기 위하여 다양한 구조로 조직되어 있다는 것이다.

스키마타는 파일 속에 만들어진 색인카드에 비유할 수 있다. 환경 속에서 아이는 마음속에 인지구조를 형성하며 이 인지구조, 스키마타를 통해 미래에 비슷한 경험을 했을 때 쉽게 적응 할 수 있는 것이다. 그러나 태어날 때부터 이러한 스키마타가 있는 것은 아니다. 태어나 겪게 되는 경험으로부터 스키마타는 형성되기 시작한다. 아동이 점점 자라면서 좀 더 많은 자극과 경험을 하면서 다양한 경험을 담은 카드가 점점 많아지는 것이다. Piaget는 이러한 다양한 경험을 조직하여 스키마타를 만든다고 설명하고 있다.

(2) 평형화 : 동화와 조절

피아제에 따르면 인지발달이 일어나는 가장 중요한 원리는 평형화(equilibrium)이다. 평형화란 환경의 요구에 대한 인지구조의 균형을 의미한다. 아동은 세상과 상호작용할 때 자신의 머릿속에 있는 세상과 일치하지 않는 상황과 마주치게 된다. 예를 들어 아동이 남자라고 생각하는 사람에 대해 어른들은 여자라고 할 수 있다. 피아제는 세상의 상태와 아동의 정신세계에 있는 선행 개념 간의 불일치를 불평형화(disequilibrium)라고 했으며, 아동들에게 있어서 불평형화는 유익하다고 하였다. 왜냐하면 발달의 촉진제이기 때문이다. 그러므로 교사는 아동들이 새로움의 의미를 깨달을 수 있는 단계에 도달할 수 있는 한, 아동들에게 새로운 상황을 제시하는 데 주저해서는 안 된다(Kuhn, Garcia-Mila, Zohar, & Anderson, 1995).

평형화는 동화(assimilation)와 조절(accommodation)의 과정에 의해 획득될 수 있다.

동화는 새로운 정보를 접할 때 이미 가지고 있는 인지구조에 맞추려는 경향성을 말한다. 예를 들면, 떡 방앗간에서 쌀을 곱게 간다고 가정하자. 떡 방앗간에 있는 기계 속에다 쌀을 넣고, 전기 스위치를 꽂으면 잡음이 별로 나지 않고, 순조로이 기계가 잘 돌아갈 것이다. 그러나 기계 속에다 돌덩어리를 넣었다고 가정해 보자. 쿵쾅 쿵쾅거리며 큰 소리를 내거나 곧 기계가 멈추고 말 것이다. 전자의 예가 바로 동화의 경우다. 그러나 새로 들어오는 정보가 반드시 떡 방앗간의 기계 속으로 들어가는 쌀과 같이 현존해 있는 도식에 잘 융합될 수 있는 것들만은 아니다. 잘 융합될 수 없을 때, 아동은 자신이 가지고 있는 현재의 도식을 수정해서 새로운 정보를 현존하는 도식과 융합시키게 된다. 이러한 과정을 조절이라고 한다. 즉, 조절은 기존의 인지구조로 동화할 수 없는 정보를 조직하기 위하여 새로운 인지구조를 형성하는 것을 말한다.

동화와 조절은 상보적인 형태로 동시에 일어나게 된다. 즉, 어떻게 할 것인가라는 문제에 직면했을 때, 이미 알고 있는 지식을 적용시키는 동화의 과정과, 무엇인가 새로운 방법을 획득하는 조절의 과정이 우리의 사고 과정에서 동시에 일어나고 있는 것이다. 결국 피아제에 의하면 인지발달이란 기존의 인지구조에 비추어 모순 없는 지식은 동화시키고, 기존의 인지구조에 적절하지 않은 지식은 인지구조를 변경하는 과정을 통해 지속적으로 인지구조를 확장시키는 과정으로 설명될 수 있다

인간은 자신의 심리적 구조를 일관성 있고 안정된 행동양식으로 조직하려는 경향이 있다고 피아제는 말하고 있다. 다시 말하면, 인간 유기체의 심리구조는 평형의 상태를 유지하려는 경향이 있다는 말이다. 여기에서 평형이란

개인의 정신적 활동과 환경 간의 균형의 상태를 의미한다. 쉽게 동화될 수 없고 조절할 수 없는 새로운 정보가 들어왔을 때, 개인의 심리구조는 평형을 잃어버리게 된다. 평형을 잃어버린 상태의 개인의 심리구조가 다시 평형화되었을 때는 보다 높은 차원의 심리구조가 획득된 상태이다. 다시 말하면, 평형화를 통한 심리구조의 재구성이 이루어졌다는 뜻이다.

피아제는 동화와 조절을 통한 인지구조의 확장에 의해 이루어진 인지발달은 연령에 따라 단계적으로 변한다고 설명한다.

2) Piaget의 인지발달단계

1. 감각운동기(생후 18 ~ 24개월)
2. 전조작기(2 ~ 7세)
3. 구체적 조작기(7 ~ 11세)
4. 형식적 조작기(11세 ~)

주: 이것은 단계의 순서는 바뀌지 않으며 모든 사람은 모든 단계를 차례대로 거쳐 발달한다는 '단계 불변'이론이지, 일정한 연령에 도달해야 일정한 단계를 거치게 된다는 '연령불변'이론이 아니다.

출처: Tan et al.(2003) 구광현 외(2006), 교육심리학, p. 49. 재인용

(1) 감각운동기(sensori-motor stage: 1~2세)

감각운동기는 출생에서 2세까지 주로 나타나며, 감각기능과 운동기능의 발달이 주요한 특징이다. 감각적 자극은 시각, 청각 등을 포함하며, 운동기능은 움직이고 실험하는 것을 포함한다. 이 기간 동안 유아는 반사적으로 반응한다. 그러나 유아들은 성장하면서 이러한 반사운동을 환경의 요구에 맞게 변경시키게 된다. 감각운동기의 가장 중요한 특징은 대상영속성과 표상적 사고이다.

① 대상영속성

대상영속성(object permanence)이란 대상(사물)이 보이지 않더라도 존재한다는 것을 아는 것이다(Cohen & Cashon, 2003). 예를 들면 5개월 된 유아에게 장난감을 보여주고 나무판자 뒤에 숨긴다면, 유아는 장난감이 보일 때는 응시하다가, 장난감이 안 보이면 장난감이 마치 없었던 것처럼 행동할 것이다. 그러나 생후 9개월 후에는 변화가 일어난다. 따라서 11개월 된 유아에게 장난감을 보여 주고 그것을 숨기면, 유아는 장난감을 찾으려고 한다. 유아는 장난감에 대한 영구적인 형상을 가지고 있기 때문에 눈에 보이지 않을 때에도 장난감의 존재는 지속적으로 남아 있게 된다.

② 표상적 사고

두 번째 특징은 표상적 사고(representational thought)로서, 외적 자극에 대한 잘 형성된 정신적 표상 혹은 개념을 의미한다(Mandler, 1998). 예를 들면 표상을 갖고 있는 유아는 자기가 좋아하는 장남감에 대해 잘 형상화된 이미지를 갖고 있다. 유아는 장난감이 보이던, 보이지 않던 간에 그것을 마음 속에 그려 볼 수 있고 생각할 수 있다. 이러한 표상적 사고는 감각운동기 말기인 18개월 이후에 나타난다.

(2) 전조작기(pre-operational stage: 2~7세)

전조작기는 대략 2세에서 7세까지 나타나며, 감각운동기의 말기에 형성되기 시작한 정신적 표상을 적극적으로 개발하기 시작하는 단계이다(Lutz & Sternberg, 1999).

전 논리적 시대로 피아제는 이를 전 개념기와 직관적 사고기의 두 소단계로 다시 구분하고 있다.

① 전개념기(2세~4세)

전 개념기의 유아는 개념발달을 위해서 다양한 언어활동과 신체활동에 참여하는 시기이다. 이 시기의 유아들은 자기중심적이며, 흔히는 잘못된 개념, 현실에 위배되는 개념들을 가지고 있다. 이시기 유아들의 개념획득에 가장 결정적인 것은 다양한 언어활동과 신체적 활동을 통한 경험이다. 전 개념기에 있는 유아들의 특징은 다음과 같다.

- 자기중심적이다. 즉, 다른 사람의 관점에서 사물을 이해할 수 없다.
- 눈에 똑똑히 보이는 한가지의 사실에만 기초하여 사물을 분류할 수 있다.
- 하나의 준거에 의해서만 물체를 수집할 수 있다. 예를 들면, 여러 가지 단추들 중에서 동그랗게 생긴 것들만을 가려낼 수 있고, 동그랗고 빨간 단추는 가려낼 수 없는 것과 같다.
- 사물을 단계별로 배열할 수 있다. 그러나 바로 접하지 않는 사물을 추리해서 배열할 수는 없다. 예를 들면, 연필을 길이가 긴 순서로 배열할 수는 있지만, 'A는 B보다 길고, B는 C보다 길다. 그러니까 A는 C보다 길다'라고 추리할 수는 없다.

② 직관적 사고기(4세~7세)

이 시기 유아의 판단은 언어화되지 않는 모호한 인상이나 지각적인 판단에 의존한다. 이 시기의 아동들의 사고의 특징은 사물이나 상황의 한 가지 차원이나 세부사항에만 초점을 두고 다른 중요한 특성들을 무시하는 중심화(centration)나, 대상의 지각적 특징에 의해 그 대상의 특성을 파악하는 직관적 사고(intuitive thinking)를 한다. 그러므로 이때 아이들의 놀이는 주로 상징놀이다. 상징놀이는 물리적으로 현실에 존재하는 대상보다 아동의 내부에 정신적 표상으로 만들어낸 현실과 다른 대상을 가지고 노는 놀이이다. 빗자루를 총이라고 메고 다니거나, 나무판자를 상이라고 하고 그 위에 놓인 것을 먹으라고 한다. 또한 모든 사람들이 자신과 같은 견해를 가진다고 생각하는 자아중심성(egocentrism)을 가진다. 모든 사람들이 그들과 똑같이 세상을 바라보고 있다고 생각하는 자아중심성의 예를 들어 아버지가 목장을 지나면서 왜 젖소를 기르느냐고 물으면, 두 살된 아이는 "그러니까 내가 젖소를 볼 수 있지."라고 답하고, 네 살된 아이는 "데리고 놀려고 그래요."라고 답한다. 또한 모든 사물은 생명이 있어 생각하고 느낄 수 있다고 믿는 물활론적인 사고를 한다. 예를 들면 뚱뚱한 사람이 의자에 앉으면 의자는 아파한다고 믿는다. 또한 좋아하는 인형과 자주 놀아주지 않으면 인형이 심심해하리라는 생각을 한다.

상징적 매체, 즉 언어가 개입되지 않은 직관에 의존하기 때문에 이 시기 유아의 사물에 대한 판단은 흔히 잘못된 것이 많다. 예를 들면, 마주 하고 있는 선생님이 "오른손을 드세요" 하면서 오른손을 들면 유아는 선생님의 말은 무시하고 선생님의 오른손은 자기의 왼손 방향에 있으므로 왼손을 들곤 한다. 따라서 이 시기를 직관적 사고기라고 말한다. 직관적 사고기에 있는 유아들의 특징은 다음과 같다.

- 사물을 분류할 수 있다. 그러나 반드시 그것을 이해하는 것은 아니다.
- 논리적 관계를 이해하기 시작한다.
- 수의 개념을 사용하기 시작한다.
- 보존성의 원리를 어렴풋이 이해하기 시작한다. 보존성이란 물체가 모양에 따라 그 양이나 수가 변하지 않음을 말한다.

(3) 구체적 조작기(concrete operational stage: 7~11세)

보통 7세에서 11세가량에 나타나는 구체적 조작기에는 이전 단계인 전조작기에서 형성하고 미숙하게나마 조작했던 내적 표상을 숙달되게 조작할 수 있게 된다. 즉 체계적이고 논리적인 사고체계를 가지게 되고 이것을 구체적인

보존유형	최초 제시	최초 제시와 비교되는 변형	습득연령
수	어느 쪽이 더 많은가 		6~7
질량	어느 쪽이 더 큰가 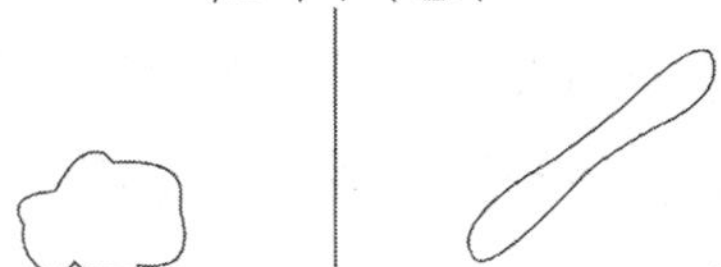		7~8
길이	어느 쪽이 더 긴가 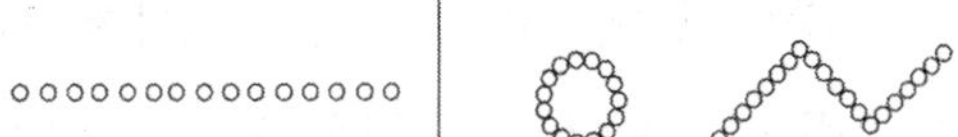		7~8
면적	어느 쪽이 더 넓은가 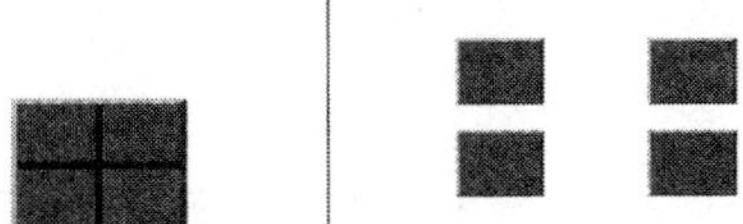		8~9
무게	어느 쪽이 더 무거운가 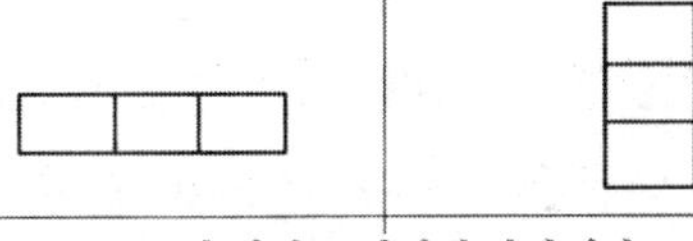		9~10
부피	물의 위치는 어떻게 달라지나 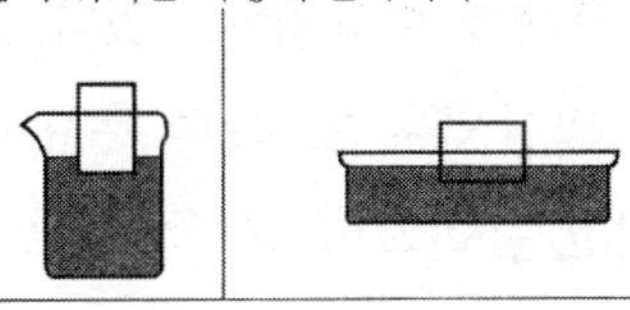		14~15

출처: 신명희 외(2011), 교육심리학, p. 46. 재인용

[그림 2-2] 여러 가지 형태의 보존과제

문제에 적용시킬 수 있다. 구체적 조작기의 아동들은 전조작기의 아이들이 지각적 현상을 기준으로 판단하는 것과는 달리 논리적인 조작을 사용하여 판단하게 된다. 또한 자기중심적 경향이 줄어들고 의사소통에서 사회지향적인 특성을 보이며, 계열화를 통한 조작과 가역적 사고를 통한 보존성의 개념을 획득한다. 예를 들면 이 시기 아동에게 한웅 큼의 5원, 10원, 100원, 500원짜리의 동전을 쥐어 주면, 액수대로 분류하고 이것들의 포괄성을 충분히 이해할 수 있게 된다. 그러나 이러한 것은 실제로 돈을 손에 쥐어 주었을 때만 가능하다. 돈을 손에 쥐지 않고, 머릿속으로만 조작하기에는 제한이 있다.

전조작기의 아동과는 대단히 큰 차이가 나지만, 아직 구체적 조작기 아동의 사고는 성인들의 사고와는 다르다. 개념을 형성하고, 관계를 살피고, 문제를 해결할 수 있지만, 구체적 조작기 아동의 논리적 조작은 개인적인 경험과 밀접하게 관련되어 있어서 대상과 상황이 자신에게 친숙한 경우에만 가능하다. 즉 이때의 논리적 사고는 거의 구체적 대상을 통해서만 가능하며, 언어적 추리에 의한 논리적 사고는 형식적 조작기에 이르러 가능하다.

(4) 형식적 조작기(formal operational stage: 11세 이후)

형식적 조작기는 11세 혹은 12세에 시작되어 성인기까지 지속된다. 이 단계의 아동들은 구체적인 것뿐만 아니라, 형식적인 표상을 형성할 수 있다(Inhelder & Piaget, 1958). 예를 들면 아동은 논리적 추론에 의해 획득될 수 있는 이중관계, 혹은 관계들 간의 관계를 이해할 수 있다.

형식적 조작기에 발달되는 또 다른 중요한 능력은 추상적으로 생각하는 능력으로, 구체적이고 물리적인 대상이 아닌 정의, 내적 평안 등의 개념에 관해 생각하는 것이다(Lutz & Sternberg, 1999). 즉 구체적 상황을 벗어나 언어적 명제에 의해서 추론하는 명제적 사고와 가설을 세워서 이를 검토하는 가설연역적 사고가 가능해진다. 특히 가설을 세워 사고하게 되면서 현실적인 것뿐만 아니라 비현실적인 것에 대해서도 추론할 수 있는 능력을 갖게 된다. 이러한 사고결과를 일반화할 있는 인지능력은 과학이나 수학분야에 특히 중요하다. 그러나 모든 청소년과 모든 성인이 매사에 형식적 조작을 사용하는 것은 아니다.

3) Piaget 이론의 교육에의 적용과 한계

피아제의 인지 발달이론은 우리에게 아동은 어른이 가르치는 대로 배우는 것이 아니라 스스로의 방법으로 배우며, 아동의 사고방식은 어른과 다르다는 깨달음을 주고 다음과 같은 긍정적인 기여를 하였다.

① 피아제의 인지 발달은 하급 학년에서 구체적 조작의 기회를 풍부하게 해주어 형식적 조작에로 이끄는 계열의 중요성을 인식한다.
② 아동의 호기심과 내재적 동기를 강조하여 창조적이며 발전적인 사고를 할 수 있도록 돕는다.
③ 아동이 사물 및 환경과 직접 상호 작용하여 자율적이고 개방적인 활동을 할 수 있도록 기른다.

이를 교육 실제에 다음과 같이 적용할 수 있다.

(1) 동화와 조절의 조화

교사는 학생들이 가지고 있는 기존의 스키마를 발전시키거나, 새로운 스키마를 발달시키는 것을 도와주기 위하여 동화와 조절을 균형있게 사용할 필요가 있다. 특히 아동들의 사고 수준보다 조금 높은 수준의 수업을 제공해 줄 필요가 있다.

(2) 인지발달 수준의 고려

피아제의 인지발달단계를 잘 이해하여, 학생들이 어떤 학습내용을 숙달하기 위해 필요한 인지적 수준에 도달하였는지의 여부를 파악하여 수업을 준비할 필요가 있다.

(3) 과학자로서의 아동 가르치기

아동이 적극적으로 세상을 탐구하려는 태도에 긍정적으로 반응하고 격려해준다.

(4) 아동의 실수의 근원을 이해하고 수정하기 위해 많은 노력을 기울인다.

아동이 실수한 것에 ×표를 하기보다는 왜 아동이 실수를 했는지, 아동의 사고를 수정하도록 어떻게 도와줄 수 있는지 이해할 필요가 있다.

(5) 새로운 인지구조는 이전의 인지구조 위에 세워진다.

교사는 학생들의 기존의 인지구조를 기반으로 수업해야 한다.

피아제이론은 '과학자로서 아동'에 토대를 두는 인지발달에 관한 가장 영향력 있는 이론이지만 다음과 같은 점에서 그 한계를 지닌다.

① 피아제는 아동이 성인에게 직접 교육받지 않아도 자연히 자신의 인지구조를 발달시켜 간다고 설명하면서 인지발달이 학습에 의해 촉진된다고

보지 않았다. 그러나 훈련이나 연습도 발달에 효과가 있다는 것이 입증되었다. 예컨대 문제를 잘 풀지 못하는 아동에게 난이도를 낮추어 출제하거나, 아동의 이해수준에 맞는 언어적 지시로서 쉽게 해결하도록 도와주면 인지구조가 발달되어 간다.

② 발달 속도의 차이에 대해 피아제는 거의 언급을 하지 않고, 발달의 성차와 개인차도 언급하지 않는다. 피아제의 주장처럼 모든 아동이 일정한 동일 속도로 발달하는 것은 아니다. 그는 사회 문화적인 차이에 의한 개개인의 지적 발달의 차이를 소홀히 하고 있다. 또한 논리적이고 과학적인 지적인 측면을 지나치게 강조하여 정의적인 측면을 간과하고 있다.

③ 피아제의 인지발달 이론이 인간의 전 인지영역을 포괄하고 있지 않다는 사실이다. 다시 말하면, 수학적, 과학적 사고의 발달에 관해서는 상당히 언급되고 있지만, 문학, 예술, 음악 등의 정서성이 포함된 인지적 측면들은 전혀 언급되지 않고 있다. 그의 이론을 통해서는 아이들의 공포, 불안, 흥분, 백일몽 등에 관한 지식을 얻기 힘들다. 그러나 오늘날 많은 학자들이 정서발달의 중요성을 인식하고 있으며, 인지발달과 정서발달의 상호관계에 대해서도 규명이 필요하다고 믿고 있다.

④ 피아제의 인지발달이론에서 각 단계에 도달하는 연령과 다양한 종류의 과업을 처음 수행할 수 있는 연령은 개인이 속해있는 문화와 경험에 의해 달라지는데, 서로 다른 문화권에서도 피아제이론이 타당한지에 대한 여부를 고려하지 않았다. 또한 아동들이 과제를 수행하는 데 실패하는 이유에 대한 설명의 타당성이 부족하며, 자료수집 방법이 과학적이 아닐 뿐 아니라 미숙하다는 비판을 받았다.

⑤ 피아제의 인지발달이론에서 주요개념인 동화와 조절, 균형화 등은 실험상황에서 조작할 수 없는 것이어서 더 이상의 연구진행이 없으며, 모든 성인이 형식적 조작기에 도달할 수 있는지 여부에 대해서도 논란이 있다.

그러나 이러한 한계점으로 인해 유용하지 않은 이론이라는 것이 아니라,

교육 실제에 적용할 때 신중해야 한다는 것을 의미한다.

5. Vygotsky의 인지발달이론

1) 주요개념

스위스의 Piaget가 활발한 활동을 할 무렵 러시아에서는 Vygotsky(1896~1934)가 인간 사고에 대한 이론을 발표하였다. 그는 Piaget와 같은 해인 1896년에 태어나 1934년에 폐결핵으로 짧은 생을 마감하였다. Vygotsky의 발달이론은 사회·문화적 요인들이 발달에 어떠한 영향을 미치는가를 이해하려 하는 것이다. 이러한 관점에서 그가 가졌던 기본 가정은 개개인의 고등정신기능의 발달을 이해하기 위해서는 그가 속해 있는 사회·문화적 요인들과 인류의 진화적·역사적 요인들을 함께 고려해야 한다는 점이다. Piaget는 아동을 스스로의 세계를 구조화하고 이해하는 존재라고 생각함으로써 발달은 주로 학습자의 내부에서 일어난다고 보았다. 반면에 Vygotsky는 인지발달은 주로 외부에서부터 내부로 일어나며 아동이 타인과의 관계에서 영향을 받으며 성장하는 사회적 존재임을 강조함으로써, 인간에 대한 이해에 있어서 사회, 문화, 역사적인 측면을 제시하였다. 그에 따르면 인간의 정신은 독립적 활동이 아니라 사회학습의 결과이며, 일상에서의 과제해결은 성인이나 혹은 뛰어난 동료와의 대화로부터 영향을 받는다고 하였다. 이처럼 사회적으로 성숙한 사람들과 상호작용하는 동안 자신의 문화에 적합한 인지과정이 아동에게 전이된다. 따라서 Vygotsky는 상호작용에 필수적 요소인 언어의 습득을 아동발달에 가장 중요한 변인으로 생각한다. 이처럼 사회의 보다 성숙한 구성원들과 상호작용하는 동안 자신의 문화에 적합한 인지과정이 아동에게 전이된다는 점에서 인지발달에 대한 사회적 상호작용을 중시했기 때문에 이 이론을 사회문화이론(sociocultural theory)이라 한다.

Piaget는 전조작기 아동의 언어가 자기중심성이라는 특징을 갖는다고 설명한다. 자기중심적 언어(egocentric speech)는 자기중심적 사고를 나타내는 것이며, 이러한 자기중심적인 언어가 아동이 타인의 눈을 통해서 세상을 보지 못한다는 것에 대한 또 하나의 표시라고 가정했다. 아동은 듣는 이의 요구나 관심을 고려하지 않고 자신과 관련된 중요한 것들에 대해 이야기 한다. 그러나 Piaget가 아동이 성숙해 감에 따라, 특히 자신의 또래들과 의견의 불일치를 경험하면서 아동은 사회화된 언어를 발달시킨다고 믿었으므로 자기중심적인 언어는 성장해가면서 점점 감소된다고 보았다. 이에 비해 Vygotsky는 자기중심적 언어의 사용이 단순하게 자기만의 생각을 표현하는 것이 아니라, 문제해결을 위한 사고의 도구라고 생각하였다. 그에 따르면 독립적으로 발생하기 시작한 사고와 언어는 일정 시간이 지난 후에 서로 연합되고, 이러한 연합은 아동이 발달해가는 과정에서 변화하고 성장한다.

Vygotsky는 아동의 지적발달이 내적언어와 사회적 언어 모두에 영향을 받는다고 주장한다. 그는 아동이 일정한 양의 비언어적인 사고와 비지적인 언어를 가지고 있으며, 문제해결의 초기에는 비언어적인 사고가 사용되지만 이 시기가 지난 후에야 구체적인 단어로 구성된다고 주장하였다. 그는 아동의 중얼거림이 인지적 미성숙의 표시라기보다는 인지발달에 중요한 역할을 한다고 제안했다. 아동은 의사소통을 하는데 자신의 행동과 사고를 안내하기 위하여 자기 자신과 의사소통한다. 유치원의 어느 교실이나 들을 수 있는 4, 5세 어린이가 퍼즐을 하면서 "아니야, 그것은 맞지 않아. 여기서 해봐, 돌려, 돌려"라고 말하는 것을 예로 들 수 있다. 아동이 성숙해감에 따라 이런 자기지향적인 언어는 소리 내는 말에서부터 속삭여진 언어로, 그리고는 조용히 입술만의 움직임으로 점차 변화되면서 사라진다. 최종적으로 아동은 주된 단어들을 '생각'만 한다. 사적 언어의 사용은 5세에서 7세에 절정을 이루고 일반적으로 9세에 사라진다. 더 영리한 아동은 이러한 변화를 더 일찍 겪는 것으로 보인다. Vygotsky는 크게 들을 수 있는 사적 언어에서부터 조용한 내적 언어까지의 변화를 인지발달의 기본적인 과정이라고 규명한다.

그는 내적 언어(inner speech)는 인간의 사고에 중요한 역할을 한다고 보았다. 내적 언어는 스스로 자신에게 하는 언어를 말한다. 예를 들어, 여러분이 도서관에서 언어의 주제를 탐색하려고 할 때 내적 언어는 탐색 과정을 도와주는 경우를 볼 수 있다. 아마도 여러분은 속으로 다음과 같은 말을 혼잣말로 할 것이다. "먼저 컴퓨터로 메뉴목록을 찾는 것이 순서일 거야?" 그러한 경험을 통해서 부가적인 내적 언어의 깨달음 없이 어떤 사태에 접근한다. 친숙한 문제를 해결한 다음에는 내적인 언어는 필요하지 않게 된다. 이처럼 목적 달성을 하기 위하여 마음속에서 사용되어지는 언어를 내적인 언어라고 한다.

내적언어는 문제해결을 도울 뿐만 아니라, 행동을 조절하는 것을 돕는다. 여러분도 다음과 같이 해 본적이 있는가? "자, 첫 번째 단계는····· " "내가 안경을 어디에·····?"와 같이 말이다. 여러분은 자신을 일깨우고, 단서를 주고, 격려하고, 또는 안내하기 위해 내적 언어를 사용한 것이다. 실제로 심각한 상황에서 큰소리로 중얼거리게 되는 자신을 발견할는지도 모른다.

성인들은 종종 직면한 문제에 대해 사고함으로써 아동들을 도와준다. 예를 들어, 산수 문제를 풀거나 퀴즈를 풀 때 도와준다. 그러나 아무리 명료하게 설명된다고 하더라도 아동의 능력밖에 있는 문제들이 있다. 그러므로 Vygotsky는 아동이 혼자서 문제를 해결 할 수 없지만, 성인이나 뛰어난 동료와 함께 학습하면서 성공할 수 있는 영역이 있다는 것이다. 그리고 이러한 영역을 근접발달영역(또는 근접발달대, zone of proximal development: ZPD)이라고 불렀다.

근접발달영역에 위치하는 아동에게는 구조화를 형성할 수 있는 단서를 제공하거나, 세부사항과 단계를 기억할 수 있도록 조력하고, 꾸준히 시도하도록 격려하는 도움이 필요하다. Vygotsky는 인지발달이 아동과 성인, 또는 뛰어난 아동들과의 상호작용을 통해서 발달된다고 보았다. 그들은 아동이 지적으로 성장하는데 필요한 요소를 지원하는 안내자, 또는 교사의 역할을 할 수 있다. 이러한 상호작용에서 제시된 힌트와 조언은 아동들이 결국 그러한 도움 없이 과제를 수행할 수 있도록 도움을 준다. 구체적인 예로 유치원생들은 부모로부터 도움을 받아 이야기를 서술할 수 있다. 이런 도움은 유치원생들이 그것을 받아 적고, 내용과 단어를 모방하여 보여주는 가운데 부모들이 엮어내는 이야깃거리를 포함 할 것이다. 이처럼 이야기 작문과제는 유치원생의 근접발달영역 내에 있다. 이러한 도움을 Vygotsky는 지적발판(scaffolding, 또는 비계)라고 하였다. 건축가들은 건물이 서고나면 단계적으로 발판을 제거 한다. 마찬가지로 과제를 수행하고 있는 아동을 조력하는 성인이나, 연령이 높은 아동은 단계적으로 조언이나 힌트를 줄여나간다. 아동이 실패하지 않도록 충분한 지지와 도움을 제공하지만, 결국 아동이 독립적으로 수행할 있을 때는 도움을 제거할 것이다.

예를 들어 6세의 아동이 장난감을 잃어버리고 자기 아버지에게 도움을 청한다. 아버지는 아이에게 어디서 마지막으로 그 장난감을 보았는지 묻는다. 아이는 "기억이 나지 않아요"라고 말한다. 아버지는 다음과 같은 일련의 질문을 던진다. "네 방에서 갖고 있었니?, 밖에서?, 이웃집에?" 각 질문에 대해 어린이는 "아니오"라고 답한다. 그리고 이번에는 "차에서?"라고 묻자, 아이는 "그런 것 같아요"라고 대답하며 장난감을 찾으러 간다.

그러므로 교사는 학생의 능력을 평가한 후 학생에게 문제해결 능력이 없다고 판단되면, 적절한 조언이나 힌트를 통해 근접발달영역 내에 도달하도록 도움을 제공할 필요가 있다.

비계설정은 아동이 안내를 받을수록 교사의 도움이 점차 줄어드는데, 처음에는 사적언어로 자극을 주고 나중에는 내적언어로 자극을 준다. 앞서 제시된 예에서 장난감을 잃어버린 소녀의 미래를 예측해 보자. 아동이 교과서를 잃어버렸다는 것을 인식했을 때, 아동이 어떤 생각들을 하였는지 주의를 기울여보자. 그것들은 다음과 같을 것이다.

> "내 수학책은 어디 있지? 수업시간에 그것을 썼는데, 끝나고 책가방에 넣었다고 생각했는데 . 버스에서 떨어뜨렸어. 그 얼간이 래리가 내 책가방을 발로 찼지. 그래서 아마·····?"

그 아동은 이제 어느 누구의 도움 없이도 잃어버린 책에 대한 생각을 체계적으로 탐색할 수 있다. Vygotsky이론은 학생이 스스로의 힘으로 발견할 수 있도록 환경을 배치하는 것 이상의 것을 해야만 한다고 제안한다. 학생은 설명이나, 예증, 그리고 학생들과의 협동적 학습의 기회를 갖는 작업에 의해 안내되어야 하며, 학생을 그보다 약간 더 나은 누군가와 함께 작업하도록 하는 것도 필요하다. 게다가 학생이 그의 사고를 조직하기 위하여 언어를 사용하도록 격려해야 하며, 또한 그가 성취하려고 노력하는 것이 무엇인지에 대해 말로 표현할 수 있도록 해야 한다.

그런데 Vygotsky는 아동의 지적 발달수준을 알아내도록 고안된 대부분의 검사가 아동의 능력평가와 관련하여 적절하지 않다는 입장을 취한다. 일반적으로 지능검사는 표준화된 검사 문항을 풀게 하여 아동의 지적발달수준을 측정하는데, 이런 종류의 검사를 통해서 알 수 있는 것은 아동의 지적발달과정 중에서 어느 특정한 단계의 수준일 뿐이다. 그러므로 학생이 혼자서 풀 수 있는 문제와 도움을 받아서 풀 수 있는 문제수준을 모두 평가하여 양자를 비교해야만 지적발달의 윤곽을 이해할 수 있다는 것이다.

이와 같이 근접발달영역의 개념은 인지발달이 사회적 상호작용의 결과로 발달된다는 사실을 강조하고 있으며, 아동의 인지발달에 교사나 성인이 적극적으로 도움을 줄 수 있다는 사실에 대해 이론적 근거를 제시했다는 점에서 중요한 의미가 있다.

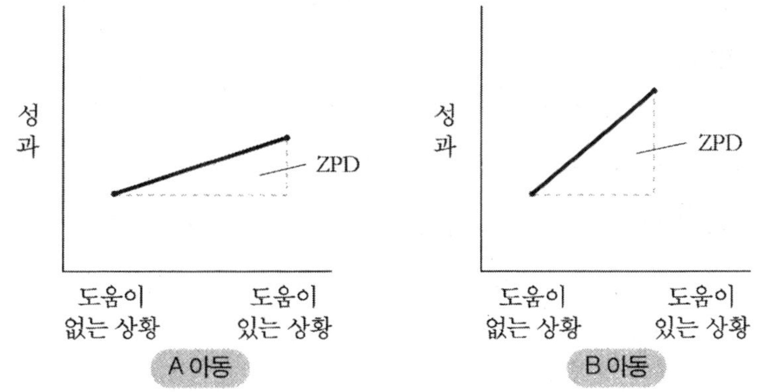

출처: 신명희 외(2011). 교육심리학. p. 46.

[그림 2-3] 두 아동의 근접발달영역의 예

2) Vygotsky이론의 평가와 교육적 시사점

Piaget의 이론이 1960년대와 1970년대 인지발달 분야를 지배한 반면에, Vygotsky의 이론은 1980년대와 1990년대 인지발달이론을 지배했다. Vygotsky 이론의 중요성은 발달이 사회적 환경의 영향력에 달려 있다는 관점을 제시했다는데 있다. 일반적으로 Vygotsky의 이론은 Piaget 이론보다 인지발달과정을 설명하는데 있어서 훨씬 제한적이지만, 많은 주장들이 타당하다는 평가를 받고 있다. 특히 내면화, 근접발달영역, 비계설정의 중요한 개념을 제시하였다(Sternberg & Williams, 2010).

아동의 인지발달에 대한 Vygotsky의 관점에서 보면 학교는 학생의 인지발달에 중요한 영향을 미칠 수 있다. 그는 인지발달에 대한 충분한 이해가 교수활동의 성패를 좌우한다고 보았다. Vygotsky에 의하면 아동에게 현재의 능력을 넘어서는 과제를 부여하고 조언과 도움을 줌으로써 그들의 지적발달을 촉진시키는 것이 교사의 역할인 것이다. 바람직한 교수활동은 현재의 발달수준보다 조금 어려운 내용을 가르침으로써 발달을 주도하는 것이다. 즉 가르치는 것이란 학생들에게 완전하고 정확한 이해를 받쳐주는 발판을 제공하는 것임을 의미한다.

Vygotsky에 의하면 발달과정에는 언제나 아동이 혼자 힘으로 해결할 수 없는, 그러나 조금만 도움을 받으면 해결 가능한 여러 수준의 문제가 존재한다. 바로 이때 아동이 정신적으로 지속적인 발달을 할 수 있도록 사기를 북돋아주고, 논리적이며 체계적인 구상을 하게 해주고, 실마리를 제공해 주는 등의 도움이 필요하다.

Vygotsky 이론은 수업과 평가에 다음과 같은 시사점을 제공해 주고 있다.

(1) 학생들에게 역할 모델을 제시하라.

아동은 외적 대화를 내면화함으로써 학습한다. 아동은 주위 환경을 관찰함으로써 비판적으로 사고하는 것을 학습한다. 교사로서 가장 중요한 측면 중 하나는 학생들에게 역할 모델을 제공하는 것이다.

(2) 언어발달을 촉진하라.

언어와 사고는 매우 밀접한 관련성을 갖고 있다. 언어가 지시적 수업이나 중재학습 경험 모두에 있어서 매우 중요하다는 점에서 학교에서 사용되는 모국어와 언어를 잘 개발시켜 줄 필요가 있다.

(3) 아이들에게 적정 수준의 기대를 하라.

아동은 근접발달영역을 가지고 있기 때문에 이 범위 내에서 최적의 발달이 일어난다. 교사는 학습자의 근접발달영역을 확인하고 발달을 촉진시키기 위한 조언과 도움을 줄 필요가 있다.

6. 도덕성 발달이론

도덕성이란 선악을 구별하고, 옳고 그름을 분별하며, 그 사회에 속한 개인이 사회의 관습적, 전통적, 문화적 규범을 내면화하고, 내면화된 규범에 따라 자신의 행위를 자율적으로 통제하여 인간관계에서 지켜야 할 규범을 준수할 수 있는 능력을 말한다. 도덕성 발달은 주로 다음과 같은 세 가지 측면에서 언급되고 있다. 첫째, 어떤 행동의 옳고 그름에 대한 도덕적 판단, 둘째, 사고나 행동에 대한 정서적 반응인 도덕적 감정, 셋째, 실제로 알고 있는 것을 행하는 도덕적 행동이다.

정신분석학에서는 성격의 구성을 원욕, 자아, 초자아로 보면서, 이중에 초자아를 양심이라고 부르면서 이를 도덕성으로 간주한다. 반면 학습이론가들은 도덕적 행동에 영향을 미치는 요인들에 관심을 가지고, 학습이론의 개념을 적용하여 아동이 자기 통제를 할 수 있는 능력이나 유혹에 저항 할 수 있는 힘 등에 관해 연구한다.

1) Piaget의 도덕성 발달이론

Piaget에 의해 도덕성 발달의 인지적 측면이 최초로 제시되었으며, 이를 기초로 하여 Kohlberg의 도덕성 발달이론이 정립되었다. Piaget는 규칙이나 정의, 의도성에 대한 이해, 벌에 대한 태도 등을 근거로 하여 아동의 도덕성 발달단계를 타율적 도덕성(external morality)과 자율적 도덕성(autonomous morality)의 두 단계로 구분하였다.

타율적 도덕성의 단계는 도덕적 실제(moral realism)라고도 불리며, 4~7세의 아동이 주로 이 단계에 해당한다. 이 단계의 아동들은 규칙은 부모나 신 등 권위적인 존재에 의해 만들어지기 때문에 그 규칙은 절대로 변경할 수 없고 이를 위반하면 벌을 받아야 한다고 생각한다. 모든 도덕적인 문제에는 항상 '옳은' 편과 '그른' 편이 있으며, 규칙을 따르는 것이 항상 '옳은' 편을 선택하는 것이라고 믿는다. 어떤 행동의 옳고 그름을 판단하는 기준을 행위의 의도와는 상관없이 행위의 결과만을 가지고 판단한다. 예를 들면, 어머니가 설거지 하는 것을 도와드리다가 실수로 컵을 열 개 깨뜨리는 것이 어머니 몰래 과자를 먹다가 하나의 컵을 깨뜨리는 것보다 더 나쁘다고 생각한다.

7세부터 10세까지는 일종의 과도기로 타율적 도덕성과 자율적 도덕성이 함께 나타나다가, 대부분 10세경에는 자율적 도덕성의 단계에 도달한다. 자율적 도덕성의 단계는 협동적 도덕성(morality of cooperation)이라고도 불린다. Piaget에 의하면 이때는 구체적 조작 후기로 옮겨가는 시기이며, 이러한 발달단계에 따라 아동은 규칙은 사람이 만든 것이고 그 규칙을 변경할 수 있다고 생각하며, 도덕적 판단에서 융통성을 보이기 시작한다. 옳고 그름에 대한 판단을 이제는 행위의 결과가 아닌, 의도성에 의해 판단하게 된다. 따라서 과자를 몰래 꺼내먹으려다 한 개의 컵을 깬 것이 어머니를 도와드리려다 10개의 컵을 깬 것보다 나쁘다고 생각한다. 또한 규칙을 위반했다고 해서 항상 벌이 따르는 것은 아니라고 생각한다.

Piaget에 의하면 타율적인 도덕성의 단계에서 자율적인 도덕성의 단계로 발달하기 위해서는 인지적인 성숙과 사회적인 경험이 중요하다고 설명하고 있다. 인지적인 발달과 더불어 자기중심성의 감소로 인하여 하나의 사태를 다양하게 조망하는 능력이 생기며, 또한 대등한 위치에서의 또래와의 접촉을 통해 좀 더 융통성 있는 도덕성 발달이 이루어질 수 있다.

2) Kohlberg의 도덕성 발달이론

Kohlberg의 도덕성 발달 이론은 Piaget의 이론을 보다 더 체계화시킨 것이다. Kohlberg는 유아기부터 성인기까지의 도덕성 발달을 설명하고 있는데, 도덕성 발달을 측정하기 위하여 피험자를 대상으로 도덕적 행위와 동기, 인간 생명의 가치 등 도덕적 문제 상황을 개인면담방식을 활용하여 제시 한 후, '어떻게 할 것인지?', '왜 그렇게 하는지?'를 묻고 그 반응을 분석하여 전인습적 수준(pre-conventional level : 제 1, 2단계), 인습적 수준(conventional level: 제 3, 4단계), 후인습적 수준(post-conventional level: 제 5, 6단계)처럼 3수준 6단계로 이루어진 도덕성 발달단계를 제시하였다.

Kohlborg가 제시한 도덕적 달레마 상황은 다음과 같다.

<하인즈(Heinz)의 딜레마>

유럽에서 어느 곳에선가 어떤 부인이 암으로 죽어가고 있었다. 그 부인을 살리는 데는 오직 한 가지 약밖에 없었다. 이 약은 같은 마을에 사는 어느 약제사가 발견한 일종의 라디움이었다. 그 약은 재료의 원가가 워낙 비싼데다가, 약제사가 원가의 10배에 달하는 액수로 약값을 매겨 놓았다. 200달러에 라디움을 구입하여 만든 그 약의 아주 적은 분량에 대해 2,000달러의 값을 불렀다. 아픈 부인의 남편인 하인즈는 돈을 구하러 아는 사람들을 모두 찾아 다녔으나, 약값의 절반인 1,000달러밖에 마련할 수 없었다. 남편은 약제사에게 자신 부인이 죽기 직전에 있다는 사정을 설명하고 약을 싸게 팔거나, 아니면 외상으로라도 자기에게 팔라고 간청하였다. 그러나 약제사는 안 된다고 대답하였다. 절망을 느낀 하인즈는 마침내 약방을 부수고 들어가 부인을 위하여 약을 훔쳤다.

위와 같은 도덕적 딜레마 상황에 대한 피면접자의 응답에 기초하여 도덕성 발달단계를 요약하여 제시한 내용은 다음과 같다.

♣ 하인즈가 한 일은 옳은가 나쁜가? 그 이유는?

(1) 전인습적 수준(preconventional level)

이 수준에서는 행위의 결과가 가져다주는 보상이나 처벌에 의해 옳고 그름을 판단하거나 규칙을 정하는 사람들의 물리적 권위에 따라 도덕성을 고려하여 판단한다.

① 단계 1 : 처벌과 복종지향

인간생명의 의미나 가치와는 무관하게 행위의 물리적 결과에 의해 옳고 그름을 결정한다. 처벌을 피할 수 있거나, 힘이 있는 사람에게 무조건 복종하는 것 자체가 도덕적 가치를 갖는다.

단계 1에 있어서, 하인즈의 행동에 대한 구체적인 반응의 예를 살펴보자.

(옳다) 훔친 약값이 실제로는 200불밖에 안 될지도 모른다.

(나쁘다) 남의 것을 함부로 훔칠 수는 없다. 그것은 죄다. 약값이 비싸니까 비 싼 것을 훔치면 더 큰 죄가 된다.

② 단계 2 : 개인적 욕구충족 지향

자신이나 타인의 욕구를 도구적으로 충족시키는 것이 옳은 행위이다. 인간관계는 시장원리와 유사하다. 공정성, 상보성, 분배의 평등성에 대한 인식이 시작되지만, 진정한 정의나 관용보다는 서로의 등을 긁어주는 것과 같이, 자신에게 돌아오는 이익을 생각하는 수단적 호혜성의 수준에 그친다.

단계 2에 있어서, 하인즈의 행동에 대한 구체적인 반응의 예를 살펴보자.

(옳다) 약국주인에게 해를 끼치는 것도 아니고, 또 언제나 갚을 수도 있다. 아내를 살리려면 훔치는 길밖에 없다.

(나쁘다) 약사가 돈을 받고 약을 팔려는 것은 당연한 일이다. 그것은 영업이

고 이익을 내어야 한다.

(2) 인습수준(conventional level)

이 수준에서는 가족 · 사회 · 국가의 기대를 유지하는 것 자체가 그 결과와는 무관하게 가치롭다. 이러한 태도는 단순히 개인적 기대나 사회적 질서에 동조하는 것뿐만 아니라, 적극적으로 질서를 유지하고 지지하며, 집단이나 그 성원들을 자신과 동일시하고 충성하는 것을 포함한다. 다음 두 단계로 구분된다.

③ 단계 3 : 대인간 조화 또는 착한 소년-소녀 지향

이 단계에서 옳은 행동은 타인을 기쁘게 하거나 도와주며, 타인으로부터 인정받는 것이다. 대다수의 사람들이 갖는 고정관념에 동조한다. 타인의 반응이 도덕적 판단의 기준이 되지만, 물리적 힘보다는 심리적 인정여부에 관심이 있으며, 착해짐으로써 타인의 인정을 받는다고 생각한다. 이 단계에서부터 사회적 규제를 수용하며, 의도에 의해 행위의 옳고 그름을 판단하기 시작한다.

하인즈의 행동에 단계 3의 구체적인 반응의 예를 살펴보자.

(옳다) 훔치는 것은 나쁘지만, 이 상황에서 아내를 사랑하는 남편으로서는 당연한 행동이다. 아내를 살리지 않는다면 비난받을 것이다.

(나쁘다) 아내가 죽는다 해도 자기가 비난받을 일은 아니다. 죄를 안 지었다고 해서 무정한 남편이라고 할 수는 없다. 훔치지 않아도 하인즈는 자기가 할 일을 다한 것이다.

④ 단계 4 : 법과 질서 지향

권위에 의해 고정된 규칙과 사회적 질서를 지향한다. 자신의 의무를 다하며,

권위자를 존중하며, 사회적 질서를 유지하는 것은 옳은 행동이다.

하인즈의 행동에 대한 단계 4의 구체적인 반응의 예를 살펴보자.

(옳다) 사람이 죽어 가는데 약사가 잘못하는 것이다. 아내를 살리는 것이 하인즈의 의무이다. 그러나 약값은 반드시 갚아야 하고, 훔친데 대한 처벌도 받아야 한다.

(나쁘다) 아내를 살리려는 것은 당연하지만, 그래도 훔치는 것은 나쁘다. 자기감정이나 상황과 관계없이 규칙은 항상 지켜야 한다.

(3) 후인습적 수준(postconventional level)

이 수준에서는 집단의 권위나 권리를 행사하는 사람들과 무관하게, 도덕적 가치와 원리 자체를 규정하려는 노력을 보인다. 이 수준은 다음의 두 단계로 구분된다.

⑤ 단계 5: 사회계약 지향

개인의 권리를 존중하고 사회 전체가 인정하는 기준을 준수하는 것이 옳은 행동이다. 법은 개인의 자유를 규제하기 위한 것이 아니라, 극대화하기 위해 제정된다는 것을 인식한다. 사회적 약속은 대다수의 성원들의 보다 나은 이익을 위해 항상 바뀌어질 수 있는 것으로 판단되며, 이전 단계와 달리 도덕적 융통성을 갖는다.

하인즈 행동에 대한 단계 5의 구체적인 반응의 예를 살펴보자.

(옳다) 훔치는 것이 나쁘다고 말하기 전에 전체적인 상황을 고려해야 한다. 이 경우 법은 분명히 훔치는 것이 나쁘다고 규정한다. 그러나 이 상황이라면 누구라도 약을 훔칠 수밖에 없을 것이다.

(나쁘다) 약을 훔쳐서 결과적으로 아내를 살릴 수는 있지만, 목적이 수단을 정당화하지 못한다. 하인즈가 전적으로 나쁘다고 말할 수는 없지만, 상황이 그렇다고 해서 그의 행동이 옳은 것이 될 수는 없다.

⑥ 단계 6 : 보편적 사회정의 지향

옳은 행동은 자신이 선택한 윤리적 원리와 일치하는 양심에 의해 결정된다. 이 원리는 구체적인 규율이 아닌 인간의 존엄성, 정의, 사랑, 공정성에 근거를 둔 추상적이며 보편적인 행동지침이다. 이 단계의 도덕성은 극히 개인적인 것이므로 때로 대다수가 수용하는 사회적 질서와 갈등을 일으킬 수 있다. 그러나 이 단계에 도달한 사람들은 자신의 양심이 가하는 처벌을 사회가 가하는 처벌보다 더욱 고통스럽게 생각한다.

하인즈 행동에 대한 단계 6의 구체적인 반응의 예를 살펴보자.

(옳다) 법을 준수하는 것과 생명을 구하는 것 사이에 선택하라면 약을 훔치더라도 생명을 구해야 하는 것이 더 높은 수준의 원칙이다.

(나쁘다) 암은 많이 발생하고 약은 귀하기 때문에 필요한 모든 사람에게 약이 다 돌아갈 수 없다. 이 경우 모든 사람에게 보편적으로 옳다고 생각되는 행동을 해야 한다. 감정이나 법에 따라 행동할 것이 아니라, 한 인간으로서 무엇이 이성적인가를 생각했어야 한다.

Piaget와 마찬가지로 Kohlberg도 아동의 인지능력이 발달함에 따라 도덕발달수준도 단계적 계열을 따라 순차적으로 발달해 간다고 보았다. 예를 들어, 2단계 사고수준에 머물러 있던 아동은 인지적 능력이 높아지고 사회적 경험이 풍부해지면서 3단계로 이행하게 된다. Kohlberg의 단계 기준에 비추어 어느 연령대에 아동의 도덕성 발달 양상이 관찰된다고 정확히 연관짓기는 어렵다(송명자, 1995, p. 289).

Kohlberg이론에 의한 도덕교육은 이른바 '블래트 효과(Blatt effect)' 또는 '+1 효과'로 표현되는 다음 도덕발달 단계로의 상향이동을 도와주는 발달의 촉진 과정을 의미한다. 그러므로 교사는 무엇이 아동 · 학생들의 현재의 단계보다 더 높은 다음 단계로 그들의 발달을 촉진 또는 자극할 수 있는가를 이해할 수 있어야 한다. 다시 말하면, 교사는 학생들의 도덕발달이 지속적으로 이루어질 수 있는 환경을 마련하기 위해 자신이 실제로 교실에서 무엇을 할 수 있는가를 연구해야 한다. 사회적 상호작용은 개인을 발달수준이 다른 단계의 사람들과 접촉할 수 있게 한다. Kohlberg의 상호작용 모형에 의하면, 보다 합당한 추론유형에의 노출은 인지적 불균형을 일으킨다. 개인은 새로운 정보에 접하여 더 큰 복잡성에 대한 조절을 위해 그의 현재의 사고구조를 변화시킬 수 있어야 한다. 그러할 때 새로운 도덕적 인지구조의 형성이 시작된다. 즉 이전 단계보다 한 단계 높은 다음 단계의 도덕적 추론이 발달된다.

Kohlberg의 이론은 도덕발달을 촉진하기 위한 여건형성의 과정에서 교사가 도구적 기능을 할 수 있다는 점을 시사한다. 첫째는 갈등조성의 기능이다. 갈등은 사고유형의 발달을 촉진시킬 수 있는 작용을 한다. 둘째는 자신의 입장을 떠나 타인의 입장 및 관점을 취할 수 있는 역할채택을 자극하는 기능이다(남궁달화, 1995, p. 104).

또한 도덕적 모범을 보일 수 있는 모델로서 교사는 권위를 가져야한다. 진리를 추구하고 선을 경험함으로써 아동, 학생들에게 그와 같은 진리와 선을 추구하도록 도와야 하는 교사는 교육자로서 교육에의 신념과 열정을 가지고 도덕적으로 모범을 보일 때 권위를 가지게 될 것이다.

첫째, 교사는 도덕적 발달과정에 기여하는 것이 주된 임무이므로 학생의 인지 · 발달적 도덕적 성장을 위한 촉진자로서 역할을 수행하여야한다. 구체적으로 교사는 토의를 진행시키는 촉진자로서의 역할을 수행해야 한다. 교사는 토의를 진행시키는 지도자로서 자신의 의견을 개진하기보다, 아량과 절제를 가지고 경청하는 자이다. 그리고 질문자이면서 모든 아이디어에 개방적이어야 한다. 또한 일방적으로 해답을 제시하기보다, 아이디어를 명료하게 하는 요약자로서 활동하는 자이다. 또 학생들에게 인지갈등을 일으키게 하고 역할 채택을 자극할 수 있는 조성자로서의 역할을 하여야한다.

둘째, 수업분위기 조성자로서의 역할을 들 수 있다. 도덕성 발달에는 개방적이고 탐구적인 토의가 중시되는 분위기를 조성하는 것이 중요하다. 개방적인 분위기는 학생들이 심리적으로 안정감을 느끼고 자유로운 대화를 할 수 있는 분위기를 의미한다. 학생들이 자기의 자유로운 사고, 또는 추론에 대해 위험부담을 느끼게 되면 그 만큼 사고활동이나 추론은 위축되기 마련이다. 개방적인 분위기는 자아와 타아의 창조적 만남을 가능케 함으로써, 학생들이 자신을 넘어서서 타인의 입장을 고려할 수 있도록 자극할 수 있다(권승혁, 1990, p. 53).

7. 성격 및 사회성 발달이론

정신분석의 창시자인 Freud는 인간의 성격구조를 원초아(Id), 자아(Ego), 초자아(Superego)로 나누어 설명한다.

원초아는 성격의 가장 기초적인 부분으로서 쾌락의 원리(pleasure principle)에 의해 지배되며, 주로 성적, 공격적인 특성을 갖는다. 원초아는 전적으로 무의식 세계에 존재하며, 현실세계와는 접촉이 없다. 우리는 자신의 충동만으로는 살 수 없으므로 현실에서 충동을 다루는 법을 배워야 한다. 이와 같이 충동을 억제하고 현실을 고려하도록 하는 것이 바로 자아이다. 자아는 원초아의 욕구와 현실, 초자아의 요구들을 조절하는 기능을 수행하면서 현실의 원리(reality principle)에 의해 지배된다.

옳고 그름에 대한 판단역할을 하는 것이 초자아이고, 초자아는 흔히 양심과 자아이상으로 구분되어진다. 양심은 자신이 잘못한 해동에 대해 죄책감을 느끼는 것이고, 자신이 잘한 행동에 대해 자부심을 느끼는 것이 자아이상이다. 자아와 초자아는 의식세계와 무의식세계에 걸쳐 존재하며, 도덕의 원리(moral reality)에 의해 지배된다.

1) Freud의 심리성적 발달이론

Freud(1933)는 인간발달의 단계를 구강기, 항문기, 남근기, 잠복기, 생식기의 5단계로 구분하고 있다. 특히 그의 이론은 태어나서 다섯 살까지의 경험을 중요시 하였다.

(1) 구강기(oral stage, 생후 1년)

이 단계에서 유아는 입과 구강으로 젖을 빨고, 마시는 등 입에 닿는 것은 무엇이든지 빠는 것을 통해 성적인 욕구를 채우려 한다. Freud는 각 단계마다 아동이 추구하는 쾌락이 충족되어야 다음 단계로 넘어갈 수 있다고 한다. 만일 쾌락 추구의 욕구가 빈번히 좌절되면 다음 단계로 넘어가지 못하고 그 시기에 고착되게 된다. 이 단계에 고착되게 되면 과식, 과음, 지나친 흡연, 수다, 입맞춤, 신랄한 비평, 빈정거림 등의 구강기 성격이 나타난다. 그러나 고착현상은 욕구불만뿐만 아니라, 과도한 만족 또한 고착의 원인이 된다. 예를 들면 오랫동안 만족스럽게 젖을 먹은 아이는 계속해서 구강적인 쾌락을 얻으려고 한다.

(2) 항문기(anal stage, 2~3세)

성감대가 구강에서 항문주위로 옮겨간다. 유아는 보다 더 큰 쾌락을 얻기 위해 배설을 미루는 보유와 배설을 통한 안도와 쾌감을 얻는다. 또한 처음으로 사회의 기대에 순응하는 요구에 직면하는 시기이기도 하다. 배설을 통해 유아는 긴장과 불편함이 감소되는 쾌감을 느끼는데, 적절한 때와 장소가 허용될 때까지 배설을 지연시키는 법을 배워야 한다. 이 과정에서 유아의 부모나 양육자는 배설과정이 즐거운 것으로 여겨질 수 있도록 해야 한다. 배설물을 보유함으로써 쾌감을 느낀다는 것은 참았다가 배설하면 쾌감이 커지는 동시에, 사회적인 승인 또한 커지기 때문이다. 이 시기 지나친 배설의 보유로 인해 나타나는 성격은 고집이 세고 인색하며, 지나치게 청결하거나 지나치게 불결한 경우를 들 수 있다.

(3) 남근기(phallic stage, 4~5세)

이 시기에는 정신적인 에너지가 항문에서 성기로 옮겨간다. 이 단계에서 남아는 오이디푸스 콤플렉스(Oedipus complex), 여아는 엘렉트라 콤플렉스(Electra complex)를 경험한다. 오이디푸스 콤플렉스란 그리스신화에서 오이디푸스가 자신의 어머니를 사랑하여 아버지를 질투하는 것처럼, 이 시기 남아들이 자신의 아버지와 경쟁하여 어머니를 성적으로 소유하려는 욕구를 지칭한다. 아버지를 경쟁자로 인식하여 적대심을 갖게 되지만 자신과 아버지의 성기를 비교하여 열등감을 느끼게 되고, 이로 인해 자신의 성기를 없앨까하는 거세불안(castration anxiety)을 느끼게 된다. 남아는 거세불안을 감소시키기 위해 어머니에 대한 성적인 감정을 포기하고, 아버지에게 느꼈던 적대감정을 억압하고 자신과 아버지를 동일시하게 된다. 즉 아버지를 통해서 어른이 된 느낌을 간접적으로 느낀다. 이러한 동일시 과정을 통해 초자아가 형성된다.

반면에 엘렉트라 콤플렉스는 그리스 신화에서 엘렉트라가 자신의 남동생을 설득하여 어머니와 그 정부를 죽임으로써 아버지의 원수를 갚는 것처럼, 이 시기 여아들은 자신의 어머니를 원망하고 남근을 선망하는 욕구를 가짐을 의미한다. 여자아이들은 처음에는 어머니를 좋아하나, 자기에게 남근이 없음을 발견하고 이렇게 자신을 불완전하게 만든 어머니를 원망하며 남근선망(penis envy)을 갖는다. 그러나 결국 자신이 남근을 갖는 것은 불가능하다는 것을 알고, 자신의 욕망을 만족시키기 위해 어머니와 동일시를 해야 한다는 것을 알게 된다. 이 시기는 성격형성에 매우 중요하여 이러한 콤플렉스를 극복하지 못했을 때 성불감증, 동성애 같은 신경증적 질환을 초래할 수 있다.

(4) 잠복기(latent stage, 6~12세)

이 시기는 초등학생 시기로 부모와의 동일시가 강력해지고, 그로 인해 초자아가 발달하는 시기이다. 이 시기는 부모에 대한 애정을 발달시키고, 동성친구와의 강한 사회적 유대를 만드는데 집중한다. 이 시기의 학교교육은 기본적인 사회적 기술의 습득을 촉진한다.

(5) 생식기(genital stage, 12세 이후)

이 시기에는 이성 부모를 향한 성적 욕망이 다시 한 번 나타난다. 이 시기에는 잠복기에 확립되었던 원초아, 자아, 초자아의 균형이 깨지면서 한쪽 내지 양쪽 부모에 대한 성적 욕망의 부적절한 발달로 인하여 청소년 자살, 비행, 정신이상 등을 초래할 수 있다. 이 때 자아는 합리화, 금욕주의 등의 방어기제를 통해 원초아를 억압하고 초자아를 발달시키면서 이러한 갈등에 대처한다. 이 시기에 첫 이성애 대상은 상징적으로 말해서 오이디푸스적인 소망을 수용할 수 있는 흔히 어머니와 아버지 같은 사람이다.

2) Erikson의 심리사회적 발달이론

Erikson의 발달이론은 근본적으로 Freud의 정신분석학적 접근에 기초하고 있으나, Freud와는 달리 아동의 사회적, 문화적 환경의 중요성에 관심을 보였다. 때문에 Freud의 이론이 심리성적이론(psychosexual theory)이라면, Erikson의 이론은 심리사회적이론(psychosocial theory)이다. 에릭슨의 이론은 인간의 발달이 어린 시절에 끝나는 것이 아니라, 전 생애에 걸친 과정임을 인식한 당시로서는 드문 이론이었다. 이 이론은 8단계로 이루어져 있으며 모든 단계마다 심리사회적 발달의 위기가 한 가지씩 포함되어 있다. 즉 개인은 각 단계에서 중요한 발달적 진보를 이룩할 기회를 가지는 것이다.

각 단계는 그 단계의 위기를 성공적으로 수행하느냐 못하느냐에 따라 어떤 성격이 형성된다. 직면한 위기를 완벽하게 해결할 수는 없다하더라도, 각 발달단계에서 위기를 긍정적 측면으로 해결하게 되면 건강한 성격을 형성한다. 즉 자아를 제어할 수 있고, 자신의 문화 내에서 정확한 자아인식을 하며, 더 나아가 자신의 문제를 적절히 통합할 수 있게 된다. 반면에 위기에 직면하여 부정적인 측면으로 해결하게 되면 다음 단계의 발달을 지연시키고 취약한 성격을 형성하도록 영향을 미치게 된다. 각 단계마다 한 가지씩의 발달과제가 있지만, 이전 단계의 과제는 성격발달에 계속 영향을 미칠 수 있다. 이렇듯 전 단계에서 위기를 잘 해결하지 못하면 다음 단계에 부정적인 영향을 미치게 되지만, 이후의 단계에서 전 단계의 문제를 극복할 기회를 가질 수도 있다.

(1) 성격발달 단계

① 신뢰감 대 불신감(출생~1세)

어머니로부터 따뜻한 애정적 보살핌을 받게 되면 유아들은 이 사회에 대한 신뢰의 감정을 발달시키고 삶에 대한 희망적 태도를 발달시킨다. 그러나 춥고,

배고프고, 기저귀가 젖었을 때도 갈아주지 않는 등 욕구충족이 되지 않음으로써 이 단계를 성공적으로 통과하지 못하면 유아들은 세상에 대한 불신의 감정을 가지게 된다.

따라서 이 단계는 사람이 세상을 우호적이고 친밀하게 보느냐, 혹은 비우호적이고 심지어 적대감을 가지고 보느냐를 부분적으로 결정한다. 부모를 비롯한 타인에게 지속적인 사랑과 관심을 받는 영아들은 신뢰감을 갖게 되고, 지속적이고 일관된 보살핌을 받지 못한 영아들은 보통 타인과 주변세계에 대한 불신감, 두려움, 의심 등을 갖게 된다(Klaus & Kennell, 1982).

② 자율성 대 수치심과 의심(1~3세)

이 단계의 아동은 신체근육의 성숙과 대소변 가리기로 배설물의 방출과 보유에 대한 훈련을 받는다. 이때의 아동들은 자신들의 행동주체가 자기 자신이라는 것을 서서히 깨닫게 되어 지금까지의 반사적 행동에서 반응적 행동을 보이기 시작한다. 특히 대소변 가리기 훈련은 자신의 행위에 대한 독립심을 키워줌으로써 자율성 계발의 기초를 마련해 준다.

이 단계를 성공적으로 거치게 되면 자율성과 독립심, 의지력, 혹은 생각과 감정, 행동에 지배력을 갖게 된다. 이 단계를 성공적으로 통과하지 못하면, 자신에 대한 의심과 자기 능력에 대한 수치심을 갖게 된다. 이 단계를 성공적으로 통과한 아동은 학교에서 또래와 좋은 관계를 형성할 수 있다는 자신감을 가지게 된다. 양육자는 아동이 스스로 선택하고, 스스로 먹는 것을 격려하고, 배변훈련을 통해 자기조절능력을 발휘할 기회를 주어야 한다. 이렇게 함으로써 아동이 자신의 새로운 신체적, 인지적 능력을 자신 있게 발휘하도록 도울 수 있다. 또한 이 시기의 아동의 실수나 사고를 관대히 다루는 것도 중요하다.

③ 주도성 대 죄책감(3~6세)

4~5세가 되면 아동들은 언어를 사용하고 신체적 능력이 개발되어 주변의 여러 가지 물건을 마음대로 다룰 수 있게 된다. 자율성이 증가하고 왕성한 지적 호기심을 보이며, 인지능력이 급격하게 발달하게 되어 생활의 모든 부분에서 도전적인 충동을 갖게 된다. 그리하여 자신의 행동에 목표와 계획을 세우는 주도성을 습득하게 된다. 아동이 주도하는 행동은 때로 사회적 기준에서 바람직하지 않은 행동이어서 부모로부터 제재를 받을 수도 있다. 이 시기를 성공적으로 통과하면 삶의 목표를 갖게 되고, 학교생활, 나아가 직업생활에서 방향을 정할 수 있게 된다. 그러나 성공적으로 통과하지 못하면 죄책감을 가지며 자신의 삶을 주도하는 데 어려움을 느끼게 된다. 그러므로 양육자는 이 시기의 아동이 새로운 것을 시도하고 스스로 활동하게 하는 동시에, 규칙과 제한을 이해하도록 도와주어야 한다.

④ 근면성 대 열등감(6~12세)

가정이라는 울타리를 벗어나 작은 사회를 경험하는 초등학교에 다니는 시기이다. 이들은 무엇인가 인정받고자 할 뿐만 아니라, 일을 완성해내는 데 인내력을 발휘함으로써 만족을 얻는다. 즉, 자기의 일, 특히 학교생활에서의 성공과 성취로 자신감과 근면성을 획득하게 된다. 따라서 교사와 또래 친구들의 영향이 매우 중요하다. 만약 이 단계에서의 도전이 너무 어려워 실패로 끝나는 경험이 많아지면 아동은 열등감에 빠지게 된다. 학습자로서 아동이 학습상황에서 높은 성취와 성공을 할 수 있다면 긍정적인 자아개념을 발달시킬 수 있다. 이 시기의 양육자나 교사는 아동이 도전적이면서도 성취할 수 있는 목표를 세우도록 기회를 제공하여 아동 스스로가 성공감을 느끼고 성공의 결과를 확인할 수 있도록 격려해야 한다(Deweek, 1999). 또한 아동이 스스로 수행할 수 있는 과제를 부여하여 정해진 책임을 지도록 함으로써 근면성을 길러 주어야 한다.

⑤ 정체감 대 역할혼란(청소년기)

"나라는 존재는 무엇인가?"라는 의문과 함께 자신의 능력, 존재의미를 탐색하면서 많은 고민과 갈등을 겪는다. 즉 이 시기의 중·고등학생들은 중요한 육체적, 지적, 감성적 변화를 경험한다. 육체적으로는 급격한 성장을 하게 되지만, 그들의 정신적인 조정능력은 신체적 발달에 미치지 못한다. 또한 청소년들은 새로운 성적인 발달과 느낌을 경험하게 됨으로써 종종 혼란에 빠지기도 한다. 이러한 고민에 대해 해답을 얻고 성공적으로 통과하면 정체감을 형성하게 되는데 사회에서의 자신의 역할을 정확히 인식하고 목적의식이 뚜렷한 청소년은 자아정체감 형성을 통해 이 시기에 대처할 수 있다

이 시기의 청소년들은 자신이 누구인지 알아 가게 된다. 무엇이 자기에게 중요하고 중요하지 않으며, 자기의 가치는 무엇이고, 어떤 사람이 될 것인지를 고민한다. 그들은 자기의 지적, 사회적, 성적, 도덕적인 여러 측면을 통일된 자아정체감으로 통합하려고 노력한다(Harter, 1998). 그러나 고민에 대한 해답을 얻지 못하면 자기가 누구인지, 어떤 사람이 될 것인지, 무슨 일을 하며 살아갈 것인지와 관련하여 역할에 대해 혼란을 겪게 된다.

청소년들을 지도하는 부모나 교사들은 청소년들의 정체감 혼란과 정체감 형성의 욕구를 충분히 이해하는 가운데, 다양한 문제 해결의 방식이나 직업, 종교, 이데올로기 등에 대해 열려있는 태도를 갖고 있어야 한다. 또한 청소년들이 정체감을 형성해 가는 동안 보여 주는 다양한 방식들을 인내하고 받아들일 수 있어야 한다.

⑥ 친밀감 대 고립감(성인 초기)

특정한 이성과 친밀한 관계를 유지하려는 욕구가 생겨나서 궁극적으로 배우자를 선택하는 시기다. 친밀감이란 비이기적 방법으로 다른 사람과 감정이나 가치관을 교류하는 성숙한 인간관계에서 발생한다. 조건 없이 다른 사람에게 무언가를 해줄 수 있는 마음이 이 단계에서의 위기를 긍정적으로 해결하는

기초가 된다. 그러나 청년기에 자기 자신에게만 몰두하여 자아정체감을 형성하지 못하면, 타인과의 관계에서도 친밀감을 형성하지 못하여 고립되고 방황하게 된다.

⑦ 생산성 대 침체(성인 중기)

사회적 전통을 전수하고 가치관을 전달하는 등 다음 세대를 교육하는 부모의 역할을 하는 시기다. 따라서 생산적인 성인은 더 나은 사회를 만드는 데 기여하려 하고, 깨끗한 환경조성, 안정된 사회, 자유와 인간존중의 원리를 지키기 위해 노력한다. 직장에서도 젊은 세대 교육 및 창의적인 학문의 성취와 예술적 업적을 통하여 사회적 생산성을 발휘한다.

⑧ 통합 대 절망(성인 후기/노년기)

자신의 생애를 돌아보면서 보람이 있었고 가치가 있었다는 것을 인식하고, 오랜 삶을 통하여 지혜를 획득하게 되면 자아통합감을 얻게 된다. 반면에 젊음을 잃고 직업에서 은퇴한 후, 신체적 · 경제적 무력감을 느끼며 지나온 자신의 삶이 무의미했다고 느끼면 절망감에 빠지게 된다.

(2) 평가와 교육적 시사점

① 기여한 점

첫째, 문화적 요인에 강조점을 두고 정신분석학 이론을 발전시켰다.

둘째, 평생발달적 접근을 하였다.

셋째, 실패는 수정이 가능한 것으로 보아 인간발달에 대한 낙관적 견해를 제시하였다.

② 비판

개념체계가 명확하지 않고 불분명하다는 지적을 받고 있다. 이로 인하여 그의 이론에 대한 실증적 연구가 부족한 점을 단점으로 들 수 있다.

에릭슨 이론의 교육적 시사점은 다음과 같다.

- 어린 아동들에게도 과제를 독립적으로 수행할 기회를 제공하라.
- 자신을 주장하는 능력을 길러 주어라
- 가능한 아동들의 여러 가지 제안이나 의견을 교실 활동에 포함시켜라.
- 학생의 성공에 관심을 갖고 칭찬하여 학생이 자신의 능력에 자부심을 갖도록 도와라.
- 청소년을 가르치는 사람은 정상적인 정체감 형성 과정의 예를 보여 줌으로써 자기 자신과 학생들을 격려하라.

8. Bronfenbrenner의 맥락중심적 접근

청년기의 심리적 발달을 청년들이 몸담고 있는 환경의 특성과 환경과의 상호작용에 의해 설명하려는 이론적 입장을 맥락중심적 접근(contextual approach)이라 한다. 이 접근은 청년기의 심리발달의 뿌리를 신체 및 성적 성숙에서 찾고 있는 Freud, Erikson이 제시한 생물학적 결정론과 반대되는 접근방식을 취한다.

Brofenbrenner(1977)가 제시한 발달의 생태학적 모형은 청년기 발달에 영향을 미치는 맥락적 요인들을 거시적이며 종합적으로 이해할 수 있는 틀을 제공해 주고 있다. Bronfenbrenner는 가족, 또래관계, 교사 등 사회문화적 주도체계와 이들 체계 내에서의 상호작용을 이해하는 것은 청년기 발달을 연구하는 중요한 배경이 되고 있다.

가족 · 학교 · 축구팀과 같은 미시체계(micro-system)는 청년들의 심리적 발달에 직접적인 영향을 미치는 환경체계이며, 환경체계 간 상호작용에 관해 많은 연구가 이루어져 왔다.

가족구조나 부모의 양육방식은 청소년의 행동에 큰 영향을 미친다. Brofenbrenner(1979, 1986)는 가족구조의 유형이 청소년의 행동에 미치는 영향을 연구하였다. 자녀에게 최대한의 자율을 허용하며 부모와 자녀가 동등한 힘을 갖는 평등주의 가족구조가 가장 바람직한 영향을 미칠 것으로 가정하였으나, 결과는 아버지나 어머니가 보다 강력한 힘과 권위를 행사하는 부중심(patricentric), 또는 모중심(matricentric) 가족구조의 청소년이 가장 책임감과 자신감이 높았다.

아동기 발달에서 설명했던 부모의 양육방식은 청년기 심리적 발달에도 밀접한 영향을 미친다. 권위주의적 부모는 자신이 설정한 원칙과 기준을 자녀들이 내면화하고 따르기를 바라기 때문에 청년기에 필요한 자율성의 발달을 억제하며 정체감 형성에 장애가 된다. 때로는 자녀의 자율성을 억압하는 권위주의적 부모를 가진 청년들은 부모의 통제에 대한 반발로 일탈행위나 비행으로 빠져들 위험이 있다.

원칙을 제시하지 않으며 스스로 결정하도록 하는 허용적인 부모가 청년기 자녀의 자율성을 촉진할 것으로 생각되기 쉬우나 이는 사실과 다르다. 허용적인 가정에서 자란 청년들은 지나친 통제의 결여로 인해 자신이 버림받고 있다고 느끼거나 혼란스러워하므로 청년기에 정서적, 행동적인 문제가 나타나는 확률이 높다.

권위가 있는 유형의 부모들은 명확한 행동기준과 함께 적절한 정도의 자율성을 부여하므로 이러한 가정의 청년들은 적극적이며, 책임감이 크고, 독립적이며, 자아존중감이 높고, 학업성취도 또한 높다(송명자, 2002).

〈연구 문제〉

1. Havighurst의 발달과업에 근거하여 현재 자신의 발달과업을 생각해 보시오.
2. 자신의 의견을 반영하여 Piaget와 Vygotsky의 이론을 비교 설명하시오.
3. Vygotsky의 근접발달영역(ZPD)을 구체적인 실례를 들어 설명하시오.
4. Piaget의 이론에서 지능이 발달되어지는 것의 의미가 무엇인지 설명하시오.
5. Kohlberg의 도덕성 발달이론에서 제시된 딜레마 상황에 대해 자신의 입장을 설명하시오.
6. Kohlberg의 도덕성 발달이론에 근거하여 시험 부정행위로 인해 발생한 갈등상황을 설명하시오.
7. 현대사회에서 문제점으로 제기되고 있는 사이코패스에 대해 설명하시오.

제3장

지능 및 창의성

동일한 연령으로 같은 발달단계에 있는 학습자라 하더라도, 개인 간에는 학습성취에 차이를 보인다. 학생들의 개인차는 매우 다양한 영역에서 나타나는데 여기에서는 주요 개인차 요인으로 지능과 창의성에 대해서 살펴보려고 한다.

1. 지능

1) 지능의 정의

지능(intelligence)이란 인간의 지적 능력을 나타내는 대표적인 심리학적 개념이다. 지능에 대한 다양한 정의들이 있지만, 지능연구자들이 내린 지능에 대한 정의에서 공통점을 찾을 수 있는데, 첫째 지식을 습득할 수 있는 능력, 둘째 추상적으로 생각하고 추론할 수 있는 능력, 셋째 새로운 문제를 해결할 수 있는 능력으로 본다는 것이다(Sternberg, 1986). 이 외에도 자신의 사고 과정을 통제하고 이해하는 능력, 자신의 강점과 약점을 아는 것과 같은 초인지(metacognition)를 지능의 중요한 부분으로 포함시키고 있다(Levine, 2003; T. O. Nelson, 1999; Sternberg & Williams, 2010).

2) 지능이론

(1) 비네의 지능이론

지능에 대한 연구는 비네(Alfred Binet : 1857~1911)의 연구로부터 시작되었으며 Binet와 Simon은 최초의 지능검사를 제작하였다. Binet는 지능을 여러 가지 능력이 결합된 것으로 생각했으며, 지능의 세 가지 구성요소를 다음과 같이 제시하였다(Binet & Simon, 1916).

- **방향성** — 무엇을 해야 하는지, 그것을 어떻게 해야 하는지를 아는 것과 관련되어 있다.
- **적응** — 과제 수행을 이해하는 것과 과제를 수행할 때 필요한 전략을 검토하는 것과 관련이 있다.
- **비판능력** — 자신의 생각과 행동을 비판하는 능력을 말한다.

Binet 이후로 많은 학자들이 지능에 대한 다양한 관점을 제시하고 있다.

(2) 스피어만의 일반 요인설

스피어만(Charles Spearman : 1863~1945)은 지능이 일반 요인(general factor: g 요인)과 특수 요인(specific factor: s 요인)으로 구성되어 있다고 주장한다. 일반 요인에 의해 대표되는 능력은 모든 지적 과제 수행에 관여하는 반면, 특수 요인에 의해 대표되는 각 능력들은 그렇지 않기 때문에 일반 요인만이 심리학적으로 주목받게 되었다(Sternberg, 1985; 임규혁 & 임웅, 2007).

일반 요인은 지능의 핵심 요인이며 개인차를 보인다. 다른 많은 연구자들도 스피어만처럼 일반 요인의 존재를 믿고 있다(예 : Deary, Strand, Smith & Fernandes, 2007; Gottfrson, 2002; Jenson, 1998, 2002; Kyllonen, 2002; Petrill, 2002, 2003).

(3) 써스톤의 기본정신 능력(Primary Mental Ability : PMA)

써스톤(Louis Thurston : 1887~1955)은 스피어만의 지능이론을 비판하고(Brody, 2000), 지능은 단 하나의 요소로 구성되어 있기보다, 7개의 상호 관련이 있는 요소로 구성되어 있다고 주장하였다. 그는 이것을 기본정신능력이라 하였는데 써스톤이 제시하는 7개의 기본정신능력은 다음과 같다.

- **언어 이해력** — 어휘력과 같은 검사를 통해 측정 가능
- **언어 유창성** — 주어진 글자를 가지고 가능한 많은 단어를 산출하는 능력을 재는 검사로 측정 가능
- **귀납적 추론** — 유추문제(교사 : 학생 : 의사 : ?)나 수 완성검사(3, 7, 12, ?)를 통해 측정 가능
- **공간시각화 능력** — 대상을 정신적으로 회전하는 것을 요구하는 검사를 통해 측정 가능
- **수 능력** — 기초적인 수학 문제를 통해 측정 가능
- **기억 능력** — 단어나 문장의 회상-기억 검사를 통해 측정 가능
- **지각 속도 능력** — 주어진 사물 들 간의 차이를 구별하는 능력을 재는 검사로 측정 가능

(4) Guilford의 지능구조모형

Guilford(1959)는 인간의 지능에는 세 가지의 기본 범주, 혹은 지적 차원이 있다고 주장하면서 '지능구조모형'을 제안하였다(그림 3-1 참조).

여기서 지능의 기본적 차원이란 정신 능력에 포함되는 내용(contents) 차원과 그 요인에서 요구하는 조작(operation) 차원, 그리고 그러한 조작이 내용에 작용하여 나타나는 산출(product) 차원을 말한다. 내용 차원은 5개의 하위 요인으로 나누어지는데, 시각, 청각, 의미, 상징, 행동이며, 이러한 지적 내용을 조작하는 6개의 하위 요인은 인지적 사고(오래된 정보를 깨닫고 새것을 발견하는데 사용), 수렴적 사고(한 개의 정답을 찾아내는데 사용), 확산적 사고(다양한 방법으로 문제해결을 하는데 사용), 기억부호화(기억 저장을 위한 방법), 기억 파지(오랜 기간 동안 정보를 기억하기 위한 방법), 평가(어떤 것이 좋고 적합한지를 결정)로 나눌 수 있다. 이러한 내용과 조작을 통해 나타나는 결과인 산출 차원은 단위, 유목, 관계, 체계, 변환, 함축이라는

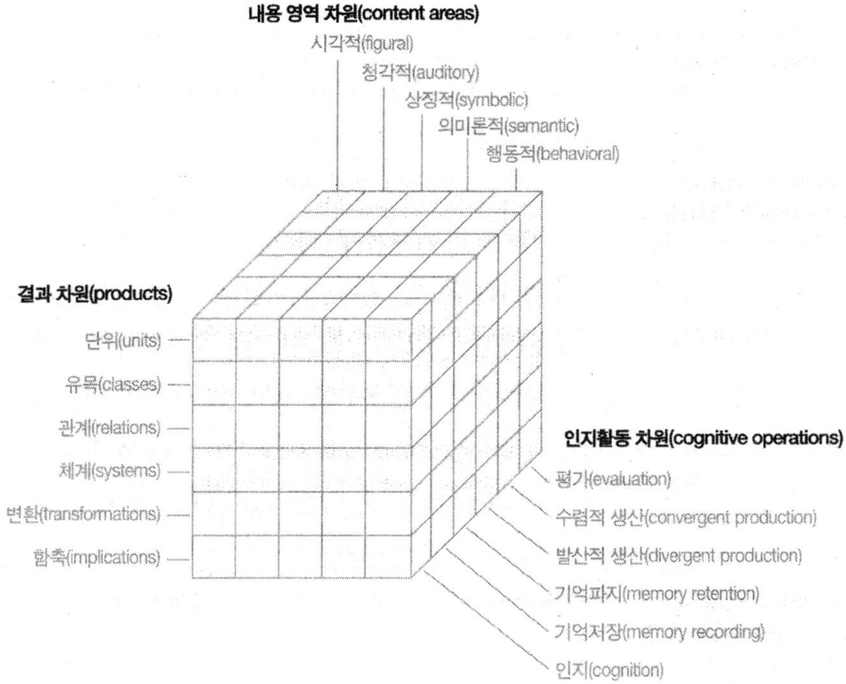

출처: 임규혁 · 임웅(2012), 교육심리학, p. 87.

[그림 3-1] Guilford의 지능구조모형

6개의 하위요인으로 구성되어 있다. Guilford는 내용과 조작, 산출이라는 세 가지의 차원이 조합하여 특정한 요인이 발생한다고 주장하였다. 즉 내용 차원(5개) × 조작 차원(6개) × 산출 차원(6개)으로 총 180개의 서로 다른 정신 능력을 가질 수 있다고 본 것이다.

Guilford 지능구조이론의 공헌은 첫째, 종래의 애매모호했던 지능의 내포적인 의미를 실험과 요인분석을 토대로 풍부한 기준을 가지고 정의했다는 점, 둘째, 비교적 좁은 의미로 이해되던 지능의 개념을 확산적 사고 등을 포함하여 보다 넓은 개념으로 발전시켰다는 점, 셋째 확산적 사고, 즉 새로운 해결책이나 아이디어를 산출하는 능력을 포함시킴으로써 지능을 창의적 사고로 인식하는 기틀을 마련했다는 점, 넷째 새롭고 다면적 차원에서 인지능력의 본질과 발달을 제시함으로써 지능을 보다 발전적으로 개념화하는데 공헌했다는 점이다.

(5) 카텔과 혼의 유동적 지능과 결정적 지능

오랜 기간 동안의 테스트에서도 버텨온 또 다른 견해는 카텔(Raymond Cattell : 1905~1998)과 혼(John Horn : 1929~2006)의 유동적 지능과 결정적 지능 이론이다(Cattell, 1963; Horn, 1998). 유동적 지능(fluid intelligence)은 근본적으로 탈문화적이고 비언어적인 정신적 효능성이다. 유동적 지능은 두뇌 발달에 기초하고 있기 때문에 청소년기까지 증진되고, 나이와 함께 점차적으로 낮아진다. 유동지능은 뇌 손상에 예민하다. 반면에 문화적으로 승인된 문제해결 방식을 적용할 수 있는 능력인 결정지능(crystallized intelligence)은 일생을 통해서 증진될 수 있다. 결정적 지능은 지식의 누적과 밀접한 관련이 있으며 어휘력 검사나 일반적인 정보를 재는 검사로 측정이 가능하다. 그러나 생활 속의 많은 과제들은 유동적 지능과 결정적 지능 둘 다를 이용하여 해결하게 된다(Finkei, Reynolds, McArdle, Gatz, & Peterson, 2003; Hunt, 2000).

(6) 가드너의 다중지능이론

가드너(Howard Gardner : 1943~)는 최소 8가지의 다른 지능을 제안한다. 8가지 지능들은 언어적 지능, 음악적 지능, 공간적 지능, 논리-수학적 지능, 신체-운동적 지능, 대인관계적 지능, 개인 내적 지능, 자연적 지능(자연과 사물의 패턴과 체계를 관찰하고 이해하는 능력) 등을 말한다. 가드너(2003)는 최근 인생의 의미에 질문을 던질 수 있는 영적 지능과 존재론적(existential) 지능에 대해 숙고하고 있다. 각 지능들은 지능을 수행하기 위해 상호작용하지만, 기능적으로 독립되어 있는 하나의 체계를 이룬다. 다음 〈표 3-1〉은 8가지 지능에 대한 설명이다.

표 3-1 Gardner의 다중지능이론

지능의 유형	내용	진로
언어적 지능	언어의 소리, 구조, 의미와 기능에 대한 민감성	시인, 정치 연설가, 교사
논리-수학적 지능	논리적, 수리적 유형에 대한 민감성과 구분 능력, 연쇄적 추리를 다루는 능력	과학자, 수학자
공간적 지능	시공간적 세계를 정확하게 지각하고, 최초의 지각에 근거해 형태를 바꾸는 능력	화가, 건축가, 항해사
음악적 지능	리듬, 음조, 음색을 만들고 평가하는 능력, 음악적 표현 형태를 바꾸는 능력	작곡가, 연주자
신체-운동적 지능	자기 몸의 움직임을 통제하고, 사물을 능숙하게 다루는 능력	무용가, 운동선수
대인관계적 지능	타인의 기분, 기질, 동기, 욕망을 구분하고 적절하게 대응하는 능력	심리치료 전문가, 판매원
개인 내적 지능	자기 자신의 감정에 충실하고 자신의 정서들을 구분하는 능력, 자신의 장점과 약점에 대한 인식	자세하고 정확하게 자신에 대한 지식을 지닌 사람(배우, 소설가)
자연적 지능	자연계의 동식물을 구별하고 분류할 수 있는 능력, 자연계의 질서를 이해하고 범주에 대한 정의를 내릴 수 있는 능력	식물학자, 지질학자, 탐험가

출처 : Hetheringon & Parke, 1993 인용.

가드너의 지능이론은 교실에 적용하기를 원하는 교사들에게 다음의 시사점을 제공한다.

① 지능의 구성요인이 다양하다는 것을 인식하라

다중지능이론은 높은 운동적 지능을 가진 아동을 특별한 운동적 재능을 가지고 있다고 생각하는 것이 아니라, 지능이 높은 것으로 생각한다. 교사는 농구시합에서 신체적 기술뿐만 아니라, 빠른 판단도 필요하다는 것을 인정해야 한다.

② 표현되지 않는 지능을 드러내는 수업을 하라

다중지능이론은 이전보다 더 다양한 수업을 할 필요가 있음을 제안한다. 전통적 수업은 언어와 논리-수학적 지능을 강조하는 경향이 있었다. 교사는 학생들의 다양한 지능들을 개발시킬 수 있는 수업을 전개할 필요가 있다.

③ 수업의 주제를 8개의 지능 모두를 사용하여 접근할 필요가 없다는 것을 기억하라

다중지능이론에 입각해 수업하기를 원하는 교사는 수업주제를 8개 지능 모두를 활용하도록 표현해야 한다는 생각을 버려야 한다. 예를 들어 수학시간에 신체-운동적 지능을 사용하고 개발하기는 어렵다.

(7) 스턴버그의 삼원지능이론

가드너의 다중지능이론은 독립적인 구조를 강조하지만, 스턴버그(Robert J. Sternberg : 1949~)의 지능의 삼원이론(triarchic theory of human intelligence)은 지능들 간의 상호의존적인 과정을 강조한다. 구체적으로 스턴버그는 지능이란 지능검사가 측정하는 것 이상의 어떤 것으로서 세 가지 인지적 부분, 즉 분석적/구성요소적 지능, 창조적/경험적 지능, 실용적/상황적 지능들로 구성되어 있으며, 상호연관적인 기능을 담당하고 있다고 본다.

분석적/구성요소적 지능은 스턴버그 지능모델의 가장 기본적인 부분으로서

무엇인가에 대해 생각하고 문제를 해결하는 정신과정을 일으키는 정보처리 요소를 일컫는다. 정보처리 요소는 메타요소(meta components), 수행요소(performance components), 지식획득 요소(knowledge-acquisition components)로 구성된다. 메타요소는 일을 진행하는 데 있어서 계획 세우기, 일을 하는 동안의 수행 정도 감독하기, 수행 결과 평가하기와 같은 역할을 한다. 수행요소는 메타 요소가 계획한 것을 실행하는 것과 관련된 과정이다. 지식획득 요소는 문제를 해결하는 방법을 학습하는 것과 관련 있다. 이 세 가지 정보처리 요소는 서로 상호작용한다. 메타 요소는 무엇을 할 것인지를 결정하고, 그 다음 수행 요소, 지식 획득 요소가 활성화된다. 후자의 두 요소는 메타 요소에 피드백을 제공하고, 메타 요소는 정보처리를 위한 전략과 정보의 표상을 조절한다.

창조적/경험적 지능은 새로운 경험에 대처하는 능력과 관련 있다. 이러한 지능에 의한 행동은 두 가지 특성을 보이는데 첫째, 통찰력 또는 새로운 상황을 효과적으로 다루는 능력, 둘째, 사고와 문제 해결에서 효율적이고 자동적이 되는 능력이다. 따라서 지능이란 새로운 문제들을 푸는 창의적 사고와 자동성(automaticity), 즉 재빨리 새로운 해결책을 일상적인 과정들로 바꾸어서 많은 인지적인 노력 없이도 적용할 수 있는 것을 포함한다.

실용적/맥락적 지능은 한 사람이 성공할 수 있는 환경을 선택하여 그 환경에 적응하거나, 만약 필요하다면 환경을 바꿀 수 있는 능력을 말한다. 여기에서 문화는 성공적인 선택과 적응, 조형을 결정하는 중요한 요소이다. 한 문화 집단에서 제대로 기능한 것이 다른 문화 집단에서는 기능하지 못할 수 있다. 성공적인 사람은 종종 그들의 능력이 가치 있을 상황을 찾아서 그들의 능력을 극대화하고 어떤 약점을 보상코자 열심히 일한다. 그리하여 실용적/맥락적 지능은 직업선택이나 사회적 기술 같은 실제적인 것에 개입된다.

이러한 세 가지 지능들이 상호 의존적이라는 연구결과들이 제시되고 있다(Sternberg, 1985; Sternberg, Castejon et al., 2001; Sternberg, Forsythe et al., 2000; Sternberg & Lubart, 1995). 지능의 삼원이론에 따르면 지능적인 사람을 지능의

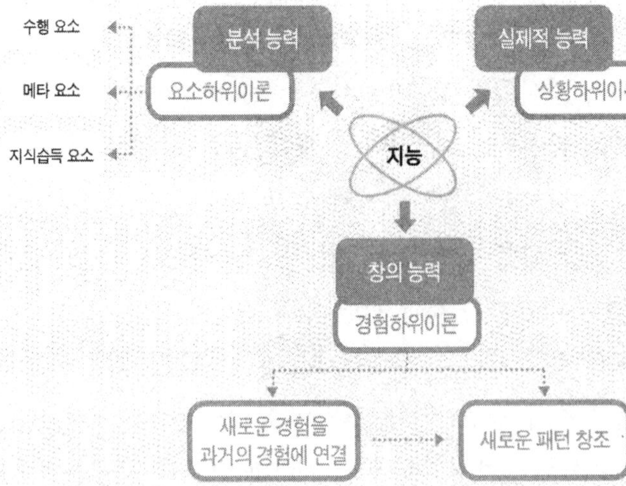

[그림 3-2] Sternberg의 삼원지능이론

모든 측면에서 뛰어난 사람으로 정의하지 않는다. 오히려 지능적인 사람은 자신의 강점과 약점을 잘 아는 사람이다. 이들은 자신의 약점을 수정하고 자신의 강점을 이용하는 방법을 안다.

지능의 삼원이론의 교육에 대한 적용점은 다음과 같다.

- 지능의 지적 측면뿐만 아니라 실제적인 측면도 강조하라.
- 학생들의 문화적 배경이 지능의 정의나 표현에 영향을 준다는 것을 고려하라.
- 학생들이 자신의 강점을 파악하도록 도와 주라.

(8) 정서지능(emotional intelligence)

① 정서지능의 발달 배경

정서지능의 개념은 1980년대에 이르러 일부 교육학자들이 기존의 지능검사가 학업장면에서는 비교적 높은 예측력을 지니지만, 사회적인 성공 등은 잘 예측하지 못한다는 한계점을 지적하면서 대안적인 개념과 새로운 검사도구를 개발하는 과정에서 대두되었다. 정서지능이라는 용어는 샐로비(Peter Salovey)와 메이어(John Mayer)가 1990년에 발표한 학술논문에서 처음 소개되었으며, 이후 골드만(Daniel Goldman)의 『정서지능(EI: Emotional Intelligence)』이라는 책이 일반인들에게 크게 호응을 얻으면서 정서지능을 대중화하는데 공헌을 하였다.

정서지능에 대한 연구는 그 이전부터 이루어져 왔다. 1983년 가드너(Howard Gardner)는 인지적, 정의적, 신체운동적 영역을 포괄하는 다중지능 이론을 제시하면서 개인내적 지능과 대인관계 지능을 지능이론에 포함시켰다. 헤른슈타인(R. Hernstein)과 머래이(C. Murry, 1994) 역시 지능검사로 측정한 지능이 실제 문제해결이나 인생의 중요한 성공지표들을 잘 예측하지 못한다는 점에 주목한 후, 실용적인 지을 측정하기 위하여 인생의 여러 문제들에 대처하는 정서적인 문제를 고려해야 한다고 주장하였다.

골드만(1995)은 한 개인의 성공을 예언할 때, 지능지수와 표준화 검사에서 측정된 지적인 능력(brain power)은 마음(mind)의 질보다 덜 중요하다고 주장한다. 이러한 연구결과들에 따라 많은 사람들은 인간의 성공적인 삶을 예언하는데 중요한 요인으로 종전의 인지적인 지능과는 다른 측면의 정서지능을 들고 있다.

② 정서지능의 개념

미국의 교육심리학자 터만이 1916년 Standford-Binet지능검사를 만들고 IQ(Intelligent Quotient)라는 개념을 사용한 이후 거의 90년이 지났다. 그 동안 IQ는 전세계 문화권에서 인간의 지적인 능력을 객관적으로 파악하는 방법으로 인식되어 왔다. 지능지수는 인간의 학문적 능력, 즉 논리-수학적 능력과 언어능력, 추리능력, 지각속도, 공간적 사고, 기억요인, 언어의 유창성 등의 기본 정신 능력을 지능으로 간주한다(Terman).

교육학적으로 IQ가 무엇을 어떻게 아느냐(What to know and how to know)하는 지식의 영역이라면, EQ는 무엇을 어떻게 느끼느냐(What to feel and how to feel), 그리고 그 감정을 어떻게 조절하느냐(How to control his/her feeling)하는 정서의 영역이다.

사회에서의 성공을 위해서는 지능보다 정서지능이 더 중요하다. "IQ는 성공의 20%만 기여한다." 이것이 1995년 10월 미국의 Goldman이 저술한 「정서지능(EI: Emotional Intelligence)」이라는 책의 주제이다. 이 책은 일반인들 사이에서 크게 호응을 얻으면서 정서지능을 대중화하는 데 큰 기여를 하였다. 원래 정서지능은 'EI(Emotional Intelligence)'로 명기되어 있으나, 뉴욕타임지에서 'IQ'와 대칭되는 'EQ'로 표기하면서 EQ가 일반화되었다.

샐로비(Peter Salovey)와 메이어(John Mayer)는 정서지능을 자신과 타인의 정서를 평가하고 표현할 줄 아는 능력, 자신과 타인의 정서를 효과적으로 조절할 줄 아는 능력, 그리고 자신의 삶을 계획하고 성취하기 위해서 그런 정서를 활용할 줄 아는 능력이라고 정의하고 있다.

샐로비(Peter Salovey) 와 메이어(John Mayer)는 정서지능이 일종의 사회적 지능이고, 사회적 지능은 전통적인 지능연구에서 오랜 역사를 가지고 있기 때문에 정서와 지능을 결합시켜 정서지능이라는 말을 사용하는 것은 모순되지 않는다고 언급하였다.

또한 가드너(Howard Gardner)는 개인내적 지능과 대인지능을 한데 묶어 개인지능(personal intelligence)이라고 불렀는데, 이 개인지능은 다중지능 하위 영역 중에서 정서지능과 가장 밀접하게 관련된 개념이다. 개인내적 지능의 핵심은 자신의 감정을 인식하고, 분별하며, 행동의 지침으로 활용할 수 있는 능력이고, 대인지능의 핵심은 바로 다른 사람들의 기분과 기질, 그리고 동기와 욕망을 정확하게 파악하고 반응할 줄 아는 능력이다.

골드만이 앞서 주장한 것처럼, 즉 가슴(감정: heart)이 머리(이성: head)를 지배한다는 생각이다. 골드만이 제시한 정서지능은 다음과 같은 능력을 포함하는데, 자기 자신을 동기화하고, 좌절에 직면해서도 꿋꿋하게 인내하며, 여러 가지 내적 충동을 통제하면서 만족을 지연하고, 자기의 기분과 감정을 조절하면서 생각에 몰두하고, 늘 공감성과 희망을 가지고 살아갈 수 있는 능력이다.

정서지능의 중요성을 강조하는 연구자들은 비단 골드만이 적극적으로 종합하여 책을 내놓기 전에 손다이크의 사회적 지능(Social intelligence), 스턴버그의 사회적 능력(Social competence), 가드너의 대인지능 · 개인내적 지능(Interpersonal Intelligence & Intrapersonal intelligence) 등의 개념이 정서지능을 구체적으로 형성하는데 기여해 왔다고 말한다.

Salovey가 제시한 정서지능의 영역을 구체적으로 살펴보면 다음과 같다.

- **자기인식**(Knowing one's emotions 또는 Self-awareness) — 자신의 감정을 느껴지는 그대로 인식하는 것이다. 순간순간 자신이 느끼는 감성적인 반응을 인식하면 그것을 적절히 다룰 수 있는 상위기분(meta-mood)이 생겨서 자신의 감정과 객관적인 거리를 둘 수 있게 된다. 현재의 감정에 휘둘리지 않고 자신의 감정을 모니터하는 것은 자기통제의 첫 단계이다. 자기인식은 정서지능의 기반이며 다른 대부분의 감정들이 이에 의존하기 때문에 심리적인 통찰과 의사결정을 위해 절대적으로 중요하다.
- **충동조절**(Managing(Controlling) emotion) — 자신의 감정을 통제하는 힘이다. 즉, 자신의 감정적인 반응들을 대상, 시기, 정도에 알맞게 조절하는 것을 의미한다.
- **감정을 다루는 능력**(Managing emotion) — 자기인식과 자기통제에 근거하여 감정을 다루는데 능숙하게 되면, 삶의 여러 가지 곤경이나 어려움 속에서 그렇지 못한 사람보다 훨씬 빠르게 고통의 순간을 극복한다.
- **자기효능감**(Self-efficacy) — 자신의 과제수행능력에 대한 신념이다. 자기효능감을 가진 사람들은 실패에서 재빨리 회복하며, 일이 잘못될까봐 걱정

하기보다는 그것을 조절하는 방법에 입각하여 사태에 접근한다.

- **과제집중력** — 과제에 집중하게 하는 작동기억을 활성화시키고 유지시키는 능력이다. 작동기억(working memory)은 정신생활에서 집권행정부의 기능을 한다.
- **스스로를 동기화하기**(Motivating oneself) — 목적을 향해 자신의 감정을 다스리는 것이다. 개인으로 하여금 주어진 과제수행과 창조행위에 몰두할 수 있게 해주는 집중, 숙련, 창의력을 발휘하기 위해 필수적이다.
- **공감능력** — 타인의 감정을 인식하고 공유 할 수 있는 능력이다. 공감을 잘하는 사람은 타인의 필요와 욕구를 민감하게 알아차려 부드럽게 대인관계를 형성하고 유지해 나간다. 타인의 긍정적인 정서와 부정적인 정서를 공감하는 능력은 도덕성을 기반으로 타인을 배려하고 선을 베푸는 원동력이 된다.

EQ에 대한 이와 같은 개념은 인간이해에 대한 새로운 관점과 지평을 열어놓았으며, 우리의 학교교육에 대한 반성과 'IQ에서 EQ로의 전환' 혹은 'IQ와 EQ의 상호보완'을 요구하게 되었다.

이상에서 Salovey가 제시한 정서지능의 영역을 통해 정서지능이 다음과 같은 요소로 이루어져 있음을 알 수 있다.

- **정서의 인식 및 평가와 표현** — Salovey와 Mayer(1990)는 자신의 정서를 정확하게 평가하고 표현하는 것이 정서지능의 일부라고 하였다. 여기에는 자신의 정서를 언어적으로 평가하고 표현하는 능력, 자신의 정서를 비언어적으로 평가하고 표현하는 능력, 타인의 정서를 비언어적으로 평가하고 표현하는 능력, 감정이입(공감)하는 능력이 해당된다.
- **정서의 조절** — 이 요소는 타인과 자신의 정서를 조절하는 것과 관련된 능력이다. 대부분의 사람들이 이러한 능력을 가지고 있지만 정서지능이 우수한 사람은 이 조절 과정에 특히 능숙하고, 특수한 목표를 이루기

위해 이 능력을 발휘한다. 그러나 이러한 능력은 만약에 잘못 사용되어진다면 반사회적인 나쁜 목적을 위해서 타인의 정서를 조작할 위험을 내포하고 있다.

- **정서의 활용** — 이 요소는 사고, 추리, 문제해결, 창의적 과제에서 정서를 적응적으로 활용하는 능력과 관련된다. Salovey에 따르면 정서는 어떤 종류의 문제해결에 있어서 더 적응적인 정신상태와 정보처리 양식을 창출한다는 것이다. 정서지능이 우수한 사람은 문제의 성격에 따라 자신의 정서와 기분을 적응시킬 수 있는 능력을 소유한 사람이다. 융통성 있는 유연한 사고를 할 수 있는 능력, 창조적인 사고를 하는 능력, 주의집중을 할 수 있는 능력, 동기화를 자발적으로 하는 능력을 말한다. 이와 같이 정서지능의 주요 요인은 지적인 요인보다는 주로 정서적인 감정적인 요인이다. 이러한 요인이 인간의 사회적 행동에 크게 영향력을 행사할 때 성공과 행복을 가져오는데 중요하게 작용한다. Salovey가 제시한 정서지능의 영역을 도식화하면 [그림 3-3]과 같다.

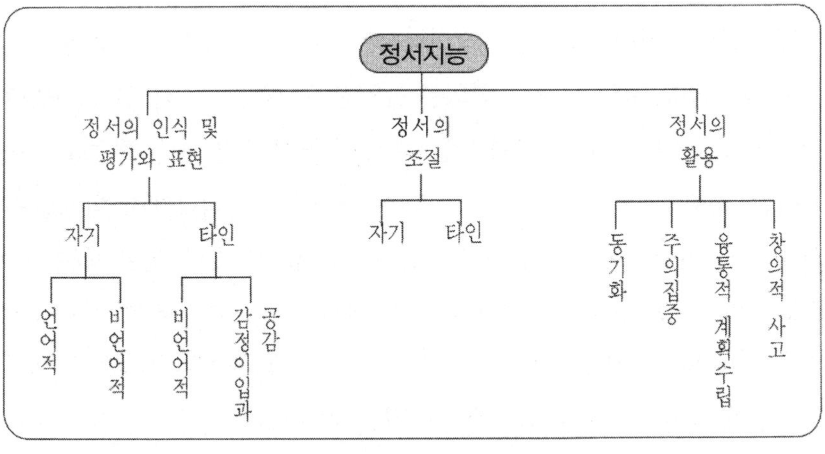

[그림 3-3] 정서지능의 구성요소

2. 창의성

1) 창의성의 의미

인간의 다양한 능력 중에서 특별히 창의적 사고력을 강조하는 이유는 급변하는 사회를 살아가는 현대인들에게는 새로운 문화를 바르게 수용하고 고유의 문화를 창조적으로 개발할 수 있는 능력이 요구되기 때문이다. 창의성의 중요성은 학교현장에서도 확산되고 있으며, 창의성 개발이 교육의 중요한 과제로 제기되고 있다(임규혁, 1996).

창의성(creativity)은 질적으로 우수하고 적절하게 새로운 작품을 만들어내는 능력이다(Barron, 1968; Jackson & Messick, 1965; MacKinnon, 1962; Oxhse, 1990; 윤종건, 1994; Sternberg & Lubart, 1999). 결과물이 새롭다는 것은 독창적이고 전혀 기대하지 않은 것일 때이며, 결과물이 적절하다는 것은 과제해결의 유용성을 말한다. 그리고 창의성에 대한 사전적 정의는 새로운 관계를 지각하거나, 비범한 아이디어를 산출하거나, 또는 전통적인 사고 유형에서 벗어나 새로운 유형으로 사고하는 능력(서울대학교 교육연구소, 1994)이다. 이러한 맥락에서 학생들이 창의적인 생각을 가지도록 하려면 교사 자신이 먼저 창의성에 대한 폭넓은 이해를 가지고 있어야 한다(Albert & Runco, 1999; Runco, 2004; Runco & Pritzker, 1999; Scott, Leritz, & Mumford, 2004; Sternberg & Lubart, 1996; Plucker & Renzulli, 1999).

창의성에 대한 접근은 심리측정학적(psychometric) 접근, 전기적(biograpical) 접근, 사회심리적(socio-psychological) 접근, 생물측정학적(biometric) 접근으로 나눠 볼 수 있다.

창의성에 대한 심리측정학적 접근은 지능을 측정하는 동일한 방법으로 창의성을 측정하고자 하는 것이다. 가장 대표적인 것이 Torrance의 창의적 사고 검사(1974)이다. Guilford(1950)는 창의성에서 확산적 사고(divergent thinking), 즉 한 문제에 대해 다양한 아이디어를 산출하는 능력을 강조한다. 확산적 사고와 반대되는 개념으로 단 하나의 답을 발견하는 과정인 수렴적 사고(convergent thinking)가 있다.

창의성에 대한 전기적 접근은 탁월한 창의적 인물에 대한 사례연구를 통해 창의성의 본질을 알아내고자 한다. 이것은 창의적인 인물 사례를 연구함으로써 창의성에 접근하기 때문에 창의성에 대한 정의 자체가 다양하게 된다는 특징이 있다.

창의성에 대한 사회심리적 접근은 창의적 사고에 영향을 주는 환경적 변인을 강조한다. 예를 들어 Teresa Amabile(1983, 1996)은 무엇인가를 하기를 바라는 내적 동기와 창의적 사고와의 관련성을 강조한다. 내적 동기의 반대되는 개념은 외적 동기이다. 외적 동기는 보상을 바라고 무엇인가를 하는 것을 말한다. 창의적인 사람은 자신이 하는 일을 좋아하는 사람이다. 교사가 학생들을 창의적인 사람이 되게 하는 가장 좋은 방법 중 하나는 자신이 하는 일을 좋아하도록 도와주는 것이다. Dean Simonton(1984, 1988, 1994, 1999)은 창의적 사고의 발달 과정에서 사회의 역할을 분석하였다. 예를 들어 Simonton(1988)은 한 문화만을 경험한 사람보다 두 문화를 경험한 사람이 더 창의적일 수 있다고 주장한다.

한편 Sternberg와 Lubart(1999)는 창의성에 관한 이론들을 통합하려는 창의성 투자이론을 제시하였다. 이 이론에서는 창의적인 사람은 낮은 가격에 아이디어를 사서 높은 가격에 파는 훌륭한 발명가로 설명한다. 창의적인 사람은 일상생활에서 가치가 없다고 여겨지는 아이디어를 의미 있고 , 중요하며, 가치 있는 아이디어로 개발하는 사람이다. 이 이론은 창의적인 사람의 특성을 다음과 같이 제시하고 있다.

① 전형적인 시각으로 문제를 바라보기보다, 새로운 방법으로 문제를 보려고 한다.
② 자신의 분야에 대해 폭넓은 지식, 다시 말해 걸어 다니는 백과사전식 지식을 소유하기보다는 깊은 전문지식을 가지고 있다.
③ 창안해 내는 것을 좋아한다.
④ 장애나 어려움에 직면했을 때 잘 견딘다.
⑤ 경험에 대해 개방적이다.
⑥ 기꺼이 모험하기를 좋아한다.
⑦ 내적으로 동기화되어 있다.
⑧ 자신의 창의적인 작업을 지지할 환경을 잘 찾는다.

2) 창의성의 구성요인

Guilford는 창의성의 구성요인을 다음과 같이 제시하고 있다.

(1) 민감성

주변의 상황 변화를 재빠르게 파악하는 활동이다. 상식적이지 않은 것을 금방 알아차리거나, 미세한 변화를 포착하는 활동자료를 이용해 파악할 수 있다.

(2) 유창성

주어진 자극에 대하여 제한된 시간 내에 얼마나 많은 양의 변화를 보일 수 있는가 하는 능력으로, 즉 아이디어의 풍부함과 같은 양적인 측면을 일컫는다. 언어의 유창성, 연상의 유창성, 표현의 유창성, 관념의 유창성 등이 있다.

① 언어의 유창성

주어진 문자를 조합하여 단어를 만든다든지 하는 능력을 조사한다.

② 연상의 유창성

동의어를 몇 개나 답하는가에 관한 검사를 통해 측정한다.

③ 표현의 유창성

문장을 만드는 검사 등에 의해서 측정한다.

④ 관념의 유창성

단단하고. 희고, 먹는 것은 무엇인가의 질문에 답하도록 하거나, 이야기의 제목을 생각하도록 하는 검사에 의해서 조사되는 것으로서 질보다는 양을 중시한다.

(3) 융통성

한 가지 문제 사태에 접근하는 방법이 얼마나 다양한가와 관련된 사고능력이다. 즉, 질적으로 서로 다른 방안을 산출하는 능력으로서, 자발적 융통성과 적응적 융통성으로 세분화된다.

(4) 독창성

독특하고 희귀한 아이디어를 산출하는 지적 활동이다. 기존 지식의 통합이나 재구성이 아니라, 새롭고 흔히 볼 수 없는 반응의 도출을 의미하며, 다음과 같은 기준에 의해 평가되는 기능이다.

① 비범성

언어연상 검사에서 정상이면 평범한 것이고, 비정상적이면 비범한 것이다.

② 원격연합

두 개의 낱말을 주고서 그 관계를 나타내도록 했을 때, 아주 멀리 떨어진 낱말 사이의 관계를 끌어내는 능력이다.

③ 교묘성

이야기의 줄거리를 주고서 제목을 붙이게 하는 검사에 의해 응답한 내용과 줄거리 사이에 흡사한 정도를 측정한다.

(5) 치밀성

아이디어가 어떤 대상의 기능, 위치에 대한 행동, 목표에 어느 정도 정확하게 접근하고 있는가에 관계한다(장선철 외, 2005, p. 119에서 재인용).

3) 창의성 개발방법

(1) 브레인스토밍(brain storming)

브레인스토밍은 자유로운 창의적 아이디어나 해결책을 산출하기 위한 자유로운 토의 방법이다. 브레인스토밍이란 뇌(brain)에 폭풍(storm)을 일으킨다는 뜻으로, 비판이나 판단 없이 머릿속에 떠오르는 대로 아이디어를 내게 하는 방법이다. 효과적인 브레인스토밍을 위한 기법에는 다음과 같은 것들이 있다.

① 평가금지

브레인스토밍이 끝날 때까지 산출되는 아이디어에 대해서는 평가하지 않는다.

② 다양한 아이디어의 산출

아이디어의 질에 상관없이 가능한 많은 아이디어를 산출하도록 한다.

③ 결합의 원리

브레인스토밍 중에 제시된 아이디어에 새로운 그 무엇을 첨가하도록 자극한다.

④ 독창성의 원리

과거의 지식이나 경험 등에 구애되지 않고 색다른 아이디어를 산출하도록 자극한다.

(2) 발견적 문제해결법(synectics)

발견적 문제해결법은 문제에 대한 광범위한 접근으로 시작하여, 얻어진 해결책을 직접 문제에 관련지어 구체적인 해결책을 강구하도록 하는 방법이다. 즉 이 프로그램은 유추를 통해 문제를 창의적으로 풀도록 가르치는 것이다. 발견적 문제 해결의 절차는 다음과 같다.

① 참가자 구성

문제해결에 필요한 지식과 기술 분야의 전문가를 참여시킨다.

② 문제 제시

광범위하고 추상적인 문제를 제시한다.

③ 문제 축소

문제의 범위를 점진적으로 축소해 나간다.

④ 산출된 아이디어

산출된 아이디어를 결합하고, 개선하여, 문제와 관련된 새로운 아이디어를 산출한다.

(3) 속성열거법(attribute listing)

속성열거법은 문제의 대상이나 아이디어의 다양한 속성을 목록으로 작성하여 각각의 속성에 주의를 돌리는 방법이다. '대상물의 주요 속성 열거하기', '속성을 변경시킬 수 있는 방법을 열거하기'처럼 각각의 속성을 분석하면서 그 속성에 대한 집중적인 생각을 통하여 개선, 수정, 발전 방안에 대해 탐색한다. 이러한 속성들에 관한 아이디어를 산출할 때에는 브레인스토밍의 방법이 적용된다.

(4) 생산적 사고 프로그램(productive thinking program)

생산적 사고 프로그램은 초등학교 고학년 학생들이 불일치를 인지하고 가설을 세우는 방법을 프로그램화 한 것이다. 이 프로그램은 학생들이 프로그램 내용을 읽는 동안에 학자, 형사 또는 과학자와 같이 생각할 수 있도록 만화로 구성되었다. 학생들은 프로그램 내용을 읽는 동안 규칙적으로 피드백을 받으면서 문제를 해결해 나간다.

4) 창의성 개발을 위한 교사의 역할

학생들이 가지고 있는 창의성을 잘 펼치도록 격려하기 위한 교사의 태도는 다음과 같다.

① 창의성의 모델이 되라.
② 학생들이 일반적인 가정에 의문을 가지도록 격려하라.
③ 모험을 두려워하지 않도록 격려하라.
④ 새로운 문제해결을 위한 인내심이나 고집을 가지는 것에 모델이 되고, 격려하라.
⑤ 실수를 허용하라.
⑥ 확산적 사고를 장려하고 모델이 되어라.
⑦ 창의적인 사고를 할 수 있는 기회와 시간을 허용하라.
⑧ 창의적인 생각에 대해 보상하라.

(1) 그림완성

아래 그림에 선을 덧붙여 재미있는 그림을 완성해 보십시오. 아무도 생각해 내지 못하는 그림을 그려 보십시오. 처음 떠오른 아이디어에 덧붙이거나 그것을 발전시킴으로써 재미있고 짜임새 있는 이야기를 만들어 보십시오. 각 번호 옆에 그림의 제목을 재미있게 써 보십시오(6분).

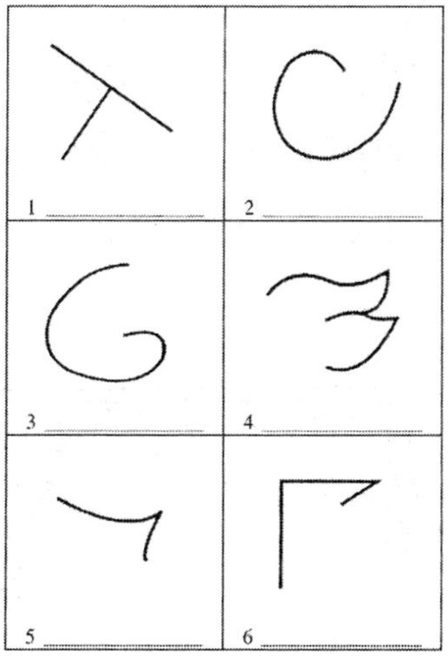

(2) 물건의 개량

옆의 그림은 어느 장난감 가게이서나 볼 수 있는 천으로 만든 장난감 원숭이입니다. 이 장난감 원숭이의 크기는 약 15cm이며 무게는 약 200g 정도입니다. 이제 이 장난감 원숭이를 가지고 아이들이 아주 재미있게 놀 수 있도록 변화시켜 보십시오. 생각할 수 있는 가장 멋지고 재미있고 특별한 방법들을 써 보십시오. 바꾸는 데 비용이 얼마나 드는지에 대해서는 전혀 걱정하실 필요가 없습니다. 다만 어떻게 하면 아이들이 더 재미있게 가지고 놀 장난감이 될 수 있을지만 생각하십시오(10분).

(3) 한번 가정해 보십시오.

당신의 상상 속에서 아래의 상황이 일어났다고 한번 가정해 보십시오. 그리고 그로 인해 어떤 일들이 벌어질 수 있는지 생각해 보십시오. 즉, 어떤 결과가 생길까요? 가능한 한 많은 추측을 해 보십시오.

굉장히 짙은 안개가 지상을 모두 덮어 버려 사람들은 단지 발밖에 볼 수 없게 되는 상황을 한번 상상해 보십시오. 무슨 일이 일어날까요? 떠오르는 아이디어와 추측들을 열거해 보십시오(5분).

3. 지능과 창의성과의 관계

지금까지 학자들은 창의성과 지능의 관계에 대해 많은 연구를 진행하여 왔다. Sternberg와 O'Hara(1999)는 창의성과 지능의 관계에 대하여 [그림 3-4]와 같이 다섯 가지 관점이 제안되어 왔다고 설명하고 있다.

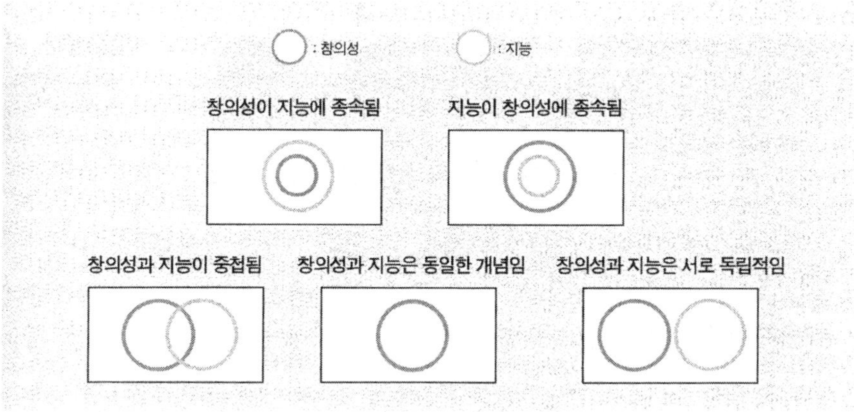

출처: 임규혁 · 임웅(2012), 교육심리학, p. 99.

[그림 3-4] 지능과 창의성과의 관계

1) 창의성은 지능에 종속

Guilford가 제안한 지능의 구조 모형 중에 확산적사고(divergent production)는 창의성의 하위요인이다. 또한 Gardner도 다중지능의 기능 속에 창의성이 포함된다고 설명하고 있다.

2) 지능은 창의성에 종속

Sternberg와 Lubart(1995)는 창의성의 발현에 기여하는 요인으로 지능, 지식, 사고양식, 성격, 동기, 환경을 언급하면서, 지능은 창의적인 행동을 발현하는 요인 속에 포함되므로 창의성에 속하는 개념이라고 설명하고 있다.

3) 창의성과 지능은 중첩

창의적인 사람들의 IQ는 평균 120 이상이었고, IQ가 120 이상인 경우에는 IQ가 창의성과 크게 관련되지 않았다. 즉 개인이 창의적으로 문제를 해결하려면 최소한 120 이상의 IQ가 필요하다는 것을 말해 준다. 이를 문턱이론(threshold theory)이라고 한다. 그런데 IQ가 지나치게 높을 경우에는 분석적인 사고가 우세하여 창의적인 사고에 지장을 준다는 주장도 있다(Simonton, 1994; Sternberg, 1996).

4) 창의성과 지능은 동일한 개념

Haensly와 Reynolds(1989)는 창의성과 지능을 동일한 현상으로 간주하며, 창의성은 지능의 다른 이름이라고 주장한다. 즉 창의성이란 문제 해결 과정에 대한 연구를 통해 이루어질 수 있다.

5) 창의성과 지능은 독립적

최근에는 연습효과를 근거로 들면서 창의성과 지능의 독립성을 주장하는 견해가 등장 하였다(Ericsson, 1996). 즉 창의적 전문성은 타고난 능력의 결과가 아니라, 영역 안에서 창의적인 작업을 하는 동안에 이루어진 노력의 결과라는 것이다(Gardner, 1993a; Simonton, 1994).

〈연구 문제〉

1. 다중지능이론(Theory of multiple intelligence)에 근거하여 자신의 강점지능을 설명하고, 강점지능을 높일 수 있는 방안을 생각해 보시오.
2. 학교에서 다중지능이론(Theory of multiple intelligence)을 접목시킬 수 있는 수업방법에 대해 논의해 보시오.
3. 학생의 창의성 개발을 위해서 학교에서 실행할 수 있는 방안에 대해 논의해 보시오.
4. 창의적 문제해결에서 확산적 사고와 수렴적 사고를 구체적으로 예를 들어 설명하시오.

제4장

특수한 학습자

1. 학습장애
2. 정신지체
3. 정서 행동장애
4. 학습부진
5. 영재

특수한 학습자는 장애학생과 영재학생으로 구분하며, 학습장애, 정신지체, 정서 행동장애, 학업부진, 영재를 포함한다. 여기서는 특수한 학습자의 특성과 지도방안을 알아본다.

1. 학습장애

학습장애(learning disabilities)란 정상적인 지능을 가지고 있으며 신체적인 장애나 사회 환경적인 특별한 결핍요인이 없음에도 불구하고, 학습을 하는데 어려움을 겪는 경우를 지칭한다. 우리나라 특수교육진흥법에는 셈하기, 말하기, 읽기, 쓰기 등 특정분야의 학습에 장애를 보이는 경우를 학습장애로 구분하고 있다. 학습장애를 가진 학생들은 표면적으로 보면 지극히 정상적인 모습을 보이고 있다. 그러나 일반적으로 다음과 같은 특징을 보인다(Eggen & Kauchak, 1992).

① 과잉행동
② 지각운동 손상 — 소근육 작업, 운동조절 능력의 결함
③ 정서적 부조화
④ 일반적인 방향지각상의 결함
⑤ 주의집중력 장애
⑥ 충동성
⑦ 기억 및 사고의 장애
⑧ 학업성취의 어려움

그러나 위와 같은 특징은 아동 스스로의 의지에 의한 것이 아니고, 중추신경계의 이상으로 인해 불가항력적으로 나타나기 때문에 학습장애는 "미세 뇌기능 장애"라고 불리기도 한다.

학문적 수행에 있어서 학습장애를 가진 학생들의 전형적인 모습을 보면, 제대로 읽지를 못하고, 단어를 거꾸로 읽거나, 읽고 있던 부분을 자주 잊어버리고 혼란스러워 한다. 또한 맞춤법을 자주 틀리고, 줄에 맞춰 글씨를 쓰지 못하고, 쓰기를 모두 마치는데 오랜 시간이 걸리며, 칠판에 판서한 내용을 옮겨 적는데 어려움을 가지고 있다. 셈하기 부분에서는 가감승제의 계산을 자주 틀리고, 응용문제를 해결하지 못하며, 서술형식의 문제를 이해하는데 어려움이 있다.

학습장애 학생들의 잠재적인 능력의 신장과 교육기회 균등의 문제 등이 제기되어지면서 다양한 제도적인 장치와 법령이 제정되었다. 통합교육과 전략훈련 등이 이러한 사회분위기와 요구를 적절히 반영한 교육방법이다. 통합교육이란(mainstreaming)이란 학습장애 학생을 따로 분리하여 수업하는 것이 아니라, 일반 학급에서 비장애학생들과 같이 공부하는 것을 말한다. 학습장애 학생을 따로 구분하여 특수교사에게 교육받게 하는 것이 아니라, 일반학급에서 학교생활을 하며 특수교사들이 학급에 투입되어 담당 학급교사와 상호협조체제를 이루는 것이다. 전략훈련(strategy training)은 학습장애 학생에게 적절한 학습전략을 가르치는 것이다. 예를 들어 암기를 할 경우, 암기를 하는 방법, 즉 그룹화, 시연 등의 전략을 가르치는 방법이다. 이러한 교수방법은 학생들의 초인지(meta cognition)를 발달시키는데 도움을 준다. 학습장애를 가진 학생들은 체계화, 구조화 능력이 부족하여 불필요한 것에 시간을 소비한다. 따라서 이들에게 학습전략을 가르치는 일은 장애 때문에 겪는 어려움을 극복하는데 많은 도움을 줄 것이다.

2. 정신지체

정신지체(mental retardation)란 지적 기능이 유의하게 낮으며 사회적 적응에 결함이 있는 것을 뜻한다. 일반적으로 IQ가 75 이하인 경우를 정신지체아라고 하는데, 지적 기능이 지체의 정도에 따라 교육가능급(educable mentally retarded : EMR IQ 50~75), 훈련 가능급(trainable mentally retarded: TMR, IQ 25~50), 그리고 보호급(severely mentally retarded : SMR, IQ 25 이하)으로 나뉜다.

정신지체의 원인은 크게 유전적 요인과 환경적 요인으로 나눌 수 있다.

첫째, 유전적 요인의 경우는 염색체 이상에 의한 다운증세아동(Down's syndrome, 21개의 염색체 중 15번째 염색체가 하나 더 있다), 신진대사 이상에 의한 PKU와 갈락토스미아를 들 수 있다. PKU는 흰자질 속의 아미노산을 소화시키는 한 효소의 결핍으로 독소가 축적되어 정신지체아가 되는 경우이고, 갈락토스미아는 탄수화물 신진대사 결함에 의한 것이다.

둘째, 환경적 요인으로는 임신 중 감염(매독, 풍진, 홍역 등 두뇌활동이 활발한 3개월 이내면 뇌에 이상이 생긴다), 임신 중 방사선을 쬐거나 탈리도마이드, 니코틴, 알코올 등의 약물중독을 들 수 있다.

정신지체 학생의 교육방법 및 내용은 장애의 정도에 따라 달라야 한다. 교육가능급 아동들은 통합교육 원리에 따라 정상적인 학급에 배치함으로써 읽기, 쓰기, 셈하기 등 기본기술과 사회성과 사회적응기술에 초점을 맞추어 가르칠 수 있다. 그러나 그 정도가 심한 아동들은 특수학급이나 특수교육기관에서 보다 제한적인 내용들을 가르칠 수 있다.

경미한 정신지체 학생들을 보통학급에서 지도할 때 교사가 고려해야 할 일반적인 원리로는 다음과 같은 내용이 있다(송준만, 유효순, 1995).

(1) 각 학생의 장 · 단점을 명확히 파악한다.
(2) 학습의 준비도를 검토하여 지도한다. 선행학습이 어느 정도 이루어졌는지를 알지 못하고 다른 학생과 같은 진도의 교육을 해서는 안 된다.
(3) 즉각적인 피드백과 보상을 제공한다.
(4) 반복연습을 활용한다. 앞서 언급했듯이 이들은 단기기억에 문제를 보이지만, 장기기억에는 별로 문제가 없다. 따라서 여러 방법으로 반복하고 연습할 기회를 주어 장기기억을 돕는 것이 효과적이다.
(5) 다양한 감각적인 접근을 활용한다. 즉 시각, 청각, 촉각을 이용하는 다양한 교육자료를 준비하여 활용한다.
(6) 개념을 구체적으로 제시하고 다양하게 실생활에 적용한다.
(7) 학습과제를 작은 단위로 제시한다. 이들은 주의집중과 학습동기 유발에 문제가 있다. 따라서 과제를 세부단위로 나누어 단계별로 제시하는 것이 성취감을 높이고 학습동기를 유발하는 데 도움이 된다.

3. 정서 행동장애

Graubard(1973)는 상대가 바라지 않는 부적절하고, 충동적이며, 공격적 행위나 언어, 그리고 우울증이나 좌절을 나타내는 만성적 이상행동으로 행동장애를 정의하고 있다. 즉 자신의 의지로 통제하기 어려운 상태를 말한다. 물론 정상인에게도 종종 과격한 정서가 나타나기는 하지만, 그러한 것은 곧 사라지기 때문에 크게 문제시 되지는 않는다. 그러나 그러한 상태가 계속해서 반복적으로 지속되고 극단적인 방법으로 표출될 때에는 정서장애의 가능성을 의심해보아야 한다. 일반적으로 정서장애를 겪는 아동의 문제는 아동 자신의 문제라기보다는 환경과의 상호작용 속에서 나온 것으로 생각하게 되었고 이에 초점을 맞추게 되었다. 따라서 정서장애(emotional disturbance)는 행동장애(behavioral disorder)와 같은 의미로 사용하고 있으며, 정서장애의 정도가 약한 경우 흔히 행동장애로 불린다. 여기에는 품행문제(과잉활동증상, 공격적, 주의산만, 불복종, 특정학습장애와 비슷하나 읽기에는 문제가 없다), 불안-위축(자아존중감이 낮다) 및 미성숙(일상생활에 발달이 늦은 아이, 흥미가 없다) 등이 해당된다.

이러한 문제의 원인은 이론가마다 설명을 달리 하는데 정신분석이론에서는 유아기 불안, 무의식적 갈등을 그 주요인으로 보는 반면, 환경적 요인을 강조하는 이론에서는 부모의 양육태도, 학교에서의 적응문제 등을 그 원인으로 본다. 특히 행동수정이론에서는 아동의 행동에 적절한 귀결을 제시해주지 못했거나 제시해주는 사람이 없어 행동장애의 원인이 되었다고 본다. 또한 뇌손상, 영양실조, 질병, 신경조직 이상 등의 생물학적 원인 등 다양한 원인이 있다.

Quay(1972, 1975)는 교사와 부모에 의한 행동평정, 아동의 생활사, 질문지에 대한 아동의 반응 등을 자료로 하여 경미한 정서 행동장애 아동들의 행동특성을 다음과 같이 분류해 설명하였다.

- **품행문제** — 불복종, 파괴적 행동, 질투, 난폭한 행동 등
- **성격장애** — 열등의식, 위축감, 불만, 좌절, 죄의식, 불행감 등
- **미성숙** — 주의집중력이 약하고, 우둔하며, 순종적이고, 백일몽을 잘 꾸며, 자기보다 나이어린 친구를 좋아한다.
- **비행** — 친구들과 어울려, 특히 파괴적이며 법에 저촉되는 행동을 한다.

정서행동장애 아동들도 정상학생들과 같이 통합교육이 가능하다. 특히 교사는 이들에 대해 충분히 이해하고, 솔직담백한 의사소통과 즉각적인 칭찬과 보상, 학생에 대한 현실적 기대와 유지해야 할 행동 범주의 설정 등을 통해

지도할 필요가 있다. 또한 학생과 교사와의 신뢰로운 관계를 형성하여 바람직하지 않은 행동이 표출되지 않도록 해야 한다.

4. 학습부진

학습부진은 앞의 학습장애와 상당히 유사한 개념으로 자신의 능력에 비해 학업성취 수준이 낮은 학생을 말한다. 그러나 학습장애 개념과 구분한다면, 학습장애는 특수교육의 대상에 포함되는 반면, 학습부진은 일반교육에서 다루어지고 있다는 점이다. 즉 학습장애는 읽기, 쓰기, 셈하기와 같은 특정 분야든 여러 분야의 장애로 인한 반면, 학습부진은 그 원인이 무엇이든 간에 학습결과가 최저 수준에 미달하는 경우라는 점에서 차이가 있다고 볼 수 있다.

일반적으로 학습부진학생에게 나타나는 특성은 학습장애 학생과 거의 비슷하며, 카우프만(Kauffman, 1976) 등은 학습부진 학생의 특징으로 과잉행동, 지각-운동장애, 정서불안정, 방향감각 및 편측장애(laterality defects), 주의집중장애, 충동성, 기억 및 개념적 사고장애, 특정학습장애 등을 제시하고 있다.

학습부진 학생을 위한 수업전략으로는 적응수업전략과 교정수업전략을 들 수 있다(임규혁, 1996). 적응수업전략(accommodation teaching strategy)은 학습자의 학업을 증진시키기 위한 어떤 요소나 전체적인 학습 환경을 변화시키는 것으로 다음과 같은 같다.

① 학습부진 학생이 이해할 수 있는 수준으로 각 수업시간에 도달해야 할

학습목표를 제시한다.

② 수업진행에 대한 안내를 위하여 각 단원별 또는 차시별 수업개요를 제시한다.

③ 전문적인 어휘목록이나 추상적인 개념에 대한 해설 자료를 제공한다.

④ 학습부진 학생의 수준에 맞는 적절한 가정학습과제를 제공한다.

⑤ 특별교재 또는 학습 자료를 활용한다.

⑥ 학습계획서를 작성해주고 계속적으로 점검한다.

⑦ 정보의 확인, 분석, 저장, 기억방법, 시험 준비, 노트필기 방법과 같은 학습기술을 지도 한다.

교정수업전략(remedial teaching strategy)은 학습을 방해하거나 장애가 되는 결함과 약점을 제거하는데 중점을 두며, 이 전략은 학습부진 학생의 잘못된 학습 습관을 확인하고, 이를 수정할 수 있다는 가정 하에 학습자를 변화시키는데 관심이 있다. 그러므로 이 전략에서는 학습부진아에 대한 개인별 진단과, 이에 따른 적절한 학습과제 및 프로그램이 제시되어 진다.

학습부진 학생을 위한 프로그램은 내용에 따라 다음과 같이 구분할 수 있다.

- **기초학습 가능형** — 읽기, 쓰기 등 기초학습 기능에 초점을 둔 프로그램
- **교과개별지도형** — 학생들이 흥미를 느끼지 못할 경우, 교육과정 영역에서 지원 및 보충적인 역할을 하는 프로그램
- **직업 프로그램** — 학습자의 흥미와 능력에 맞는 직업을 탐색, 준비시키는 프로그램
- **학습전략형** — 학습부진아의 공부 방법을 발전시키고, 수업활동을 개선시키는 프로그램
- **심리치료형** — 아동에 대한 압력의 감소, 교사-학생, 학생-학생간의 인간관계 개선, 동기 양식이나 수준의 변화, 자아개념의 긍정적 변화 등을 목적으로 하는 프로그램

5. 영재

1) 영재의 의미

영재란 성취나 수행에 있어서 뚜렷하게 보통수준을 넘는 아동을 말한다. 영재에 관한 초기의 연구들은 사회발전에 공헌한 위대한 사람들을 선정하고, 이들을 여러 측면에서 분석하는 것에서 출발한 것이 아니라, 지능검사에서 측정된 지능지수가 높은 아동들을 대상으로 하였다(장언효, 1985). 일반적으로 IQ 140 이상을 영재라 한다. 영재는 흔히 천재, 수재 등으로 불리며 전통적으로는 이들이 사회에 적응을 잘 못하고, 단명하고, 정신건강에 문제가 있는 것으로 생각하였다. 그러나 터먼(Terman)은 교사 추천과 IQ 검사 점수로 영재학생 1,500명을 선정하여 이들의 성장과정을 추적 연구함으로써 이들이 지적으로 우수할 뿐만 아니라, 신체적, 사회적, 정서적으로도 우수함을 입증하였고 도덕적으로도 진보된 생각을 하고 있음을 증명하였다. 그 특성을 자세히 살펴보면 다음과 같다.

① 연령에 따른 자신의 역할에 잘 적응한다.
② 매우 뛰어난 성취수준을 보이고 보다 쉽게 학습한다.
③ 많은 취미활동을 즐긴다.
④ 많은 책을 즐겨 읽는다.
⑤ 신체적으로 매우 건강하다.

또한 Bloom(1985)은 다양한 분야에서 성공한 사람들이 다음과 같은 가정환경에서 성장한 것으로 분석하고 있다.

① 부모가 아동의 재능에 관심을 가지고 이에 대한 후원과 격려를 아끼지 않는다.
② 부모는 아동이 자신의 재능 분야에 참여하도록 조장하고 칭찬한다.
③ 아동의 발달단계에 따른 적절한 계획과 기준을 마련한다.
④ 가족구성원은 아동에게 정보 제공자로서 조력자의 역할을 한다.
⑤ 부모는 아동의 행동을 관찰하면서 충분한 시간과 자료를 제공한다.
⑥ 부모는 아동에게 특별한 것을 가르치려 한다.
⑦ 부모는 아동의 능력이 발현될 수 있는 일에 참여할 것을 권장한다.

영재학생이 유전에 의한 것이라고 주장하는 사람들은 쌍생아 연구를 통해 일란성 쌍생아가 이란성 쌍생아보다 IQ지수 간 상관이 높다는 연구결과를 자신들의 주장을 뒷받침하는 증거로 여긴다. 이에 비해 사회문화적 요인, 즉 환경적 요인에 의한 것이라는 주장은 부모의 수입이나 교육수준(부모의 사회경제적 수준, 전문직 종사여부, 여행을 많이 다니거나, 부모가 공부를 많이 했거나, 장서가 많거나 등)과 영재와의 상관이 높다는 연구결과를 증거로 제시한다. 그러나 인간의 우수성은 환경이나 유전 어느 하나만으로는 설명하기에 충분하지 않다.

2) 영재의 판별

영재를 선별하고 교육하는 일은 쉬운 일이 아니다. Renzulli는 영재를 판별하는데 일반능력, 창의력, 그리고 과제집착력이 균형 있게 고려되어야 함을 주장한다. 즉 과제집착력(과제에 대한 긍정적인 태도)이 중시되기 때문에, 일반 지적 능력이나 창의력이 뛰어나다고 해서 영재는 아니라고 설명한다. 또한 보리치

(Borich)와 톰바리(Tombari, 1995)는 영재의 판별기준을 지능, 성취수준, 창의성, 과제지속성의 4가지로 구분하여 확정적이기보다는 융통적인 판별방법을 제시한다.

첫째, 지능지수 130 이상이면 영재교육 프로그램을 받을 수 있는 능력이 있다고 판단한다. 그러나 이는 다른 준거와 같이 고려되어야 한다.

둘째, 성취수준은 백분위에 기준을 두어 정답률 90% 이상일 때 영재수업을 받을 능력이 있다고 본다.

셋째, 호기심과 질문이 많으며, 비범한 반응을 보이고, 풍부한 상상력을 지니고 있으며, 중요한 사건여부를 잘 판별하고, 관계성을 정확히 탐구하는 등의 행동특성이 담임교사나 학부모, 주변의 교육관계자에 의해 감지된다.

넷째, 높은 수준의 과제 지속성, 즉 학습에 대한 조직화된 접근을 고안하는 능력, 세부적인 것에 집중하는 능력, 스스로 부과한 높은 성취기준, 목적을 성취하려는 지속성, 자기의 수행을 평가하려는 의지와 능력, 책임감, 학문적 과제에 대한 높은 열정 등을 들 수 있다.

그러나 학교현장에서 영재를 판별하는 일은 쉬운 일이 아니다. 학교상황에서 영재 판별에 이용될 수 있는 과정을 세 단계로 분류하여 제시해보면 다음과 같다(김언주 · 구광현, 1998).

첫째, 담임교사가 관련되는 여러 정보를 활용하여 영재를 선정하는 단계다.

둘째, 조직된 전문가 집단이 협의를 거쳐 엄격한 판별기준에 의거하여 영재를 선별하는 단계다.

개인용 지능검사. 적성검사, 표준화학력검사를 통하여 정보를 수집하고, 이에 근거하여 영재를 선별하는 단계다.

셋째, 교육프로그램을 정치하는 단계다.

선별된 아동들에게 적절한 프로그램을 정치하고, 이들을 계속 관찰 · 평가하여 이들이 지닌 우수성을 보다 정확하게 판별한다.

3) 영재를 위한 교육

영재학생들을 위한 수업은 다음과 같은 면이 고려되어야 한다(장언효, 1985).
첫째, 영재아를 위한 수업은 개개인의 특성에 맞게 고려되어야 한다.
둘째, 영재아의 학습과정은 과정중심적이어야 한다.
셋째, 지적 능력뿐만 아니라, 정의적 측면도 강조해야 한다.

일반적으로 영재학생들을 위해 학교에서 이루어지는 프로그램은 다음과 같다(Goetz, Alexander & Ash, 1992).

(1) 속진 프로그램

속진교육의 형태로는 월반, 조기입학, 조기졸업, 학점인정 시험제도, 고등학교에 대학과목 개설, 교육과정 압축 및 단기완성, 사사제도 등이 있다.

(2) 심화학습 프로그램

보다 넓고 깊게 가르치는 것이다. 즉 교육과정의 깊이와 폭, 교육과정을 학생들에게 가르치는 속도, 교육자료의 종류와 내용, 과정기술에 해당하는 고차원적 사고력을 확장시켜야 한다.

(3) 집단을 통한 영재학생 지도

우리나라에는 과학고등학교, 예술고등학교, 외국어고등학교가 그 예이다.

4) 영재 교육과정의 구성

영재들의 교육과정은 영재들의 심리적인 특성을 고려하여 그들의 능력을 최대한 신장시키도록 구성되어야 한다. 영재 교육과정이 기본적으로 갖추어야 할 특징적인 요소 및 원리는 다음과 같다(이연섭 외, 1986).

(1) 주제중심의 교육과정

단편적인 지식을 주입하는 것이 아니라, 한 가지 주제를 중심으로 다양한 활동을 함으로써 주제에 대해 깊이 있게 이해하고 해결하는 능력을 기른다.

(2) 과정중심의 교육과정

학습의 초점은 주로 질문과 문제에 두고, 이미 학습한 것을 토대로 사회적인 문제나 논쟁점에 대해 분석하고 비판하는 과정을 통해 학생들이 진리탐구에 흥미를 갖도록 하는 것이 중요하다. 이 때 교사의 역할은 보조자로서 도전의식을 갖도록 돕는 것이다.

(3) 활동중심의 교육과정

가능한 한 교사의 일방적인 지시나 강의에 따른 수업보다는 학습자들이 적극적으로 참여할 수 있는 활동을 많이 포함시킨다.

(4) 개방적인 교육과정

학습내용의 수준이나 소재를 제한하지 않고 충분한 도전감을 제공하고 창의적으로 문제를 해결할 수 있는 경험을 갖도록 하는 것이 중요하다.

(5) 학습자의 자율적인 선택중심 교육과정

개인차가 큰 영재들의 다양한 능력과 기호를 확인하고, 여러 사람의 합의에 의한 과제보다는 개인적으로 결정한 과제를 수행하도록 기회를 제공한다.

〈연구 문제〉

1. 영재 아동 판별방법의 장 · 단점을 설명하시오.
2. 통합교육(mainstreaming)의 장 · 단점을 설명하시오.
3. 현재 학교현장에서 이루어지고 있는 통합교육(mainstreaming)을 설명하시오.
4. 영재학생들에게 이루어지는 학습촉진 프로그램(acceleration program)과 심화학습 프로그램(enrichment program)의 장 · 단점을 설명하시오.

제5장

성격과 자아개념

1. 성격
2. 자아개념
3. 불안

1. 성격

1) 성격의 개념

성격이란 말은 영어의 personality에 해당하는 것으로 그 어원은 마스크(가면)를 의미하는 라틴어 persona에서 유래되었다. 현대에 이르러서는 성격의 구성이나 발달에 대한 견해 차이 때문에 다양하게 정의되고 있다. Allport는 "환경에 대한 한 개인의 독특한 적응방식을 결정하는 정신, 물리적 제조직의 역동적 체제"라고 정의하였고, Fromm은 "성격이란 한 개인의 특징이 되며 독자성을 꾸며주는 선천적 및 획득적 · 정신적 특질의 총체이다"라고 정의하였다.

2) 성격이론

(1) 유형론

성격유형론은 다양한 성격 가운데서 전형적인 성격을 설정하여 이것으로 개인의 다양한 성격을 분류하고 성격이해에 기여하려는 입장이다.

고대의 Hippocrates는 다혈질, 우울질, 담즙질, 점액질로, 체격과 성격의 관계를 조사한 Sheldon은 외배엽, 내배엽, 중배엽형으로, 신Freud학파의 Fromm은 수용경향형, 갈취경향형, 저축경향형, 시장경향형, 생산경향형으로 분류하였다.

최근 크게 주목받고 있는 MBTI(Myers-Briggs Type Indicator)는 Jung의 심리유형론을 근거로 개발되었으며, 인간이해의 아주 유용한 도구이다. 이에 따르면 인간의 성격을 외향-내향, 감각-직관, 사고-감정, 판단-인식의 4가지 선천적 경향성에 따라 16가지 유형으로 분류하였다.

(2) 특성론

특성론은 성격의 기본단위로서 특성이 존재하고 있다고 생각하여, 어떤 사람 특유의 행동배후에는 어떤 특성이 존재한다고 보는 관점으로서 이 특성의 총화에 의해 성격을 이해하려는 입장이다.

Cattell은 35개의 표면적 특성과 12개의 근원적 특성을 추출하였으며, Allport는 개인특성과 공통특성으로 나누고, 공통특성은 표출적 특성과 태도적 특성으로 나누었다.

Cattell의 12개 근원적 특성은 다음과 같다.

① 순환기질성-분열기질성, ② 고지능-저지능, ③ 정서성숙-정서미숙, ④ 지배성-복종성, ⑤ 고조성-퇴조성, ⑥ 공상성-현실성, ⑦ 세련성-야비성, ⑧ 적극성-의존성, ⑨ 친절, 모험적-냉담, 소극적, ⑩ 강인성-우유성, ⑪ 과민성-안정성, ⑫ 편집성-동요성이다.

가장 널리 사용되는 미네소타 다면성격검사(MMPI)는 Hathaway와 McKinley에 의해 만들어졌으며, 원래는 임상에 사용하기 위해 만들어졌지만, 현재의 적용범위는 매우 넓다. MMPI의 550문항으로부터 성격욕구에서부터 직업성공 가능성에 이르기까지 매우 많은 것을 측정하는 측정도구들이 파생되었다.

(3) 정신체제론

성격시스템의 역학적 관점에서 성격시스템을 지배하고 있는 것이 무엇이며, 성격의 동기유발이 무엇인가에 관심을 가지는 접근법이다.

① 정신분석이론

Freud는 정신을 의식, 전의식, 무의식의 영역으로 나누고, 다음과 같은 3요소의 정신작용이 있음을 주장하였다.

- **원욕**(Id) — 원시적 충동, 욕구, 본능의 총책으로 갖추어진 생물, 심리적 에너지의 원천이다. 이는 현실상황을 무시하고 오로지 쾌락원천에 지배된다.
- **자아**(Ego) — 원욕의 일부가 현실화된 것이며, 원욕의 요구를 받으면서 외계의 현실적 요청과 초자아의 감시 하에서 이들 세 압력의 관계를 조절하는 기능을 가지고 있다. 즉 자아는 현실의 원칙을 존중한다.
- **초자아**(Super-ego) — 자아와 거의 평행해서 형성되며, 부모나 권위자의 가치체계와 징벌적 태도가 동일시적으로 내면화된 가치관과 사회규범과 같은 것이다.

② 자아이론

인간은 자신에 대하여 어떤 신념을 품게 됨으로써 이른바 자아개념(self-concept)라는 것을 형성하게 된다. Rogers에 의하면, 인간의 심리적 부적응은 자아개념과 불일치한 행동을 경험할 때 일어나며, 심리적 적응은 이것이 비교적 일치할 때 일어난다.

2. 자아개념

Allport(1961)는 "인성은 평가된 성격이고, 성격은 탐색한 인성이다."라고 하여, 인성을 보다 포괄적이고 넓은 개념으로 보고, 성격을 그 속에 포함되어진 하위개념으로 간주하고 있다. Smith(1961)는 성격과 자아와의 관계에서 자아를 그 자신이 본 개인의 성격으로 보았고, Morgan(1961)도 자아를 성격이해의 기초로 보고, 개인 자신의 성격에 대한 지각으로 보아 자아를 일관성 있는 성격으로, 혹은 성격의 일부로 보았다. 이로 볼 때 자아개념은 성격과 인성이해를 위한 핵심적 구인이라고 할 수 있을 것이다.

1) 자아개념의 의미와 중요성

자아개념은 개인이 자신에 대해서 가지는 지각, 관념 및 태도의 독특한 체계이다. 자아개념은 인간생활에서 역동적 · 순환적 힘을 가진다. 모든 인간은 그의 주변사람들로부터 많은 영향을 받는다. 그에게 중요한 타인(significant others)은 그의 자아관에 영향을 미친다. 개인이 매일 가지는 경험은 그가 유능한 사람인가, 아니면 나쁜 사람인가를 그에게 말해 준다. 경험이 자아개념을 형성하기도 하나, 자아개념이 경험형성에 있어서 적극적 · 역동적 역할을 가지기도 한다.

(1) 내적 일관성의 유지자로서의 자아개념

개인의 생각, 느낌 또는 지각이 조화를 이루지 못하거나 서로 간에 반대된다면 심리적으로 불편한 상태가 일어난다. 이와 같은 심리상태를 '부조화(dissonance)라고 말하여 왔다(Festinger, 1957). 이러한 심리적 현상을 자아개념과 관련시킨 최초의 학자는 P. Lecky(1951)였다. 그의 주장에 의하면, 개인은 자신과 환경간의 조화를 유지하려는 문제를 지닌 통일된 체제라는 것이다. 이런 조화를 유지하기 위해서 개인은 사물보기를 거절할 수도 있으며, 자신이나 타인의 어떤 점을 변화시키려고 노력할 수도 있다.

인간은 자신에 대한 관점과 일치하는 방향으로 행동하는 경향이 있다. 이와 같은 강한 동기부여의 힘 때문에 자아개념이 강력하고 중요한 변인으로 간주된다. 교사들은 흔히 다음과 같은 사실을 보고한다. 즉, 한 어린이가 어떤 검사에서 낮은 점수를 얻었을 때, 그 어린이가 능력있는 존재라는 것을 확신시키려고 노력하는 교사에게 어린이는 "그것보세요. 저는 머리가 나쁘단 말이예요"라고 대답한 것이다. 교사가 보고하지는 않았지만, 그 어린이는 아마도 계속 이어서 "저는 선생님과 제 자신에게 저의 머리가 나쁘다는 것을 증명한 셈이지요."라는 말을 했을지도 모른다.

(2) 경험의 해석자로서의 자아개념

자아개념이 인간행동을 결정하는 중요한 요인이라는 두 번째 이유는 자아개념이 우리의 경험을 해석하는 방식을 형성한다는 점이다. 모든 경험은 개인에 의해서 의미가 부여된다. 똑같은 일이 두 사람에게 일어날 수도 있다. 그러나 두 사람이 그것을 해석하는 방식에는 차이가 있을 수 있다. 한 예로서, 한 젊은이가 세 사람의 부인에게 혼잡한 거리를 건너는 것을 도와줄 때, 한 부인은 그런 행위를 친절한 행위로 해석할지 모르나, 다른 부인은 그것을 자신의 연령과 능력을 모욕하는 행위로 해석할지 모른다. 다른 부인은 유부녀 유혹으로 해석하고 경찰을 부를지도 모른다. 자아개념은 내적 여과기(inner filter)와 같다.

(3) 기대체계로서의 자아개념

자아개념은 개인이 어떤 상황에서 무엇을 행하는가를 결정하는 데 작용한다. 자아개념이 가지는 힘과 영향의 세 번째 측면은 무엇이 일어날 것인가에 대한 개인의 기대를 결정한다는 점이다. 한 아일랜드인은 한 스코틀랜드인이 자기에게 모욕을 주려한다고 확신하고 있기 때문에, 그 스코틀랜드인을 만나면 이미 화가 나 있었다. 그 아일랜드인 상대방이 자기에게 하리라고 예상되는 말과 거기에 대한 대답을 자기 멋대로 상상하고 있었다. 그가 모욕을 당하고 있다는 기대가 점점 커지자, 그의 분노도 더욱 타올랐다. 마침내 그가 스코틀랜드인이 방문에 도착하여 문을 열자마자, 그는 상대방으로부터 어떤 말도 듣기 전에 얼굴에 주먹을 날렸다. 실제의 모욕이 아닌 그의 기대가 그의 행동을 결정한 것이다. 그는 모욕당하고 있다고 기대하였고 그 기대에 따라서 행동한 것이다.

2) 중요한 타인의 역할

다른 사람들의 자신에 대한 반응을 지각함으로써 개인의 자아개념은 형성된다. 그런데 어떤 사람들의 반응은 개인의 자아개념 형성에 특히 중요한 영향을 미치게 된다. 상대적으로 더 큰 영향을 미치는 사람들은 개인의 중요한 타인들이다(Johnson, 1981, p. 85).

인생에 있어서나 학구적 행위에 있어서 가장 중요한 사람들은 부모이다. 부모의 중요성과는 달리 친구들의 영향은 미약한 편이나 시간이 지남에 따라 변화가 나타나고 있다. 또한 부모와 친구 외에 교사, 친척 등 다른 사람들도 학생들의 일상생활이나 학업에 있어서 중요한 위치를 차지하고 있음을 알 수 있다. 자아개념은 중요한 타인들과의 상호작용을 통해서 형성되기 때문에 중요한 타인들이 학생에 대한 기대를 변화시킴으로써 학생의 자아개념은 변화될 수 있다.

자아개념은 인간이 자기 자신에 대하여 가지는 비교적 안정되고 지속적인 개념이다. 자아개념과 행동에 관한 Mead의 관점에서 개인은 경험을 통해 점차 사회적 존재가 되며. 그는 다른 사람이 자신을 대하는 방식과 유사한 방식으로 자기 자신을 대하고 행동한다(Johnson, 1981, p. 83).

상징적 상호작용론자인 Kinch는 귀납적 방법으로 자아개념이론을 전개하였다. 그는 자아개념이론의 기본가정을 다음과 같이 들고 있다. 첫째, 개인의 자아개념은 다른 사람들이 자신에게 반응하는 방식에 대한 지각에 기초한다. 둘째, 자신에 대한 다른 사람의 반응은 개인에게 자신을 보는 방식을 결정한다. 셋째, 개인의 자아개념은 자신의 행동을 통제한다. 달리 말하면, 개인에 대한 타인의 실제적인 반응은 개인으로 하여금 자신을 지각하는 방식을 결정하는 데, 즉 자아개념을 형성하는 데 중요한 역할을 하며, 형성된 자아개념은 그 개인의 행동을 결정한다는 것이다.

긍정적 자아개념을 가진 사람은 부정적 자아개념을 가진 사람보다 그의 에너지는 항상 발전과 향상을 위한 강한 추진력으로 작용한다. "나는 유능하다, 나는 쓸모 있는 사람으로 인정받고 있다, 나는 누구와 겨루어도 남보다 못하지 않은 결과를 가져올 수 있다."고 스스로 생각하고 평가하고 있는 사람은 매사에 자신이 있고, 용기가 솟아나고, 어떤 일에도 주저함이 없이 박력 있게 도전하고 실천한다. 그러나 이와 반대로 부정적인 자아개념, 즉 "나는 무능하다, 나는 어디에나 쓸모가 없는 사람이다, 나는 누구와 겨루어도 이길 수 없다, 누구도 나를 인정해 주거나 유능하고 쓸모 있는 사람으로 보아주지 않는 존재인 것 같다"고 스스로 생각하고 평가하고 있는 사람은 매사에 자신이 없고, 주저하고, 소극적이며, 때로는 반항적이고, 반사회적이며, 자학적인 행동을 할 가능성을 가지는 등 성격이 비뚤어진 사람이 될 수도 있다(정원식 등, 1994, p. 323).

3) 긍정적 자아개념 형성 방안

(1) 교사의 기대(Pygmalion효과)

Rosenthal(1968)은 아동에 대한 교사의 기대, 태도, 감정이 극적으로 학습자에게 영향을 미친다는 사실을 Oak초등학교에서의 현장실험을 통하여 확인하였다. 연구자들은 학년 초에 전교생에게 각 학년에 능력별로 3개 학급을 구성한 후 무작위로 20%의 학생을 추출하여 명단을 작성하였다. 이 명단을 18명의 교사에게 "놀라운 지적 성장을 보일 학생들"이라는 말과 함께 전해주었다. 물론 교사들에게 이 연구 중에 실시된 학력검사나 지능검사의 결과는 통보되지 않았다.

1학기 말과 학년 말에 실시한 일련의 학업성취도 검사결과는 놀랍게도 명단에 있는 학생들의 성적이 현저하게 상승하였고, 특히 지능검사에도 의미 있는 향상이 일어났음이 밝혀졌다. 아동을 능력 있는 것으로 기대하면서 그렇게 대해 줄 때에는 아동의 능력이 신장되고, 반대로 능력이 있다는 것을 인정해주지 아니하면서 그렇게 대해 줄 때는 긍정적 효과가 나타나지 않은 현상을 Pygmalion효과라고 한다. 교사는 "학생은 건전하다, 그들은 능력이 있는 학생이다, 혹은 어떤 일이라도 해낼 수 있는 젊은이들이다"라는 긍정적 반응을 보여주어야 한다.

(2) 촉진적 의사소통법

① 진실성

상담자가 내담자와의 관계에서 순간순간 경험하는 자신의 감정이나 태도를 그대로 솔직하게 인정하고, 경우에 따라서는 솔직하게 표현하는 상담자의 태도이다.

② 무조건적 긍정적 관심

무조건적 · 긍정적 관심이란 상담관계에서 상담자가 내담자를 구별하거나, 비교하거나, 선택하는 과정으로 평가 및 판단하지 않고, 내담자가 나타내는 어떤 감정이나 그 밖의 행동특성들도 그대로 수용하여 그를 소중히 여기고 존중하는 상담자의 태도를 말한다.

③ 정확한 공감적 이해

상담과정에서 상담자와 내담자가 상호작용 하는 동안에 발생하는 내담자의 경험들과 감정들, 그리고 그러한 경험과 감정들이 상담의 과정 순간순간에 내담자에게 주는 의미를 민감하게, 그리고 정확하게 이해하려는 노력을 말한다.

(3) 성공경험의 확대

① 내적 준거에 따른 환류

학생들은 타인과의 비교가 아닌, 어제의 자신과 비교를 통하여 오늘의 향상된 자신을 느낄 수 있는 환경 속에서 성장의 기쁨을 누리면서 새로운 과제에 즐겁게 도전할 수 있다. 타인과 비교하는 것은 필연적으로 소수의 성공자와 대다수의 실패자를 만들어낼 뿐만 아니라, 실패자로 하여금 과제를 회피하게 하거나, 동료를 질시하게 하고, 타인의 실패를 기대하게 하는 교육적 모순을 불러온다.

> "철수는 수학 문제를 다섯 개나 풀었는데 영희 너는 왜 두 문제밖에 풀지 못했어?"
> "넌 항상 왜 그 모양이니?"

어른들은 아이들이 자극을 받아 분발하기를 기대하지만, 대부분의 아이는 자신의 능력에 회의를 느끼며 수학을 싫어하게 될 것이고, 친구인 철수와 선생님에 대하여 적대적 감정을 품을 가능성이 높아진다.

> "영희야, 어제는 두 문제를 풀었는데 오늘은 세 문제나 풀었구나!"
> "철수는 수학에 관심이 많은데, 영희는 과학에 관심이 많구나!" 라고 말하면 어떨까?

학생들이 그들 자신에 대해 갖는 생각과 느낌에 따라 그들의 행동은 달라진다.

> "나는 괜찮은 사람이야."

자신을 긍정적으로 생각하는 사람은 매사에 적극적이고 진취적이다. 이러한 긍정적 자아개념형성에는 부모와 교사가 절대적 영향력을 미친다. 부모님과 선생님이 아이들에게 어떻게 반응하느냐에 따라, 아이들은 긍정적 자아개념을 형성하기도 하고 부정적 자아개념을 형성하기도 하는 것이다.

② 독특한 잠재력의 발견 및 신장

사람은 누구나 남들보다 잘 할 수 있는 특성을 가지고 있다. 부족한 부분을 고치려고 매달리기보다는 장점을 알아주고 신장시키는 것이 바람직하다. 현명한 교사는 학생들 개개인이 가지고 있는 장점을 민감하게 알아차리고, 그것에 적극적 관심을 표현하고 지원한다.

③ 상반행동의 강화

부정적 행동이 나타났을 때 꾸지람이나 수여성 벌과 같은 혐오자극을 주는 것이 아니라, 그와 상반되는 행동이 나타났을 때 칭찬이나 보상과 같은 정적 강화물을 제공하는 것이다.

3. 불안

1) 불안의 개념

불안(anxiety)은 내적 · 외적으로 감당하기 힘든 자극에 의해 마음 속에서 일어나는 초조, 긴장, 두려움, 걱정 등으로 특징지어지는 정서 반응의 하나이다. 불안은 특성불안과 상황불안으로 나누어진다. 특성불안(trait anxiety)은 일반불안(general anxiety)이라고도 하며, 개인에게 내재되어 있는 불안을 의미한다. 불안을 느끼는 상황에서는 손에 땀이 배고, 심장박동이 빨라지며, 강박적인 행동을 하거나, 불길한 예감을 갖는 등의 신체적, 정서적 특징을 보인다(Woolfolk & McCune-Nicolich, 1984). 상태불안(state anxiety)은 특수불안(specific anxiety)이라고도 하며, 특수상황에서 느끼는 불안을 의미한다. 특성불안을 가지고 있지 않은 사람들도 어떠한 특수상황에서 상태불안을 경험할 수 있다.

2) 시험불안

학생들의 학교생활에서 쉽게 관찰할 수 있는 것이 시험불안이다. 학생들은 종종 자신의 능력 때문이 아니라, 시험에 대한 불안으로 학습효과나 성취수준이 낮아지는 경우가 있다. 이처럼 평가, 또는 시험과 관련된 불안을 시험불안(test anxiety)이라고 한다. 적절한 불안은 학업성취에 좋은 영향을 주고 학습의 동기 유발제가 될 수 있지만, 지나치게 불안을 느끼거나 혹은 불안을 전혀 느끼지 못하는 것은 학생들의 학업성취에 부정적으로 작용한다.

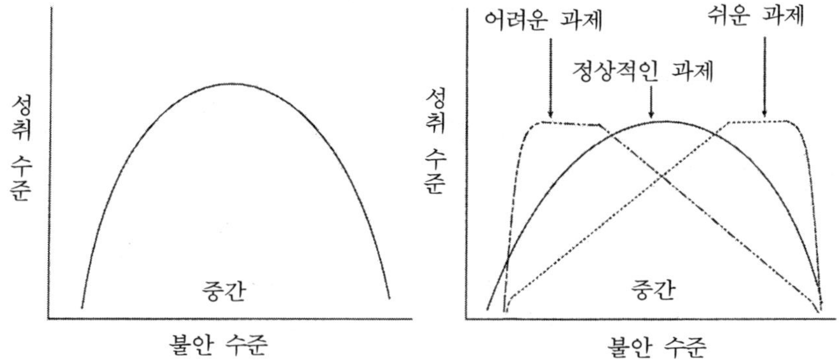

[그림 5-1] 불안과 성취수준과의 관계

〈연구 문제〉

1. 학교에서 실천할 수 있는 긍정적인 자아개념 형성방안에 대해 설명하시오.
2. 칭찬의 효과와 역효과에 대해 설명하시오.
3. 시험불안을 해소할 수 있는 방안에 대해 설명해 보시오.

제6장

학습이론

1. 행동주의적 접근
2. 인간주의적 접근
3. 구성주의적 접근
4. 현대적이며 전통적인 학습원리

학습(learning)의 문자적인 뜻은 "배우고 익히는 것이다." 학습이란 보통 후천적인 경험의 결과로서 유기체에 비교적 영속적인 변화를 가져다 주고, 그것에 의해 비교적 영속적인 행동의 변용이 생기게 하는 것을 말한다(김제한, 1986, p. 177).

학습(learning)은 경험이 개인의 지식이나 행동에 비교적 지속적인 변화를 야기할 때 일어난다. 그 변화는 의도적일 수도 비의도적일 수도 있고, 좋은 것일 수도 나쁜 것일 수도 있으며, 옳거나 틀린 것일 수도 있고, 의식적이거나 무의식적인 것일 수 있다(Hill, 2002).

일반적으로 심리학자들은 "학습을 경험이나 연습의 결과로 일어나는 지속적인 행동의 변화"로 정의한다. 즉, 첫째, 학습은 행동의 변화가 있어야 하며, 둘째, 이 변화는 비교적 안정된 것이어야 한다(Hall, 1976).

학습으로 칭해지려면 경험에 의해 야기되는 변화이어야 한다. 키가 자라거나 흰 머리가 생기는 것과 같은 단순한 성숙에 근거한 변화들은 학습이 아니다. 또한 질병, 피로, 배고픔으로 인한 일시적인 변화는 학습에서 제외된다. 학습을 통한 변화가 개인의 지식이나 행동에서 나타나는 것이 중요하다. 즉, 성숙과 질병에 의한 변화, 피로, 약품, 수면, 휴식 등 생리적 현상에 의해서 나타나는 변화는 학습이라고 할 수 없다.

여기에서는 학습에 관한 행동주의적 접근과 인지주의적 접근, 현대에 와서 학습자의 적극적인 지식 구성자로서의 역할을 강조하는 구성주의적 접근으로 분류하여 설명하고자 한다.

1. 행동주의적 접근

1) 인간관

초기의 행동주의자들은 인간의 행동이 자연현상과 마찬가지로 일정한 법칙성을 가지고 있다고 가정하였다. 그래서 그들은 행동에 영향을 줄 수 있는 변인과 이 변인들을 통제하는 법칙을 밝혀낼 수만 있다면, 미사일의 탄도를 예측하고 수정할 수 있는 것과 같이 인간의 행동도 예언하고 수정할 수 있다고 보았다. 이와 같이 초기의 행동주의 인간관은 기계론적이고 결정론적인 입장이었다. 그러나 시간이 지남에 따라 행동주의자들 중에서 인간의 자유와 의지적 선택을 강조하는 경향이 늘어났다. 특히 최근에는 자기지도(self-direction), 자기관리(self-management), 자기통제(self-control) 등의 개념이 나오면서, 인간은 스스로 수정할 수 있는 능력이 있다는 점이 강조되고 있다.

행동주의 학습이론에 내재된 근본적인 학습 원리는 자극과 반응간의 연합이다. 자극(stimulus)이란 환경으로부터 학습자에게 제시되는 모든 것을 의미한다. 즉, 눈에 보이는 사물, 귀로 들리는 소리, 피부로 느껴지는 감촉 등 오감으로 전달되는 것 모두가 자극이 된다. 반응(response)이란 자극으로 인해 나타나는 행동을 의미한다. 날카로운 금속성 소리에 귀를 막는 행동, 맛있는 냄새에 입맛을 다시는 행동 등은 자극에 대한 반응을 의미한다.

행동주의에서는 이와 같은 자극과 반응의 연합(association)으로 학습을 이해하고 있다. 이는 인간의 학습능력이 선천적으로 결정되는 것이 아니라, 적절한 환경의 조성을 통해 충분히 형성될 수 있다는 행동주의의 믿음을 반영하고 있다. 이러한 행동주의적 관점은 학습의 효과성을 극대화하기 위한 최적의 환경과 절차를 발견하고자 하는 연구들로 발전하여 왔다.

2) 고전적 조건화(calssical conditioning)

시험이라는 말만 들어도 긴장하는 사람이 있는가 하면, 매운 짬뽕을 보기만 해도 위가 쓰리거나, 개 짖는 소리만 들어도 몸을 떠는 사람이 있다. 이러한 반응은 고전적 조건화에 의해 학습이 이루어진 대표적인 사례들이다. 고전적 조건화란 처음에는 아무런 반응도 유발하지 않는 중립적 자극(시험, 매운 짬뽕, 개 짖는 소리)이 긴장이나 쓰린 위 등의 특정 생리적 반응이나 정서적 반응과 결합하는 학습과정이다(Delgado, Olsson, & Phelps, 2006; Lolordo, 2000; Sternberg & Williams, 2010).

고전적 조건화는 러시아의 생리학자 파블로프(Ivan Pavlov : 1849~1936)가 개의 소화에 대한 연구를 하는 과정에서 발견한 원리다. 이 연구에서 파블로프는 개가 음식(고기분말) 냄새를 맡았을 때 분비되는 타액의 양을 측정하기 위해서 용기에 개의 타액을 모았다. 그런데 뜻밖의 사실을 발견하게 되었다. 개는 처음에는 음식 냄새를 맡고 타액을 분비했으나, 그 후에는 음식을 보기만 해도 타액을 분비했다. 심지어는 음식을 가지고 실험실에 들어오는 연구자를 보거나 연구자의 발자국 소리만 들어도 타액을 분비하였다. 의도하지 않은 사건에 흥미를 갖게 된 파블로프는 개가 음식 냄새를 맡기 전에 타액을 분비하도록 하는 학습이 일어난 것으로 추론했다. 이것이 고전적 조건화이론의 탄생 배경이다.

파블로프가 관찰했던 이러한 현상에 대해 다른 연구자들은 가축을 기르는 사람이라면 대부분 알고 있는 사실이라는 점에서 그 중요성을 인정하지 않았다. 그러나 파블로프는 다른 사람들이 중요성을 미처 깨닫지 못한 사건에 의미를 부여하고 학습원리로 다듬었다는 점에서 창조적인 과학자라 할 수 있다(Sternberg & Williams, 2010).

파블로프(1955)는 고전적 조건화를 연구하기 위해 간단한 절차를 개발했다.

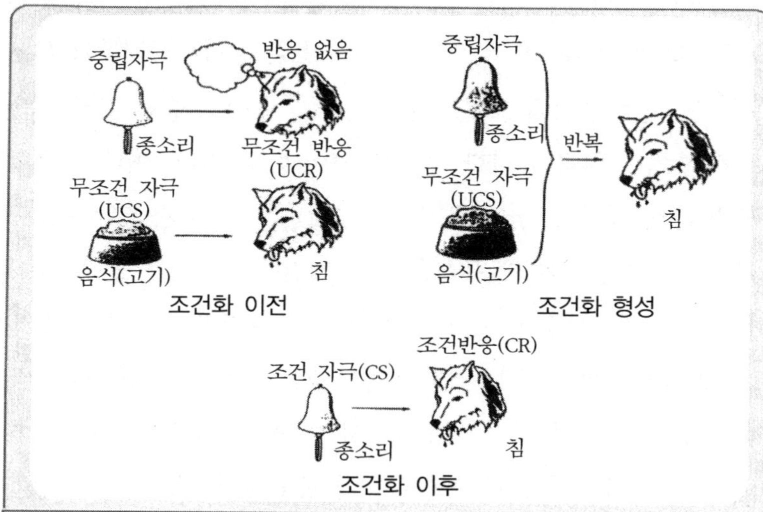

[그림 6-1] Pavlov의 조건자극 실험

고전적 조건화의 기본 요소는 다음과 같으며 교실에서도 자주 관찰할 수 있다.

① 생리적 혹은 정서적 반응(혹은 둘 다)을 유발하는 자극이 있어야 한다. 이 자극은 조건화가 되기 전에 자동적으로 반사적 반응을 유발하는 무조건 자극(unconditioned stimulus, UCS)이다. 파블로프의 실험에서 UCS는 음식이다.

② 무조건 자극에 대한 자동적인 반사적 반응이 나타난다. 이 반응은 조건화 과정 없이 일어나는 유기체의 자연스러운 반응으로 무조건 반응(unconditioned response, UCR)이라고 한다. 파블로프의 실험에서 UCR은 음식이 혀에 닿았을 때 일어나는 타액 분비이다.

③ 원래는 중립적이지만 이후에 원하는 반응을 유발시킬 수 있는 중립 자극

(neutral stimulus, NS)을 선택한다. 이 자극은 조건화 과정을 거친 후에 반응을 유발하므로 조건 자극(conditioned stimulus, CS)이 된다. 파블로프의 실험에서 조건자극은 벨소리이다.

④ 중립 자극(NS)과 무조건 자극(UCS)이 결합되도록 중립 자극(NS)과 무조건 자극(UCS)을 반복적으로 짝지어 제시한다. 중립 자극(NS)과 무조건 자극(UCS)이 서로 결합되면 무조건 자극(UCS) 없이도 중립 자극(NS)만으로 무조건 반응(UCR)과 유사한 반응을 얻어낼 수 있다. 이때 조건화를 통해 중립 자극(NS)은 조건 반응(CR)을 일으키는 조건 자극(CS)으로 조건화된다. 파블로프는 개에게 음식을 주기 직전에 벨소리를 들려주고 벨소리와 음식을 반복적으로 짝지어 제시하였다. 그 결과 개는 음식을 입에 대지도 않았는데 벨소리가 나면 타액이 분비되는 조건 반응을 나타내었다.

교사는 고전적 조건화과정이 교실에서 항상 진행되고 있음을 상기해야 한다. 처음에는 교사의 행동과 학습활동이 중립자극으로 작용하지만, 시간이 지나면서 교사의 교수방법은 조건자극이 될 수 있으며, 그러한 자극은 학생들의 다양한 반응들과 연합될 수 있다. 교사는 항상 고전적 조건화이론을 인식하고, 수업활동과 학습 사이에 궁극적인 연관성을 발전시키는 일에 노력해야 할 것이다. 고전적 조건화는 비교적 간단한 메카니즘을 가지고 있다. 예를 들어, 교실에 매우 수줍음이 많은 학생이 있다고 생각해 보자. 교사는 의도적으로 그 학생이 정답을 알 수 있는 문제를 수업 시간에 질문할 수 있다. 수줍음이 많은 학생은 여러 차례 정답을 말하게 되고 점차적으로 자신감을 얻게 된다. 이러한 자신감은 어쩌면 그 학생이 더 이상 수줍어하지 않도록 하는데 도움을 줄 수 있을 것이다(임규혁, 2006). 학교생활에서 경험하는 학생들의 부정적인 정서에 대하여 교사가 진지한 관심을 갖고 조력하기 위한 관계형성과 환경을 구성하는 자세가 필요하다. 이러한 교사의 노력을 구체적으로 제시하면 다음과 같다.

- 고전적 조건화를 통해 부정적인 정서 반응이 나타나지 않도록 하라.
- 학습을 긍정적인 정서와 연결하라.
- 학생들이 적절하게 자극을 일반화하고 변별할 수 있도록 하라.
  - 변별 : 한 가지 과제나 한 번의 시험에서 성적이 낮다고 해서 다른 과제나 시험에서도 성적이 낮은 것은 아니다.
  - 자극일반화 : 한 과제의 성공경험이 다른 과제, 나아가 학습일반에 대한 성공기대와 동기를 높일 수 있다.
- 학생들이 고전적으로 조건화된 불안에 대처할 수 있도록 도와 주어라.

3) 조작적 조건화

조작적 조건화(operant conditioning)는 인간이나 다른 유기체가 환경과의 상호작용과정에서 보여주는 능동적이고 적극적인 행동에 대해 보상하거나 벌함으로써 학습이 이루어지는 것을 말한다. 조작적(operant)이라 불리는 능동적인 행동은 유기체가 환경에 어떤 작용을 가하는 것이다. 우리가 능동적으로 의도를 가지고 말하고, 행동하고, 발표하고, 과제하고, 연주하는 것 등의 대부분의 행동들이 조작적 행동이다. 조작적 조건화는 외부 자극인 보상이나 벌을 통해 조작적 행동을 증가시키기도 하고 감소시키기도 한다. 고전적 조건화와 조작적 조건화의 차이점을 요약해 보면 〈표 6-1〉과 같다.

행동주의자들은 인간의 모든 행동을 조작적 조건화로 설명할 수 있다고 주장한다. 행동주의의 창시자인 왓슨(John Watson : 1878~1958)에 의하면 바람직한 행동이든 그렇지 않든 인간의 모든 행동은 행동주의 원리를 이용해서 형성시킬 수 있다(Buckey, 2000). 현대 행동주의자 가운데 가장 영향력이 큰 인물인 스키너(Burrhus F. Skinner : 1904~1990)는 실험적 분석 방법으로 행동을 연구했다. 그는 인간의 모든 행동은 환경의 영향에 의해 형성된다고 보았다. 또 쥐나 비둘기 같은 동물의 연구가 인간의 학습원리를 이해하는 데 도움이 된다고 여겼다(Coleman, 2000).

표 6-1 고전적 조건화와 조작적 조건화의 비교

특징	고전적 조건화	조작적 조건화
자극과 반응의 순서	자극이 반응에 선행한다.	반응은 결과(보상)에 선행하여 일어난다.
자극의 역할	반응을 끌어낸다.	반응을 야기시킨다.
발생하는 순서	조건화되기 전 : 중립자극+무조건자극 〉 무조건 반응 조건화된 후 : 조건자극 〉 조건반응	조작적 행동 전 : 강화가 주어지면 행동이 증가한다. 조작적 행동 후 : 벌이 주어지면 행동이 감소한다.
사례	교사가 "모여"라고 소리치기 전에, 모임활동을 알리는 음악을 들려주면 학생들은 모이기 시작한다.	강화 : 학생들이 자발적인 발표를 할 때 칭찬을 하면 자발적인 발표행동이 증가한다. 벌 : 학생들이 떠들 때 자유시간을 끝낸다면 이후에는 자유시간에 떠드는 행동이 감소한다.

자신의 이론을 설명하기 위하여 스키너(1971)는 지렛대를 누르면 먹이접시에 먹이가 떨어지도록 고안되어 있는 상자 안에 쥐를 넣어 두었다. 쥐는 우연히 지렛대를 누르게 되고 이때 음식이 접시에 떨어지게 된다. 쥐는 자신이 지렛대를 누르게 되면 그 행동의 결과로 자신이 좋아하는 먹이를 얻을 수 있다는 것을 알게 되어 반복적으로 지렛대를 누르게 된다. 이처럼 쥐가 지렛대를 누르는 행동의 빈도가 증가되는 과정을 스키너는 강화(reinforcement)라는 용어로 설명하고 있다. 강화란 결국 행동의 빈도를 증가시키는 것으로서 조작적 조건화이론에서 가장 중요한 개념이다. 이때 행동의 발생 빈도를 증가시키는 개체를 강화물(reinforcer)이라고 한다. 의도된 행동의 발생 빈도를 증가시키고자 하는 강화는 강화물의 제시방법에 따라 정적 강화와 부적 강화로 분류될 수 있다.

정적 강화(positive reinforcement)란 학생들을 만족시킬 수 있는 강화물을 제공함으로써 의도한 행동을 유발하고 유지시키는 과정을 의미한다. 교실상황에서 정적 강화는 학생과 교사 모두에게 일어날 수 있다. 좋은 성적, 교사의 웃는 표정, 칭찬, 상장, 게시판에 전시된 학생의 작품 등은 학생들에게 정적 강화물로 작용할 것이다. 그리고 학생들이 보여주는 성실한 수업태도나 질문, 학부모나 교장으로부터의 인정 등은 교사에게 정적 강화물이 될 수 있다.

부적 강화(negative reinforcement)란 학생들이 싫어하는 것을 제거하는 방법으로 의도하는 행동의 빈도를 증가시키고 유지시키는 것을 의미한다. 예를 들어, 수업시간에 집중을 잘 하고 질문을 하는 학생들에게 청소당번을 면제해주는 경우를 생각해 보자. 교사가 바라는 수업은 학생들이 집중을 잘하고 질문도 많이 하는 아주 진지하면서도 활기찬 모습일 것이다. 청소를 면제해 주겠다는 교사의 약속으로 인해 학생들이 매우 집중해서 수업을 듣고 질문의 빈도 역시 증가했다면, 이는 학생들이 싫어하는 청소당번을 제거함으로써 교사가 의도하는 수업이 발생하는 이른바 부적 강화가 일어났다고 볼 수 있다. 결국 부적 강화라는 용어에서 '부적(negative)'이라는 단어는 의도한 행동을 증가시키기 위해 학생들이 싫어하는 어떤 것을 제거한다는 의미이다.

그렇다면 학습자의 행동에 대해 강화가 제공되지 않는다면 어떻게 될 것인가? 대부분의 경우 학습자는 자신의 행동에 대해 아무런 강화를 받지 못 한다면 더 이상 그 행동을 하지 않게 된다. 예를 들어 학생이 질문을 하기 위해 손을 들었을 때 교사가 그 행동에 아무런 반응을 보이지 않고 무시해 버린다면, 학생은 질문을 하기 위하여 손을 드는 행동을 더 이상 하지 않을 것이다. 강화가 제공되지 않을 경우 행동의 빈도가 감소하거나 사라지는 과정을 행동주의 이론에서는 소거(extinction)라 한다. 또한 이미 학습된 행동이라 하더라도 더 이상 강화가 주어지지 않을 경우 소거현상이 일어난다고 행동주의 이론가들은 설명한다.

소거의 과정에서 반드시 유의해야 할 매우 중요한 특징이 있다. 강화가 주어지지 않는 행동은 곧 바로 소거되는 것이 아니라, 일시적인 행동의 증가 후에 점차적으로 사라진다는 사실이다. 이처럼 강화의 제거 이후에 나타나는 일시적인 행동의 증가를 소거폭발(extinction burst)이라 한다(Lerman & Iwata, 1995). 만약 관심을 보이지 않음으로써 아동의 떼씀을 없애려고 시도한다면, 소거폭발 현상으로 일시적으로 아동이 떼쓰는 행동이 증가할 것이다. 아동이 떼쓰는 행동이 증가한 것에 겁을 먹고 다시 떼쓰는 행동에 관심을 보인다면, 그때 소거 대신에 간헐강화가 생기게 된다. 이러한 교사의 태도는 아동이 떼쓰는 행동을 부추길 수 있다.

소거는 두려움을 갖게 되는 생황에 처한 사람들을 원래의 상태로 되돌려놓을 수 있는 이론적 원리를 제공한다. 예를 들어, 물에 빠진 경험으로 인해 물을 두려워하는 사람에게 수영을 가르쳐서 두려움을 없앤다거나, 발표를 유난히 힘들어 하는 학생에게 부담 없이 발표할 기회를 많이 만들어 줌으로써 발표가 별로 어렵지 않다는 생각을 갖도록 해주는 것 등이 소거의 원리를 적용하여 행동수정을 하는 경우가 된다.

강화가 의도한 행동을 유발하고 그 빈도를 증가시키려는 과정인 데 반해, 벌(punishment)은 일반적으로 바람직하지 않다고 가정된 행동의 빈도를 약화시키거나 감소시키는 과정을 의미한다. 벌은 수여성 벌과 제거성 벌의 두 가지로 분류할 수 있다.

수여성 벌(presentation punishment)은 바람직하지 않은 행동을 감소시키기 위해 불유쾌한 자극을 제공하는 것을 의미한다. 교실바닥에 습관적으로 휴지를 버리는 행동을 억제시키기 위해 교사가 꾸지람을 하거나 청소를 시키는 것 등이 수여성 벌의 대표적인 예가 된다. 수여성 벌은 대부분 물리적인 경우가 많기 때문에 효과가 즉각적이라는 이점이 있다. 그러나 대부분의 학자들은 이와 같은 수여성 벌에 대해 부정적인 견해를 보이고 있다. 물리적인 벌은 장기적으로나 단기적으로도 학생들에게 이로울 것이 없기 때문이다. 물리적인 벌은 단기적으로 학생들에게 고통이나 두려움 그리고 모욕감, 심지어는 육체적인 상해를 가져올 수 있으며, 장기적으로는 폭력에 대한 무감각이나, 모든 문제를 물리적으로 해결하려는 습관의 형성, 심지어는 정신질환성 스트레스 증상까지 야기할 수 있기 때문이다(Eggen & Kauchak, 1992).

수여성 벌이 원하지 않는 것을 제공함으로써 학생들에게 불유쾌한 감정을 경험하게 하여 궁극적으로 바람직하지 않은 행동의 빈도를 감소시키는 과정이라면, 제거성 벌(removal punishment)은 학생이 좋아하는 것을 제거함으로써 불유쾌한 감정을 경험하게 하여 결과적으로 바람직하지 않은 행동을 약화시키거나 감소시키기 위한 것이다. 앞서 설명했듯이 종종 제거성 벌과 부적 강화를 혼돈하는 경우가 있는데 부적 강화는 싫어하는 행동을 제거함으로써 후속 행동의 발생빈도를 높이고자 하는 반면, 제거성 벌은 기대하고 바라는 행동을 제거함으로써 후속 행동의 감소를 의도한다는 점에서 차이가 있다.

4) Thorndike의 시행착오설

Thorndike(손다이크)는 문제상자(problem box)를 만들어 굶주린 고양이를 가두어 놓고, 고양이가 볼 수 있도록 상자 밖에 먹이를 놓았다. 상자 안에 있는 고양이는 상자 밖의 먹이를 먹기 위해 시행착오 과정을 거치면서 문을 열기 위해 노력한다. 문의 빗장은 페달을 밟으면 열려지도록 장치가 되어 있었다. 문을 열기 위해 여러 가지 방법을 시도하다가 우연히 문이 열려 먹이를 먹게 된 고양이는 반복되는 과정에서 더 이상 다른 불필요한 행동을 시도하지 않고, 결국 25회 정도 시행 후에는 문을 여는 방법을 학습하게 되었다. 즉 고양이는 시행착오 과정을 거쳐 문을 여는 방법을 학습하게 된 것이다. 이러한 실험을 통해 손다이크는 다음과 같은 세 가지 주요한 학습법칙을 제시하였다.

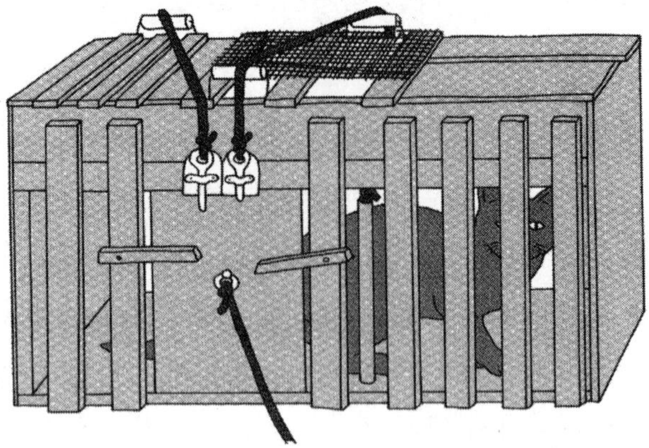

[그림 6-2] Thorndike가 고안한 문제상자

(1) 효과의 법칙

만족한 결과에 대해서는 강하게 반응하고, 불만족스러운 결과에 대해서는 약하게 반응한다는 것이다. 효과의 법칙은 두 가지로 나누어진다.

① 만족의 법칙
어떤 행위 뒤에 만족스러운 결과가 계속되면 그 연결은 강해진다.

② 불만족의 법칙
어떤 행위 뒤에 불만족스러운 결과가 계속되면 그 연결은 약해진다.

(2) 연습의 법칙

자극과 반응의 결합이 반복 연습되는 경우 그 결합이 강해진다는 것이다.

① 사용의 법칙
자극과 반응이 빈번하면 결합이 강해진다.

② 불사용의 법칙

자극과 반응을 사용하지 않으면 결합이 약해진다. 사용하느냐 사용하지 않느냐에 따라 학습의 결과는 크게 달라진다.

(3) 준비의 법칙

학습자가 신체적으로 정신적으로 새로운 사실을 배울 수 있도록 준비되어 있어야만 학습 후에 만족한 결과를 얻을 수 있다는 것이다. 즉 학습에 있어서 학습자의 지능, 성숙도, 의지, 노력 등의 심리적 준비성이 매우 중요한 요인으로 작용한다.

5) Bandura의 사회학습이론

신행동주의자로 알려진 Bandura(반두라)는 학습이 발생하는 조건화의 중요성 뿐만 아니라, 우리가 살아가는 사회적 상황의 영향에 주목하였다. 반두라는 Babo라는 이름의 공기가 주입된 인형을 만들어 4세 아동에게 이 인형을 때리고 차는 모델이 등장하는 영화를 관찰하게 하였다. 사회학습에서는 텔레비전, 영화, 소설 등과 같은 상징적 모델도 학습의 대상이 된다. 이 실험에서 한 집단은 공격성이 강화받는 모델을 보았고, 또 한 집단은 공격적 행동이 처벌받는 모델을 보았다. 세 번째 집단은 공격성에 대해 어떠한 처벌이나 강화도 받지 않는 중립적인 모델을 보았다. 영화를 본 후 세 집단의 아동들에게 인형을 준 후 공격성을 측정하였다. 그 결과 공격적 행동이 강화받은 모델의 영화를 본 아동들이 가장 공격적이었으며, 공격적 행동이 처벌받은 모델의 영화를 본 아동의 공격성이 가장 덜 하였고, 중립적 모델에 노출된 아동의 공격성은 중간 정도였다. 아동들은 모두 모델의 공격적인 행동을 학습했으나 모델이 강화를 받느냐, 처벌을 받느냐, 중립적인 결과를 보이느냐에 따라 다르게 행동했다.

다음 [그림 6-3]은 어른이 인형을 때리는 비디오(A)를 본 남아(B), 여아(c)가 모두 어른의 행동을 따라하는 장면을 보여준다(Bandura & Walters, 1963). 이와 같이 학습은 타인의 행동을 관찰하고 이를 모방함으로써도 이루어진다.

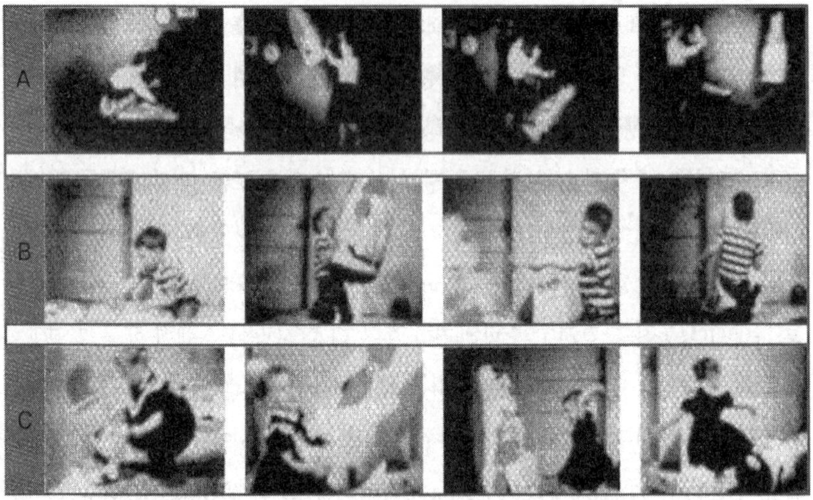

[그림 6-3] 관찰을 통한 공격행동의 모방학습 실험(bandura & Walters, 1963)

그는 이와 같은 학습의 과정을 모델링(modeling)이라는 용어로 개념화하였다.

Bandura는 사회학습 과정에서 다음과 같은 몇 가지 학습요인을 제시하였다.

① 관찰자는 타인의 수행을 관찰함으로써 직접 새로운 행동 양상을 학습할 수 있다, 이를 관찰학습효과라고 하고, 이 효과는 모델의 지위, 권력, 능력에 의해 달라질 수 있다.

② 관찰자는 모델의 행동결과에 수반되는 보상과 벌을 관찰함으로써 학습을 한다.

③ 사회학습은 자기통제의 과정을 수반한다. 학습자 스스로 자신의 행동을 통제하는 자기규제의 과정을 가진다.

④ 관찰학습은 상호작용에 의해서 다음 학습에 영향을 미친다.
반두라는 상호결정론이라 하여 사람, 환경 그리고 그 사람의 행동의 상호작용, 이 세 가지 요소 중 어떤 것도 다른 것과 떨어져서는 인간행동의 결정요인으로 이해될 수 없다고 강조한다.

⑤ 관찰학습에 작용하는 변인은 모델에 주의집중하고, 관찰에서 얻은 정보가 유용하기 위해서 심상적 또는 어문적인 기호로 파지되어야 한다. 이때 파지된 것은 학습자의 행동으로 수행되는 운동재생산과정이 있어야 하고, 모델과 같이 행동하고자 하는 유인으로 적절한 동기가 있어야 한다.

학습의 과정에 반두라는 인지적 과정의 중요성을 강조하지만 강화의 원리를 배제하는 것은 아니다. 반두라에 따르면 강화는 조작적조건화와 동일한 직접적 강화와 모델의 행동의 결과에 영향을 받는 대리적 강화, 그리고 스스로 강화하는 자기강화가 있다. 즉 인간은 어떠한 행동에 대해 외적인 강화를 받지 못한다 하더라도, 스스로 흥미를 느끼거나 스스로 높은 가치를 부여하는 경우에는 그 행동을 지속한다.

관찰학습의 과정은 주의집중, 파지, 재생, 동기화의 4단계로 구분한다. 이 과정은 다음의 〈표 6-2〉에 제시하였다.

표 6-2 관찰학습의 과정

주의집중 단계	파지단계	운동재생 단계	동기화 단계
모델의 행동에 집중하고 정확하게 지각한다.	이전에 관찰된 행동을 기억한다.	모델의 행동을 상징적으로 부호화해서 기억한 것을 새로운 반응유형으로 해석한다.	만약 정적강화(외적, 대리적, 자기강화)가 주어지면 모델의 행동을 수행한다.

2. 인지주의적 접근

인지주의 학습이론에서는 학습은 자극과 반응의 (S)-(R)연합으로 이루어지는 것이 아니라, 통찰에 의해 전체적인 관계를 파악함으로서 이루어진다고 본다. 즉 행동의 변화를 학습으로 보는 행동주의 이론과 달리, 인지주의 학습이론은 인지구조의 변화를 학습으로 본다.

인지주의 학습이론에서는 행동주의 학습이론에 대해 다음과 같은 견해를 보이고 있다.

(1) 인간의 학습은 다른 동물의 학습과는 근본적으로 다르다.

(2) 의식은 수동적인 수용이 아니라 능동적인 활동이며, 직접 의식되는 것은 원자적인 부분들 이 아니라 통합되어 있는 전체이다.

(3) 인간이 지각하는 것은 정적인 부분이 아니라, 운동 그 자체에 의한 전체다.

(4) 학습은 (S)-(R)연합으로 이루어지는 것이 아니라, 통찰에 의하여 전체적인 관계를 파악할 때 이루어진다.

(5) 학습은 행동의 변화가 아니라 인지구조의 변화다.

인지이론에 중요한 기초가 된 형태심리학(Gestalt psychology)은 1912년 독일의 베르트하이머(Wertheimer : 1880~1943)에 의해 주창되었다. 그는 학습이란 사물의 개별적인 부분을 이해하는 것으로는 부족하고, 그것이 기능하는 조직된 전체로 인식할 때 이루어진다고 설명하면서 이를 게슈탈트(Gestalt)라고 표현하였다.

1) Kőhler의 통찰설

Kőhler(퀄러)는 문제해결은 시행-착오(trial and error)를 통하여 이루어지는 것이 아니라, 통찰(insight)을 기초로 하여, 즉 문제해결의 열쇠가 되는 어떤 관계를 지각함으로써 비롯된다고 보았다. 그는 이를 증명하기 위하여 침팬지 실험을 하였다.

침팬지가 들어있는 우리 밖에 바나나(O)를 두었고, 우리 안에 a, b의 장대를 두었다. 이런 사태 속에서 원숭이가 문제를 어떻게 해결하는지 관찰하였다. 이 때 원숭이는 바나나를 먹기 위하여 철망 밖으로 손을 내밀어 보았으나, 철망(P) 때문에 좌절되고 잠시 생각하더니 우리 안에 있는 장대 a를 발견하고, a에 의해서 P-a-O라고 하는 통찰이 이루어졌다. 그리하여 이 P-a-O에 의해서 P는 극복이 되었으나 거리가 너무 멀어서 이것이 또 장애가 되었다. 침팬지는 다시 또 하나의 굵은 장대 b를 발견하고, 가는 장대 a를 끝에 구멍이 뚫린 장대 b에 연결시켜 P-(a+b)-O라고 하는 통찰을 하게 되었다.

이처럼 침팬지는 본래 시행착오적 행동을 반복하지 않았으며, 바나나와 막대를 분리된 부분으로 보지 않고 하나의 전체로서 새로운 관계 속에서 구조적으로 파악하였다. 문제해결에 기여한 통찰은 지각의 재구조화에 의해 이루어진 것이며, 이는 '아하 경험(Aha! experience)' 혹은 아하 현상(Aha! phenomenon)으로 지칭되는 것이다.

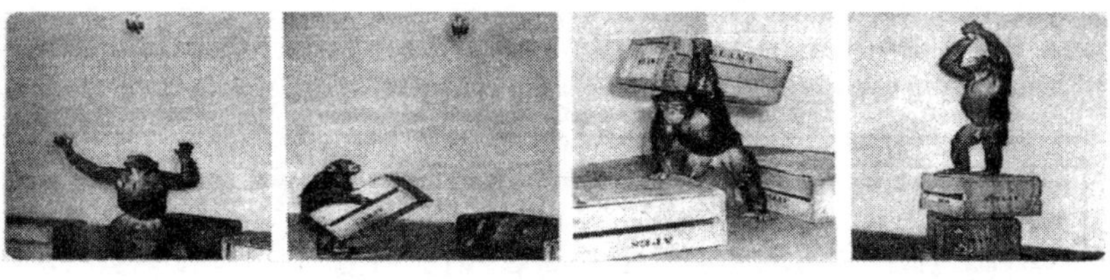

[그림 6-4] W. Kőhler의 원숭이 실험

2) Lewin의 장이론

Lewin(레빈)은 생활공간과 구조화의 이론에 입각하여 학습을 설명하고 있다. 베르트하이머가 물리학의 장이론을 심리학에 도입한 이래 이를 체계화한 사람은 레빈이다. 레빈의 이론에 따르면 학습이란 장(場)또는 생활공간에 대한 인지구조의 변화다. 학습은 유기체와 환경과의 역학적 관계를 통해 장에서 인지의 구조화와 재구조화가 이루어지는 과정이다. 즉 생활공간에서의 분화와 그 개개의 구성요소의 기능적 연관에서 비롯되어 목표달성을 용이하게 하려는 인지구조의 변화인 것이다(임승권, 1988, p. 124).

학습과정의 인지는 분석적으로 이루어지는 것이 아니고, 전체적인 장의 관계로 이루어진다. 즉 인간의 행동은 개체를 둘러싼 환경과의 비례함수로 이루어진다는 것이다. 장이란 인지가 일어날 때 그 사람에게 심리적으로 영향을 준 전체적 상황이며, 한 사란의 전체적인 생활공간을 뜻하는 것이다. 즉 행동이란 개인이 경험한 심리적인 사실에 영향을 받으며 심리적 사실은 개인의 전체적인 상황으로서 생활공간을 이룬다고 보았다. 종합적으로 장이론에서의 학습이란 개인이 지각하는 외부의 장과 개인의 내적, 심리적 장의 관계에서 이루어지는 인지구조의 성립, 또는 변화이다.

3) Tolman의 기호형태이론

Tolman(톨만)의 이론은 신행동주의에 속하는데 학습이론에 있어서 인지적 측면을 강조하였으므로 인지이론으로 분류된다. 즉 학습이란 행동주의에서 주장하는 것처럼 S-R상황에서 일어난다고 보는 것이 아니라, 학습자 내부에서 일어나는 인지, 각성, 기대를 통해 일어난다고 본다.

Tolman은 쥐를 이용한 실험에서 처음에는 가장 긴 통로로만 가도록 하고 짧은 통로는 모두 막아버렸다. 훈련이 끝난 후 쥐는 통로를 열어 주면 긴 통로로 가지 않고 짧은 통로로 곧장 가서 목표점까지 간다. 이러한 실험을 통해 쥐가 미로 전체에 대한 인지도를 얻었다고 본 것이다. 즉 기호학습이란 한 자극이 일어나면 다음에 어떤 자극이 뒤따를 것이라는 기대를 얻는 것이라고 하였다. 다시 말해 어떤 구체적인 자극은 일정한 행동의 결과로서, 어떤 결과를 획득할 수 있게 하는 수단이 되는 기호로서의 의미를 갖는다. 따라서 학습은 이러한 수단-목적 관계의 성립, 또는 기호-의미체계 간의 관계의 성립으로 볼 수 있다. 이때 이루어지는 학습은 구체적인 행동이 아니라, 이들의 관계에 대한 사전 인지이며 인지도의 구성이다. 이러한 인지도의 구성을 Tolman은 학습이라고 보았다. 그는 학습의 목표를 의미체라 하고 그것을 달성하는 수단이 되는 대상을 기호라고 불렀으며, 이 양자 간의 수단-목적관계를 기호-형태라고 칭하였다.

톨만의 학습이론을 요약하면 다음과 같다.

첫째, 학습이 이루어지는 것은 자극과 반응의 연합이 아닌 신념, 기대, 믿음 등이다. 기대한 결과로서 무엇이 주어질지에 대한 예감으로 이러한 잠정적인 기대는 가설로 만들어 질 수 있다. 이러한 가설의 타당성이 검증되면 그 가설은 기억되고, 항상 검증된 가설은 신념으로 발달되어 간다. 이러한 기대확인이란 보상과 유사한 역할을 담당한다.

둘째, 유기체는 확인되어 이루어진 인지도(cognitive map)를 머릿속에 형성하여 목표를 달성하기 위해 최소노력의 원리에 따라 행동할 수 있다.

셋째, 학습에서 이루어지는 행동의 단위는 근육의 수축이나 내분비선의 분비처럼 미시적인 행동의 단위가 아니라, 거시적으로 드러나는 목표지향적인 행동이다.

4) 정보처리이론

학습의 구조와 과정에 관해 널리 사용되는 인지적 모델은 인간의 정신과 컴퓨터와의 유추에 토대를 둔 정보처리모델이다. 이 모델은 감각기억, 단기기억, 그리고 장기기억이라는 세 개의 저장시스템으로 구성되어진다. 정보처리는 이미 알고 있는 내용과 관련해 정보를 수집하고 조직하는 부호화, 이러한 정보를 기억 속에 담아두는 저장, 필요할 때 끄집어내는 인출로 이루어진다.

정보처리 모델은 정보저장고, 인지과정, 초인지(meta-cognition)의 세 가지 중요 구성요소를 갖는다. 정보저장고(information store)는 정보를 유지하는 창고로 컴퓨터의 주기억 장치와 하드드라이브와 유사하다. 정보처리모델에서 정보저장고는 감각기억, 단기기억, 장기기억이다. 인지과정(cognitive process)은 정보를 변화시키고 한 저장소에서 다른 저장소로 정보를 옮기는 등의 지적 활동이다. 인지과정은 주의집중, 지각, 시연, 부호화와 인출을 포함한다. 이는 컴퓨터에서 정보를 처리하는 프로그램 즉, 소프트웨어에 비유된다. 초인지(meat-cognition)는 정보처리모델의 세 번째 요인으로 개인이 인지과정에 대해 자각하고 그 과정을 조절하는 능력이다(E. Hibert & Raphael, 1996). 몇몇 연구자들은 이들 요인들의 조합을 '인지구조물'이라고 기술한다(Sweller, van Merreinboer, & Paas, 1998). 건물이 그 속에서 일어나는 활동의 구조가 되는 것처럼 정보처리체계는 정보를 받아들이고, 이동시키고, 저장하는 틀이다.

감각기억(sensory memory)은 감각자극을 받아들여 잠시 동안 정보를 담아둔다. 주의와 지각-감각기관을 통하여 받아들인 자료에 우리가 부여하는 의미와 중요성-은 감각기억의 내용에 영향을 미친다. 감각기억의 용량에는 거의 한계가 없다. 그러나 처리가 곧바로 시작되지 않으며 기억의 흔적은 사라진다. 감각기억은 시각의 경우 약 1초, 청각의 경우 약 2초에서 4초 동안 정보를 유지한다(Leahey & Harris, 1997; Pashler & Carrier, 1996).

단기기억 또는 작업기억은 한 번에 5개에서 9개까지의 정보를 20초에서 30초 동안 담아둔다. 단기기억에서 정보가 지속되는 시간은 유지 되뇌이기, 정교화 되뇌이기 및 결집에 의해 확장될 수 있다. 따라서 작업기억에서 청킹

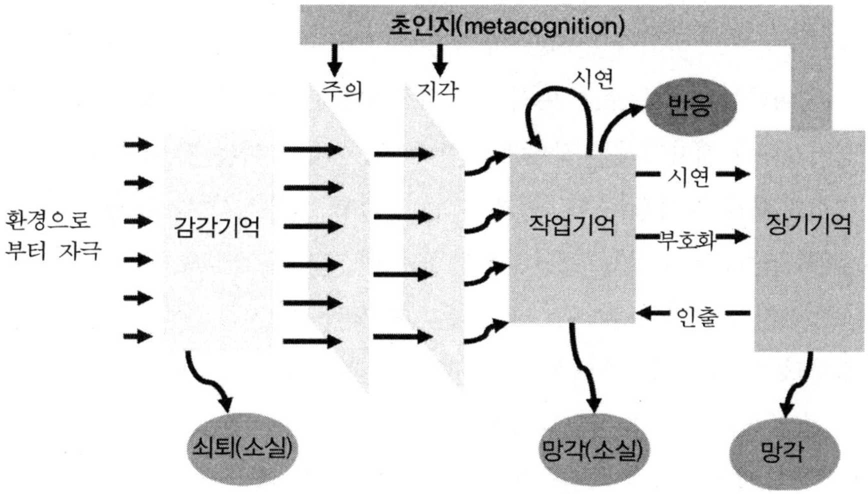

출처 : Paul Eggen & Don Kauchak(2004). Educational Psychology: Windows on Claasroom-6th edition. Pearson Education, Inc.: Prentice-Hall. - 신종호 외 역(2006). 교육심리학. 서울: 학지사. p. 322.

[그림 6-5] 정보처리모델

(chunking)의 역할은 매우 중요한 의미를 갖는다. 청킹이란 분리되어 있는 항목을 보다 큰 묶음으로, 보다 의미 있는 단위로 조합하는 것을 의미한다. 'e,v,o,l'이라는 네 글자는 작동기억 속에서 네 개의 단위로 자리하지만, 이 철자를 'love'라는 단어로 묶는다면 하나의 단위로 자리하게 된다. 이와 같은 청킹의 적극적인 활용은 제한된 작동기억의 수용량을 증가시키는 좋은 방안이 된다(임규혁, 임웅, 2007).

장기기억(long-term memory)은 무한한 정보를 영구히 담아둘 수 있다. 이것은 수백만 개의 장서와 정보망을 가진 도서관과 같다. 장기기억에서 정보는 의미기억, 일화기억, 또는 절차기억의 일부로서 언어적, 시각적으로 부호화된다.

우리가 가지고 있는 지식은 장기기억에 저장되어 있다. 지식은 선언지식, 절차지식, 조건지식으로 분류할 수 있다(Paris & Cunningham, 1996; Paris, Lipson & Wixson, 1983). 선언 지식(declarative knowledge)은 단어와 모든 종류의 상징체계 −점자, 수화, 음표, 수학기호 등−에 의해 서술될 수 있는 지식이다. 선언지식은 "어떤 것이 사실이다"라는 것을 "아는 것"이다. 절차 지식(procedural knowledge)은 나눗셈을 하거나 운전을 하는 것과 같이 어떤 일을 "어떻게 하는지를 아는 것"이다. 즉, 행동으로 드러나는 지식이다. 조건지식(conditional knowledge)은 선언지식과 절차지식을 적용해야 할 "때와 이유를 아는 것"이다. 여러 종류의 수학문제가 주어졌을 때, 언제 어떤 절차를 적용해서 각 문제를 풀어야 하는지를 알기 위해서는 조건지식이 있어야 한다(Woolfolk, 2007).

한편 인지처리 과정(cognitive process)은 하나의 정보 저장소에서 다른 저장소로 정보를 이동시키는 주의집중(attention), 지각(perception), 시연(rehearsal), 부호화, 인출과 망각 등의 처리과정이 포함되어 있다(임규혁 & 임웅, 2007).

여기에서 주의집중(attention)이란 자극에 반응하는 것이다. 감각등록기에 들어온 수많은 자극은 주의집중을 하지 않으면 곧 유실되기 때문에 학습은 주의집중을 함으로써 시작된다. 지각(perception)이란 경험에 의미와 해석을 부여하는 과정이며, 시연(rehearsal)은 주어진 정보를 그대로 소리 내어, 혹은 마음속으로 계속해서 반복하는 과정이다. 114 ARS에 전화번호를 확인해서 안내된 전화번호를 실제로 누를 때까지 머릿속으로, 또는 입으로 그 번호를 몇 번에 걸쳐 되뇌며 기억하려고 노력하는 노력이 바로 시연이라고 할 수 있다. 시연은 보통 정보가 사용될 때까지만 그 정보를 작업기억에 유지시키지만, 충분히 시연할 경우 집 전화번호나 휴대전화번호와 같은 정보는 때로 장기기억으로 전달되기도 한다(Atkinson & Shiffrin, 1968). 부호화(encoding)는 장기기억에 정보를 표상하는 과정이다. 정보를 장기기억에 부호화할 때, 우리의 목표는 그 정보를 가능한 한 유의미하게 만드는 것이어야 한다. 정보를 유의미화 하는 방법으로는 주어진 정보를 조직화(organization)하는 방법과 정교화(elaboration)하는 방법이 있다. 조직화는 관련 있는 내용을 공통범주나 유형으로 묶는 것이며, 정교화는 기존의 지식에 추가적인 연결을 형성하거나 새로운 지식을 덧붙이는 것이다. 부호화는 정보처리 모델에서 가장 중요한 인지처리과정이라고 할 수 있다. 인출(retrieve)이란 장기기억에서 정보를 찾는 탐색 과정으로서

부호화와 밀접하게 관련되어 있다.

5) 초인지

한편 효과적인 인출과 부호화를 위하여 초인지 전략을 개발하려는 연구들이 수행되고 있다. 초인지(meta-conition)란 자신의 인지 과정을 통제하고 조절하는 것을 의미한다(Flavell, 1976). 즉, 자신의 인지상태와 인지과정에 대한 정신적인 작용의 총합이라고 정의할 수 있다(Meichenbaum et al., 1985). 자기가 공부하고 학습하는 방식을 잘 자각하고 있는 학생들은 그렇지 않은 학생들보다 더 높은 성취결과를 나타내 보인다(Bruning et al., 1999). 바꾸어 말하면 초인지적인 특성을 많이 보이는 학생들은 그렇지 않은 학생들보다 더 많이 학습한다. 따라서 교사들은 학생들이 자신의 학습에 대하여 스스로 통제하고 조절할 수 있도록 지원하고 안내할 필요가 있다.

6) 인지이론의 교육적 적용

우선 교사들은 학생들이 정보가 처리되는 과정, 즉 감각등록기에서 단기기억, 장기기억으로 정보가 원활히 이동할 수 있도록 인지처리과정인 주의집중, 지각, 시연, 부호화의 과정을 효과적으로 도와야 한다. 구체적으로 살펴보면 다음과 같다.

- 학생들이 수업에 주의를 기울이게 만든다.
- 학생들이 중요한 내용과 중요하지 않은 내용을 구분하고 가장 중요한 정보에 집중하도록 돕는다.
- 학생들이 새로운 정보와 이미 알고 있는 내용을 연결시킬 수 있도록 도와준다.

- 정보를 반복해 주고 복습시켜 준다.
- 자료를 분명하게 조직적으로 제시한다.
- 암기에 매달리지 말고 의미를 이해하도록 강조한다.
- 학생 스스로 학습계획을 세우고, 수행하며, 조정할 수 있도록 돕는다.

3. 구성주의적 접근

1) 구성주의의 학습관

지식 · 정보화 시대로 접어들면서 교육 분야에서는 학습자가 어떻게 지식을 습득하고 형성해 가는가에 대한 전통적 인식론에 대해 반론이 제기되고 있다. 이는 교육 패러다임에 대한 변화에 따른 요구로서 현재의 교육방법이나 시스템을 가지고는 새로운 문명의 도전에 효과적으로 대응할 수 없다는 사실에 대한 일반적 합의라고 할 수 있다. 이처럼 교육에 있어서 전통적 인식론에 대한 반론은 객관주의 인식론에 대한 변화의 요구와 함께 결국 구성주의 인식론의 안착으로 이어지고 있다.

1950년대 산업시대 이후부터 현재까지 교육의 지배적인 철학의 위치를 차지하고 있는 것은 논리적 실증주의, 즉 객관주의 인식론이다. 객관주의 인식론에서는 지식이 현존하는 개별 인식주체와는 달리 독립적 실재세계를 나타내는 것이라고 보며, 이 지식이 독립적인 실제세계를 정확히 반영할 때만 참으로 간주한다. 교수-학습에서 객관주의의 원칙은 추상적인 지식과 상황에 관계없이 적용될 수 있는 지식을 제공하고 모든 지식은 수업 전에 구조화,

체계화하여 제시하는 것이다. 교사와 학생은 지식의 전달자와 지식의 습득자 관계를 유지한다(강인애, 1998).

다음 이야기는 객관주의 패러다임의 한계를 여실히 보여주는 한 가지 예이다.

1980년대 초에 외딴 섬에서 초등학교 2학년 담임을 할 때의 일이다. 한 도덕 시험에 "수상한 사람이 나타나면 제일 먼저 어떻게 해야 할까요?"라는 문제가 나왔다. 대부분의 학생들이 "113으로 신고한다"라는 답을 했는데, 하필이면 반에서 항상 1 등을 하던 아이가 "이웃집 아저씨께 알린다"라고 써서 틀려 버렸다. 하도 어이가 없어서 그 아이를 불러다가 핀잔을 주었다. 그런데 그 아이가 하는 말이 "우리 마을엔 전화도 없고, 경찰서도 없고, 이장도 없는데……"라고 말을 흐렸다. 나는 얼마나 당황했는지 모른다. '이 아이의 대답이 정답인데 나는 지금 잘 못 가르치고 있구나!'라는 생각에 그저 미안할 뿐이었다. 이젠 이런 교육이 없어져야 할 것이다(황윤환, 1996).

강인애(1997)에 따르면, 오늘날 정보화 시대가 요구하는 교육환경은 학습자 스스로 자신의 학습에 대하여 주도적인 역할을 하고 동시에 학습에 대한 책임을 지면서 능동적이고 적극적으로 학습할 수 있는 환경이며, 구성주의는 그것을 구현하려는 학습이론이다. 즉 구성주의는 학습자들이 자신이 처한 맥락에서의 능동적인 경험을 통하여 자신에게 적합한 지식을 구성한다는 점을 강조한다. 교육의 목적은 맥락에 적합한 의미를 구성하고 실재를 구성하는 방법을 학습하도록 도와서, 자신이 살고 있는 세상에 보다 잘 적응하고, 필요에 따라 세상을 의도한대로 변화시킬 수 있도록 하는데 있다. 구성주의적 관점에서 보면 학습은 학습자들이 물리적, 사회적 세계와 능동적으로 상호 작용하는 해석적, 순환적, 구성적인 의미 만들기의 과정이다. 학습은 지식의 단순한 획득과 재생산 과정이 아니라, 능동적인 구성적 과정이다. 주어진 상황에서 개인의 주관적 경험과 사회적 상호작용을 통한 의미 구성이 곧 학습이다. 학습자가 직접 외부 세계에 대한 의미를 구성한다는 점에서 그야말로 적극적이고 능동적인 학습자관을 택하고 있다. 따라서 교수-학습의 중심은 당연히 구성의 주체인 학습자에게 있다. 무게 중심만 학습자에게 있는 것이 아니라, 자신의 세계를 직접 구성할 수 있는 재량이 학습자에게 주어진다. 공부 내지 학습하는 삶의 주체가 바로 학습자들인 것이다. 그렇다고 해서 교사의 역할이 퇴색되거나 중요하지 않다는 것은 결코 아니다. 교사는 학생들이 학습자료를 유의미하고 적합하게 잘 다룰 수 있도록 도와주는 훨씬 더 중요한 역할을 수행하게 된다.

교사는 학습 환경의 조성자이자, 안내자, 동료 학습자로 풍부하고 다양한 학습 환경을 조성하고, 상황적 맥락에 따라 참과제(authentic task)를 제시함으로써 학습자의 의미 구성을 촉진시키는 역할을 한다. 행동주의나 인지주의처럼 교사가 미리 수업목표를 제시하고 모든 학습자들이 획일적으로 이를 성취하도록 하는 것이 아니라, 학습자 스스로가 자신이 원하는 목표를 스스로 결정하도록 열어 주어야 한다. 추론, 비판적, 반성적 사고, 문제해결, 인지적 유연성 획득 등이 구성주의의 주요 목표이다. 이를 뒷받침하기 위해서는 복잡하고 비구조화된 다양한 상황의 제공, 다양한 관점의 제시 및 협력적 학습환경의 조성 등이 강조된다. 평가 역시 사전에 설정된 목표에 근거한 준거지향평가보다는 수행평가(performance assessment)나 서류철평가(portfolios), 역동적 평가(dynamic assessment) 등의 대안적인 평가와 같이 실제 과제를 수행하는 학습 과정 속에서 자연스럽게 이루어지는 질적인 평가를 지향한다.

이상 논의된 것을 바탕으로 객관주의와 구성주의를 주요 영역에 따라 요약, 비교한 것은 〈표 6-3〉과 같다.

표 6-3 객관주의와 구성주의의 비교(조영남, 1998)

인식론 / 비교대상	객관주의		구성주의	
실재(지식)	인식주체와 독립되어 외부에 존재		마음의 산물로 인식주체에 의해 결정	
의식	상징의 처리자, 자연의 거울		상징의 구성자, 자연의 해석자	
사고	외부 실재를 반영, 외부 실재에 의해 통제		지각과 구성에 근거하며, 신체적 · 사회적 경험을 통해 성장	
의미	인식주체와 독립		인식주체에 의해 결정	
상징	실재를 표상, 외부 실재의 내적 표상		실재를 구성하는 도구, 내부 실재의 표상	
최종 목표	보편타당한 절대적 진리와 지식 추구		맥락에 적합한 의미 구성	
대표 유형	행동주의	인지주의	개인적 구성주의	사회적 구성주의
학습	외현적 행동의 변화	인지구조의 변화	개인의 주관적 경험에 근거한 의미 구성	사회적 상호작용을 통한 의미 구성
학습자관	외부 자극에 반응하는 수동적 학습자관	내적으로 정보를 처리하는 능동적 학습자관	환경과 상호작용하여 의미를 구성하는 능동적 학습자관	
교육과정	교과서 중심의 기본 기능 강조		다양한 자료에 근거한 구성활동 강조	
교수	지식과 정보의 전달	지식과 정보의 전달 또는 발견	개인적 이해를 위한 사고 안내	지식의 공동 구성
교사의 역할	관리자, 감독자	정보처리 활성자	촉진자, 안내자	촉진자, 안내자, 공동 참여자
학습자의 역할	정보의 수동적 수용자, 청취자, 추종자	정보의 능동적 처리자	의미의 능동적 구성자, 산출자, 설명자, 해석자	의미의 능동적 공동 구성자, 산출자, 설명자, 해석자
핵심 개념	자극, 반응, 강화	정보처리, 정교화	개인의 구성적 과정	사회, 문화적 동화

인식론 / 비교대상	객관주의		구성주의	
주요 수업전략	연습과 피드백	정보처리 전략	유의미한 아이디어와 자료 등과 상호작용할 수 있는 풍부한 학습기회 제공	유의미한 아이디어, 자료 등과 상호작용할 수 있는 풍부한 학습기회를 학습자와 공동으로 구성
주요 매체	다양한 전통적 매체와 CAI	컴퓨터에 기초한 수업	인터넷, 멀티미디어, 구성도구	
평가	양적 평가, 총괄평가 강조		질적 평가, 형성평가 강조	
주요 이론가	Skinner, Thorndike	Bruner, Ausubel	Piaget, von Glasersfeld	Vygotsky, Rogoff

2) 구성주의 접근에 의한 학습

학습자의 내발적 학습동기를 유발하는 가장 효과적인 방법은 학습자가 학습과정의 주인이 되도록 하는 것이다. 아무리 정교하게 설계된 교수-학습설계도 학습자 자신이 선택한 것만큼 학습자에게 적합한 학습활동을 보장할 수는 없다. 자발적 동기에 의해 학습을 시작하고, 스스로 학습내용과 방법을 결정하고, 자기평가까지 수행하는 자기주도적 학습과정이야말로 진정한 의미의 학습활동이라고 할 수 있다.

구성주의적 교수원리의 철저한 이해를 토대로 교육현실(맥락)에 적합하도록 자기화(의미구성)하여 적용하여야 할 것이다. 우선 학습자가 학습의 주인이 되어야한다. 학습자에게 학습의 주도권을 제공한다는 것은 그에게 학습문제, 학습방법, 학습내용의 선택권을 부여하는 것을 말한다. 그러나 학습자에게 학습권을 부여하는 것만큼 교사의 준비도 뒤따라야 한다. 준비 없이 학습권을 부여하는 것은 오히려 혼란만 가중시킨다. 각각의 교실에 가장 적합한 학습자중심 교육과정은 교사와 학습자만이 선택할 수 있다. 구성주의 교육의 현실적인 접근 방법을 보면 다음과 같다.

첫째, 실제적 성격의 과제를 제시하는 것이다. "이 내용을 왜 배울까? 실제로는 별 쓸모가 없을 것 같은데·····" 같은 의문을 불식하고 학습에 대한 공감대를 형성해 주어야 한다. 실제적 맥락 안에서 학습이 이루어져야 지식의 의미를 습득할 수 있고 다른 영역으로 전이가 촉진된다. 여기서 실제적 맥락이란 물리적으로 현실과 동일한 환경만을 가리키는 것이 아니라, 유사한 정도의 복잡성을 가지면서 유사한 인지능력이 요구되는 환경까지 포함하는 것으로 볼 수 있다. 이는 학습자의 생활과 관련된 과제를 제시할 때, 학습자의 흥미가 유발되고 의미 있는 학습이 이루어진다는 원리에서 출발하여 우리 현실에 적합한 다양한 실천적 대안을 모색할 수 있는 방안이다. 어떤 환경에 있는 교사일지라도 그 환경에 적합한 실제적 과제를 찾아낼 수 있을 것이다. 이는 환경의 문제가 아니라, 교사의 인식과 의지의 문제이다.

둘째, 협동학습의 원리이다. 우리는 열린교육의 열풍 속에 다가온 개별화 교육이 의도와는 전혀 다른 모습의 결과를 양산함으로써 교사들로부터 외면된 전례를 보았다. 다인수 학급이라는 현실 속에서 학습의 개별화는 비현실적인 목표였던 것이다. 이에 반해 협동학습은 다인수 학급의 한계점을 극복하면서 근접발달영역(ZPD)의 이점을 동시에 얻을 수 있는 효율적인 대안이다. 구성원들의 이질적인 요인들이 협동학습에는 오히려 긍정적 요인으로 작용할 수 있다. 이러한 협동학습의 특성은 우리교육 현실에 구성주의적 교수원리를 접목할 수 있는 대안이다.

셋째, 다양성의 수용이다. 너와 나의 차이가 옳고 그름의 대상이 아니라, 새로운 탐구의 출발점이 되어야 한다. 서로 다르기 때문에 토론이 가능하고, 토론을 통하여 상호주관성(inter-subjectivity)에 이르기도 하고, 새로운 인지적 불균형에 처해 인지적 도약의 발판을 마련할 수 있는 것이다. 서로의 관점을 존중하고, 이것을 토대로 다양한 가능성을 열어 가는 풍토야말로 가장 구성주의다운 접근이라고 할 수 있겠다.

넷째, 수준별 교수-학습의 적용이다. 학습자의 눈높이에 맞는 학습내용, 학습방법을 통하여 학습동기를 유발하고 학습활동을 강화할 수 있다. Piaget의 발달단계론, Vygotsky의 근접발달영역이론은 수준별 교수-학습의 정당성을 뒷받침한다. 구성주의를 명령과 정해진 방침에 의해서 획일적으로 접목하려 한다면, 구성주의 교육을 가장 반구성주의적으로 접근하는 결과가 되고 만다. 가장 중요한 것은 우리교육의 엄연한 현실, 즉 맥락에 대한 교육주체의 의미구성이다. 구성주의를 우리 교육현장에 심으려고 하기보다는 구성주의를 우리현실에 적합하도록 받아들여야 한다. 교육의 주체인 우리가 주인이 되어야지 구성주의가 주인이 되어서는 안 된다. 다음의 글을 음미해 보자.

필자의 고향은 감나무 산지로 한때 유명했었다. 그러나 지금은 전혀 딴판이다. 좋은 종자를 심기 위해 기존의 튼튼한 똘감나무들을 모두 베어내고 새로운 단감나무를 심었다. 그런데, 몇 년 가지 못해서 이들 단감나무들이 한꺼번에 병이 들고 말았다. 그 전에는 감나무에 병이 든다는 사실도 모를 정도로 감나무마다 수십 가마씩 똘감을 땄었다. 그런데 단감나무가 수익성이 좋다고 해서 한 나무에 수십 가마씩 따던 똘감나무들을 모두 베어내고 단감나무를 심었었다. 그러나 그 단감나무들이 토양이 맞지 않았는지 병이 들고 과실이 맺히지 않게 되었다. 그러다가 어떤 농부가 기존의 똘감나무에 단감나무 순을 접 부쳤는데 아주 튼튼한 똘감나무에 단감이 주렁주렁 열리게 되었다 (황윤환, 1996).

4. 현대적이며 전통적인 학습원리

새로운 학습에 대한 과학적인 접근은 복잡한 주제를 이해하고 자신이 배운 것을 새로운 상황에 적용하는 적극적 학습자가 되려면 어떻게 해야 하는지에 대해 중요한 시사점을 제공하기 시작했다. 학습을 촉진시키는 방법과 효율적인 학습이 가능한 다양한 아이디어는 삶의 질에 매우 큰 영향을 줄 수 있다. 만약에 효과적인 교수법에 대한 현재의 다양한 아이디어가 과거에도 적용 가능했다면, 학교 학습에서 어려움을 겪는 많은 사람들을 성공으로 이끌 수 있었을지도 모른다. 또한 이러한 새로운 교수기법은 전통적 교육환경에서 높은 수행을 보이는 사람들에게도 적용되어 이들의 성취수준을 높이는 데 도움을 줄 수 있었을 것이다.

학습에 관한 행동주의적인 견해에서는 관찰 가능한 자극 조건과 이러한 조건에 대한 행동의 연합에 초점을 맞추고 있으므로 교육에서 가장 중요한 요인인 이해, 추론, 사고 등을 연구하기 어렵게 만들었다. 이에 인류학, 철학, 신경과학, 심리학 등 다양한 영역에서 학습에 대한 접근을 시도함으로써 인간의 정신 기능에 대한 진정한 연구가 가능하게 해 주었다.

1) 이해를 통한 학습

이해가 학습에서 중요하다는 것은 알지만 이를 과학적으로 증명하는 것은 어렵다. 또한 교육과정을 보면 이해보다는 기억과정을 더 중요하게 여기는 면이 있기 때문에 학생들이 주제에 대해 이해할 수 있는 기회는 사실상 제한되어진다. 교과서는 기억해야 할 다양한 사실들로 채워져 있고 얼마나 기억하느냐를 통해 학생의 능력을 평가한다. 물론 다양한 연구를 통해 사고력과 문제해결력은 주제와 관련된 다양한 지식과 밀접하게 간련되어 있음을 보여 준다(Chase & Simon, 1973; Chi et al., 1981; deGroot, 1965). 그러나 사용 가능한 지식이 단지 분리된 사실을 나열하는 것과는 다름도 알 수 있다. 즉 지식은 단순한 기억력이 아니라, 다른 맥락으로의 이해와 전이를 의미한다. 지식을 많이 가지고 있는 사람들은 새로운 문제 해결을 하기 위해 기존의 학습내용을 사용할 수 있는 능력이 있음을 보여주는데, 이는 전이가 일어나고 있다는 것을 의미한다. 요컨대 습득한 지식은 이미 알고 있는 것을 새로운 상황에 적용할 수 있도록 도와주며 관련된 정보를 더 빨리 학습하도록 도와준다는 것이다.

2) 선행지식을 고려한 학습 : '새로운 지식은 이미 가지고 있던 지식으로 구성'

인간은 환경을 인지하고 해석하는 방법에 중요한 영향을 미치는 선행지식, 기술, 신념, 개념을 가지고 교육에 임하며, 이는 다시 추론과 문제해결 등 새로운 지식의 획득에 영향을 미친다. 즉 새로운 지식은 이미 가지고 있던 지식을 근거로 한다는 것은 교사가 학생을 지도할 때 학생들의 잘못된 신념, 개념에 관심을 기울일 필요가 있다는 것을 의미하는 것이다. 만약에 이를 간과한다면 학생들에게 이루어지는 학습은 교사가 의도한 것과는 다르게 일어날 수 있기 때문이다. 그러므로 교사는 학습에 대한 학생들의 해석에 관심과 주의를 기울여야 하고 필요한 경우에는 안내도 해야 한다. 교사가 학생들이 학습에 임할 때 가지고 있는 지식과 신념에 주의를 기울이고, 그러한 지식을 교수의 시작점으로 사용하여 교수가 진행되어질 때 비로소 학생들의 학습이 증진되어질 수 있는 것이다.

3) 적극적인 학습 : 메타인지

학습에 대한 새로운 과학적인 접근에서는 학생이 자신의 학습에서 통제력을 가지게 도와주는 것의 중요성을 강조한다. 적극적 학습을 주장하는 많은 연구에서 '메타인지(meta-cognition)'의 중요성을 강조해 왔으며, 메타인지란 다양한 과제에 대한 자신의 수행을 예측하는 능력, 그리고 숙달과 이해에 대한 자신의 현재 수준을 파악할 수 있는 능력을 의미한다(Brown, 1975; Flavell, 1973). 메타인지를 증진시키기 위한 구체적인 교수실천으로는 내용이해(sense-making), 자기평가(self-assessment), 반성(reflection)활동 등이 있다(예, Palinscar & Brown, 1984; Scardamalia et al., 1984; Schoenfeld, 1983, 1985, 1991).

학습결과를 예측하고, 이해를 개선하기 위해 스스로에게 설명하고, 배경지식을 활성화시키고, 미리 계획을 세우며, 시간과 기억을 적절히 할당하는 등 메타인지 전략을 사용하는 교사가 점진적으로 학생들이 이러한 전략을 사용하도록 하면서 전략에 대해 논의하고 연습하는 시간을 갖는다면, 학생들은 궁극적으로 교사의 도움 없이 스스로 자신의 이해를 모니터링하며 학업성취를 증진시키기 위해 혼자서 학습할 수 있는 능력을 계발시킬 수 있다.

〈연구 문제〉

1. 우리 주변에서 조작적 조건형성과 고전적 조건형성의 예를 찾아 설명하시오.
2. 효과적으로 사용했던 강화의 종류를 예를 들어 설명하시오.
3. 정적강화(positive reinforcement)와 부적강화(negative reinforcement)를 설명하시오.
4. Kőhler의 통찰학습의 예를 일상생활 속에서 찾아보시오.

제7장

학습에 영향을 미치는 조건

1. 동기의 개념 및 기능
2. 동기화이론
3. 성차
4. 기억과 망각
5. 학습유형
6. 다문화

1. 동기의 개념 및 기능

우리를 환경에 따라 움직이게 하는 데는 반드시 이와 관련된 생리적, 심리적 이유가 있는데, 이와 관련된 개념이 동기(motivation)다. 즉, 동기란 행동을 일으키게 하는 역동적인 에너지다. 동기란 움직인다는 의미의 라틴어 'Movere'에서 유래되었으며, 인간의 행동을 일으키는 근원적인 힘으로 이해된다. 이에 대해 Young(1961)은 "인간과 동물의 행동의 행위를 결정짓는 요인"이라고 했으며, Houston은 "행동을 시작하게 하고, 방향지우며, 그러한 행동의 강도와 지속성을 결정하는 요소들"이라고 정의하고 있다.

여러 학자들의 동기에 대한 정의를 살펴보면, 동기는 행동을 유발시키고, 방향지우며, 지속시키는 기능을 가지고 있다. 좀 더 구체적으로 동기가 수행하는 기능을 다음과 같이 구분해 볼 수 있다.

1) 시발적 기능

동기는 행동을 유발시키는 시발적 기능이 있다. 시발적 기능은 학습내용 자체에 의해 동기가 유발되는 경우와 외부에서 주어지는 칭찬, 상 등에 의해 동기가 유발되어지는 두 가지 경우를 생각할 수 있다.

2) 선택적 기능

동기는 다양한 행동 중에서 선택하게 하는 기능이 있다.

같은 내용을 가르치더라도 자신의 내부적 동기와 일치하면 적극적인 반응을 보이므로, 외부의 강요보다는 스스로 동기가 유발될 수 있도록 학습을 지도하는 것이 바람직하다.

3) 지향적 기능

동기는 일정한 목표를 향해 적극적으로 행동하게 하는 가능이 있다.

동기에는 1차적 동기와 2차적 동기가 있다. 1차적 동기는 생리적 동기로서 유기체의 신체적 · 생리적 평형상태를 유지하고 생명이나 종족을 보존하려는 동기를 말한다. 2차적 동기는 사회적 동기라고도 하며, 후천적으로 학습이나 경험을 통해 갖게 되는 동기로서 소속감, 애정, 성취감 등을 포함한다. 또한 동기는 외부의 강화를 통해 유발되어지는 외재적 동기와 학습자의 흥미, 호기심 등 외부의 보상과는 상관없이 능동적으로 유발되어지는 내재적인 동기로 구분되기도 한다. 성취동기, 자아실현의 욕구 등은 내재적 동기의 대표적인 예이다.

2. 동기화이론

1) 귀인이론(attribution theory)

학습자는 자신의 성공과 실패의 원인을 귀인 할 때, 늘 비슷한 방식으로 반응하는 경향이 있다. 귀인은 원인의 소재, 안정성, 그리고 통제 가능성 등

세 가지 차원으로 나누어 볼 수 있다(Weiner, 1984).

첫째, 원인의 소재(Locus of control) 차원이란, 성공과 실패의 원인을 내부로 돌리느냐, 외부로 돌리느냐의 차원이다. 그 원인을 자신의 노력이나 능력으로 돌리면 내적 요인으로 귀인한 것이고, 과제의 난이도나 행운과 같은 것으로 돌리면 외적 요인으로 귀인한 것이다.

둘째, 원인의 안정성 차원(stability)차원이란, 성공과 실패의 원인이 변할 수 있느냐의 차원이다. 노력이나 운은 변할 수 있어서 불안정하지만, 능력이나 과제의 난이도는 변할 수 없기 때문에 안정적이다.

셋째, 원인의 통제가능성(controllability)차원이란, 학습자가 성공과 실패에 대한 책임을 수용하는 정도나, 학습상황을 제어할 수 있는 정도를 말한다. 노력은 통제 가능하나 능력이나 운, 과제의 난이도는 학습자가 통제하는 것이 불가능하다. 이와 같이 귀인과 각 차원과의 관계를 표로 제시하면 〈표 7-1〉과 같다.

표 7-1 Weiner의 귀인과 각 차원과의 관계

요인	원인의 소재	안정성	통제가능성
능력	내적요인	안정적	통제불가능
노력	내적요인	불안정적	통제가능
운	외적요인	불안정적	통제불가능
과제의 난이도	외적요인	안정적	통제불가능

또한 귀인은 학습자의 정서 상태와도 매우 높은 관련을 가지고 있다. 이는 〈표 7-1〉에서 보는 것처럼 귀인에 따라 학습자의 정서 상태는 달라진다.

학습자가 성공과 실패를 외적요인보다는 내적 요인으로, 안정적 요인보다는 불안정적 요인으로, 통제 불가능한 요인보다는 통제 가능한 요인으로 귀인할 때 동기는 증가한다(Ames, 1992).

표 7-2 귀인과 정서와의 관계(Weiner, 1980)

귀인	정서	
	결과 : 성공	결과 : 실패
능력	긍정적 자아개념, 성공에 대한 기대, 자신감, 유능감	부정적 자아개념, 무능감, 굴욕감, 의기소침
불안정한 노력	열의, 자부심	수치, 죄책감
안정된 노력	평온(긴장이완)	수치, 죄책감
외부인, 외부기관	감사	공격, 분노
운	놀라움	놀라움

2) Maslow의 욕구위계론

동기에 관한 종합적인 이론으로서 Maslow의 욕구위계론(a hierarchy of need theory)이 있다. Maslow의 이론에 의하면 인간의 욕구는 7단계의 피라미드 구조로 이루어져 있으며, 하위 단계의 욕구가 충족되어야 상위 단계의 욕구가 발현되어진다.

인본주의 심리학은 인간행동을 환경이나 본능에 대한 반응으로 제한함으로써 인간의 전체적인 부분들을 검토하지 않으려는 경향이 있다. 따라서 인본주의 동기이론은 개인의 지각과 내부적 욕구에 대한 반응에 초점을 맞춘다(임규혁, 1996).

Maslow의 욕구위계이론의 구체적인 내용은 [그림 7-1]과 같다.

가장 낮은 단계로부터 생리적 욕구와 안전의 욕구, 소속 및 사랑의 욕구, 결핍욕구(deficiency needs)라고도 하는 자아존중감의 욕구, 지적욕구와 심미적 욕구, 성장욕구(growth needs)라고도 하는 자아실현의 욕구가 있다.

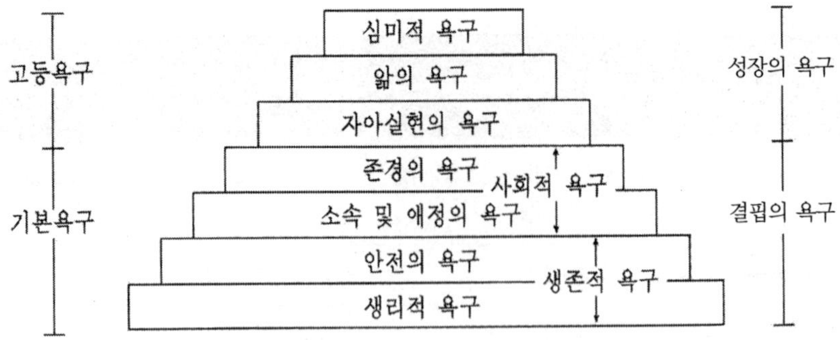

[그림 7-1] Maslow의 욕구위계론

(1) 생리적 욕구

식욕, 성욕, 수면, 갈증, 배설 등의 욕구를 포함한다. 인간의 본능적 욕구이며, 이 욕구가 충족되어야 다음 단계의 욕구가 발현되어 진다.

(2) 안전의 욕구

자기 보존을 위하여 건강과 안전을 추구하려는 욕구이다.

(3) 소속 및 사랑의 욕구

집단에 소속되어 사랑을 얻고자 하는 욕구이며 사회적 욕구로 볼 수 있다. 이러한 욕구가 충족되어야 사회적 구성원으로서의 역할을 충분히 수행할 수 있다.

(4) 자아존중감의 욕구

존중에 대한 욕구로서 이 욕구가 만족되어지면 자신감, 명성, 힘, 그리고 통제 등의 감정이 생기고 주위에 영향력을 미친다고 한다.

(5) 자아실현의 욕구

이 세상에 태어날 때 지니고 태어나는 잠재력을 최대한으로 실현하여 인생 최대의 가치와 목적을 이루려는 욕망이다. 즉 자기 자신이 잠재적으로 실현 가능한 자신이 되려는 욕구다. 이 욕구는 사회적, 경제적인 지위보다는 자신의 직업에서 만족감과 행복감을 추구하려는 것과 관련이 있다.

결핍의 욕구인 생리적 욕구, 안전의 욕구, 소속감과 애정의 욕구, 자아존중감의 욕구는 긴장의 이완이 최대의 목표며, 이러한 욕구는 완전충족이 가능하다. 그러나 성장욕구에 해당하는 지적욕구와 심미적 욕구, 자아실현의 욕구는 긴장 자체를 즐기는 것이 목표며, 이러한 욕구는 완전충족이 불가능하기 때문에 끝이 보이지 않는 특성을 갖는다.

3) 성취동기

(1) 성취동기의 개념

성취동기란 자신의 능력을 발휘하여 장애를 극복하고, 곤란한 일을 해결함으로써 목표를 달성하려는 욕구다(H. A. Murray, 1938). 또한 도전적이고 어려운 과업을 훌륭히 성취하고 싶어 하며 성취결과보다 성취과정에서 만족을 얻으려는 내적 의욕이다. 성취동기가 강한 사람들은 학업성취, 업적, 명성, 재산과 같은 외적인 보상이나, 성취결과에 연연해하지 않고 어려운 일을 훌륭히 성취하는 과정 자체에서 만족을 얻고자 한다.

※ 성취동기와 관련된 행동 특성

- 과업지향성
- 적절한 모험심
- 자신감
- 정력적, 혁신적 활동성
- 자기 책임감
- 결과에 대한 지식
- 미래지향성

(2) McClelland의 성취동기이론(1961)

성취동기는 Murray(1938)에 의해 처음 소개되었고, McClelland(1952)에 의해 한층 발전되었다. 맥클랜드는 작업 환경과 관련된 세 가지 주요한 동기, 또는 욕구가 있다고 주장하였다.

① 성취욕구(need for achievement)

심리학자들은 성취욕구를 어려운 일을 성취하려는 것, 물질 · 인간 · 사상을 지배하고, 조종하고, 관리하려는 것, 그러한 일을 신속히, 그리고 독자적으로 해내려는 것, 스스로의 능력을 성공적으로 발휘함으로써 자긍심을 높이려는 것에 관한 욕구라고 규정하고 있다. 성취욕구가 강한 사람은 성공에 대한 강한 욕구를 가지고 있고, 책임을 적극적으로 수용하며, 행동에 대한 즉각적인 피드백을 선호한다.

② 권력욕구(need for power)

높은 권력욕구를 가지고 있는 사람은 리더가 되어 남을 통제하는 위치에서 서는 것을 선호하며 자기가 바라는 대로 타인들이 행동하도록 강요하는 경향이 크다.

③ 친화욕구(need for affiliation)

친화욕구가 높은 사람은 다른 사람들과 좋은 관계를 유지하려고 노력하며, 타인들에게 친절하고, 동정심이 많고, 타인을 도우며 즐겁게 살려고 하는 경향이 크다.

맥클랜드의 성취-동기이론을 매슬로우의 욕구 5단계설과 비교해 보면 성취욕구와 권력욕구는 욕구단계설의 존경 및 자아실현의 욕구와 일맥상통하며, 친화욕구는 사회적 욕구와 비슷하다고 할 수 있다. 물론 약간의 개념상의 차이는 존재한다.

맥클랜드는 세 가지 욕구 중에서 성취욕구의 중요성을 지적하였는데, 성취욕구가 높은 사람을 세 가지 특성으로 분류하였으며 각 특성과 적절한 직무의 연결을 시도하였다. 맥클랜드는 높은 성취욕을 가진 사람들을 일을 더욱 잘하려는 그들의 희망에 의해 다른 사람들과 구별하였다. 그들은 문제 해결책을 찾는데 개인적인 책임을 부여하는 상황을 선호하고, 그들의 성과에 대하여 개선 여부를 알기 위하여 신속하고 명확한 피드백을 받을 수 있는 상황을 원하며, 적절한 도전적인 목표를 설정할 수 있는 상황을 원한다. 높은 성취욕을 가진 자가 도박사는 아니며, 그들은 우연히 성공하는 것을 원하지 않는다. 그들은 타인들의 행동이나 우연에 의해서 결과가 나오는 것보다, 성공이나 실패에 대하여 자신이 책임을 지는 도전적인 일을 선호한다. 중요한 것은 그들이 매우 쉽거나 어려운 과업이라고 인지하는 것을 회피하려 한다는 것이다.

(3) 성취동기이론의 적용

맥클랜드의 성취동기이론을 세 가지 욕구의 분류에 따라서 종업원을 알맞은 직무에 배치하는 것에 적용할 수 있다. 권력욕이 강한 사람은 타인의 권력이 미치는 직무에 배치하는 것보다는, 자기가 타인에 행동을 통제하는 직무에 배치하는 것이 동기부여가 된다. 친화욕이 강한 사람은 독립적으로 직무를 수행하는 곳에 배치하는 것보다는, 다른 사람과 밀접한 관계를 유지할 수 있는 직무에 배치하는 것이 동기부여의 효과가 크다. 그리고 성취욕이 강한 사람은 도전할 가치가 없거나 우연에 의해서 목표를 달성할 수 있는 직무보다는, 개인에게 많은 책임과 권한이 주어지는 도전적인 직무에 배치하는 것이 동기부여가 된다.

(4) 성취동기이론의 응용

일 자체에 즐거움과 의미를 부여하는 동기에 의해 일을 성취하려는 것을 성취동기라 한다면, 성취동기의 수준은 아동들이 자랄 때의 환경이나 양육과정과 관련이 있다. 성취동기가 높은 사람이 되려면 아동들이 자신이 하는 행동이나 노력이 주위의 환경을 실제로 바꿀 수 있다는 사실을 스스로 확인할 수 있어야 한다. 또한 아동들이 이와 관련된 행동을 했을 때 어른들이 적절하게 강화를 주어야 한다.

3. 성차

1) 남녀의 차이

지금까지 많은 학자들은 아이가 남자, 혹은 여자로서의 특징을 갖는 것은 그들이 부모를 모방하거나, 양육자에 의해 그렇게 길러졌기 때문이라고 주장하였다. 즉 각 성별에 따라 행동하는 것에 대해 강화가 이루어지는 대로 자신의 성을 인식한다고 하였다. 한마디로 남성성과 여성성은 후천적으로 학습된 것이라는 것이다. 아동심리학자 앤 캠벨(Anne Campbell)은 생후 9개월 어린이를 대상으로 장난감 선호도를 조사한 바 있다. 이 때 남자아기들은 공, 기차, 자동차를 골랐으며, 여자아기들은 인형, 유모차 등을 주로 골랐다. 이에 대해 아이들의 취향이 강화나 학습에 의해 만들어진 것이 아니라, 태어나는 순간부터 여자, 혹은 남자로서의 차이를 가진다고 보았다.

탄생 직 후에는 자신이 남자인지 여자인지에 대한 개념이 전혀 없다. 아이는 3세가 지나면서 신체적인 차이에 대해 인식하기 시작한다. 그러나 세 살 이후까지도 아이들의 성별 인지는 아직 체계적이지 않다. 만 4세 정도가 되면 일생동안 같은 성을 갖게 된다는 것을 이해하지만, 외모가 바뀌면 당연히 성도 바뀐다고 생각한다. 이 후 6~7세 정도에 성 항상성이 형성되면 자신의 성에 대한 인식이 확고해 진다. 이 때 자기 인식의 명령을 내리는 주체는 뇌다. 이 시기에는 남자의 뇌, 여자의 뇌로서의 특성이 더욱 강해진다. 남자아이는 더 남자다운 행동을, 여자아이는 더 여자다운 행동을 하려한다. 남녀가 다른 행동을 보이는 것은 기본적으로 뇌의 차이에서 비롯된다.

(1) 남성의 체계화형 뇌, 여성의 공감형 뇌

남녀 차이의 모든 것은 공감능력과 체계화 능력으로 설명할 수 있다. 남녀가 보여주는 공감지수와 체계화지수의 차이는 공감이 여성의 특징이고 체계화가 남성의 특징이라는 것을 보여 준다. 공감은 다른 사람을 이해하고 적절하게 반응하는 능력이고, 체계화 능력은 사물을 분석하고 탐색하는 능력이다. 공감과 체계화는 대상이 다르고 사고가 진행되는 과정과 영역도 완전히 다르다. 남자는 감정을 관할하는 뇌의 부위가 작고 제한되어 있으며, 여자는 감정을 관할하는 뇌의 부위가 넓고 계속해서 발달해 간다. 남자의 경우 뇌의 한 부위에서만 감정을 관할하기 때문에 다른 부위가 동시에 기능을 하더라도 별로 영향을 주지 않는다. 남자가 가끔 지나치게 이성적으로 느껴지는 것은 그의 뇌가 여자의 뇌와 다르기 때문이다.

(2) 언어능력의 차이를 이해

남녀의 언어능력의 차이는 뇌에서 언어를 담당하는 부위에 차이가 있기 때문이다. 남자아이의 뇌는 언어적인 활동을 할 때 주로 좌뇌를 사용한다. 그러나 여자아이는 양쪽 뇌를 동시에 사용한다. 이는 여자아이의 뇌량이 남자아이보다 10%쯤 더 두텁고 넓기 때문에 좌뇌와 우뇌의 긴밀한 연결이 가능한 것이다. 그러나 남자아이의 뇌량은 여자아이들에 비해 얇고 좁기 때문에 좌뇌와 우뇌의 소통이 원활하지 않다. 감정은 주로 우뇌에서 관장하고 언어는 좌뇌에서 관장하는데, 이렇듯 남녀의 뇌량의 차이로 인해 남자아이는 감정을 언어로 표현하는데 어려움을 느끼게 된다.

(3) 공간능력의 차이를 이해

남자아이들은 여자아이들보다 우뇌가 더 빨리 발달하기 때문에, 우뇌에서 이루어지는 공간, 논리, 지각능력에 있어서 상대적으로 우수하다. 그러므로 수학, 퍼즐, 건축, 문제해결 과제가 주어졌을 때, 여자들보다 쉽게 생각하고 빨리 풀어낸다. 남자의 뇌는 여자의 뇌보다 더 크고 무겁다. 남자의 뇌에는 여자의 뇌와 비교하여 약 40억 개나 더 많은 뉴런이 있다. 특히 남아의 경우 공간능력을 관여하는 오른쪽 뇌가 훨씬 더 크다. 그러므로 남자아이들은 설명서를 보면서 조립하는 장난감과 동서남북 등이 그려진 지도를 쉽게 읽어낸다. 이러한 능력은 특히 운전능력에서 뚜렷한 차이로 나타난다.

(4) 한꺼번에 여러 가지 일을 해내는 여자, 한 가지 일에 집중하는 남자

남자들은 대부분 오른쪽 귀로 들은 단어 하나에만 주의를 기울일 수 있는데, 남자들은 말할 때와 마찬가지로 들을 때도 좌뇌만 사용하기 때문이다. 반면 여자들은 양쪽 뇌를 모두 사용하기 때문에 양쪽 귀에서 들리는 단어에 동시에 주의를 기울일 수 있다.

(5) 남자아이의 뇌와 여자아이의 뇌는 서로 다른 순서로 발달

오리기나 종이접기 등 소근육을 필요로 하는 작업에서 남자아이들은 여자아이들보다 훨씬 서투르다. 이유는 남자아이들은 이러한 작업을 관장하는 소뇌가 늦게 발달하기 때문에 가위질, 글씨쓰기 등의 활동이 어려운 것이다. 그러나 30세 정도가 되면 서로 다른 순서로 발달하던 뇌의 모든 부위가 성숙기에 이르면서 남녀 간 차이가 거의 존재하지 않게 된다. 중요한 점은 남자와 여자의 뇌는 확실히 다르지만, 다른 경로를 통해서 같은 지점에 도달할 수 있다는 것이다.

2) 성차와 교육

남자아이를 기르는 데는 꾸준한 인내를 가지고 기다리는 것이 요구된다고 말한다. 이러한 인내심과 함께 다음 몇 가지에 주의를 기울여야 한다.

첫째, 감정을 솔직하게 표현하는 모습을 많이 보여준다.

둘째, 스킨십을 자주 해 준다.

셋째, 부정적 감정을 받아주고 말로 표현하는 연습을 시킨다.

넷째, 공부를 못한다고 혼내지 않는다.

다섯째, 몸으로 느낄 수 있는 체험학습을 많이 시킨다.
여섯째, 경쟁에서 배우게 하고 승부욕을 자극한다.
일곱째, 애완동물이나 식물을 키워 보게 한다.
여덟째, 운동에너지를 발산하도록 한다.

여자아이를 당당한 리더로 키우기 위해서는 여자아이에게 풍부한 공감능력뿐만 아니라, 리더가 되는데 중요한 도전정신, 추진력, 끈기 등 여자아이들이 부족한 면을 보완해 주면서 다음의 몇 가지에 주의를 기울여야 한다.
첫째, 다양한 장난감을 사준다.
둘째, 스스로 도전해서 실패하고 성공하는 기회를 만든다.
셋째, 많이 뛰어 놀도록 한다.
넷째, 주체적 사고를 심어준다.
다섯째, 여성적인 것을 강요하지 않는다.
여섯째, 이성인 아빠가 딸아이 교육에 많은 시간을 할애한다.

남자와 여자의 차이에 대한 의학과 심리학의 전문가 레너드 삭스(Leonard Sax)박사는 '남녀 차이가 있다는 것을 어느 한 쪽이 낫다는 것으로 받아들이기 쉽다. 그러나 두 가지가 다르다고 해서 반드시 하나가 다른 것보다 낫다는 것은 아니라는 점에서 이는 전혀 논리적이지 않다. '사과와 오렌지는 다르다'라는 것이 '어느 하나가 더 낫다'는 것을 의미하는 것은 아니라고 설명하고 있다. 아이의 성별에 상관없이 아이들은 남성적인 뇌를 가진 남자, 남성적인 뇌를 가진 여자, 여성적인 뇌를 가진 여자, 여성적인 뇌를 가진 남자가 있을 수 있다. 지금도 많은 학자들에 의해 연구가 이루어지고 있으며 앞으로 계속해서 남녀의 차이가 과학적으로 밝혀지겠지만, 중요한 것은 이 네 부류의 우열은 가릴 수 없다는 것이다. 각 부류가 오묘하게 장단점을 가지고 있고 각각이 가진 장점은 서로 함께 살아나가는데 꼭 필요한 것들이기 때문이다. 그러므로 아이가 어떤 뇌를 가지고 있든지 아이의 단점을 지나치게 폄하하지 말고, 장점을 격려하며, 아이가 도움을 필요로 할 때 손을 잡아주는 것이 중요하다.

3) 성 역할 고정관념 피하기

다음은 학교에서 교사가 성 역할의 고정관념에 얽매이지 않고 평등한 교실 환경을 만들기 위해서 해야 될 역할이다(장선철 외, 2003).

① 학생들의 성 역할 고정관념과 태도, 사고, 행동에 영향을 미치는 여러 요인들에 대해 알도록 도와준다.

- 학생들이 성 역할 고정관념에 얽매인 행동을 하거나 말을 할 때, "누가 여자이기 때문에, 또는 남자이기 때문에 할 수 없다는 말을 하니?"라고 교사가 반응하고 적절한 남녀의 행동에 대해 생각해 보는 기회를 가진다.
- 책이나 잡지, TV와 영화 등의 내용에서 성 역할 고정관념에 얽매인 내용들을 분석해 보고 논의 하는 시간을 가진다.
- 성에 대한 어떠한 자신의 태도나 감정을 얘기할 때, 그것은 성과 관련되기보다는 개인, 또는 그 사람과 관련된 문제라는 것을 알도록 도와준다.

② 성에 따라 학생을 나누는 일을 하지 않는다.

- 성별에 따라 좌석배치를 하지 않는다.
- 필요 없이 성과 관련시켜 야단치지 않는다(예를 들어 "남학생들은 그것을 할 수 있어야지", "여학생이 그런 일을 하다니" 등등).
- 성과 관련하여 과제를 제시하지 않는다.
- 성과 관련하여 경쟁을 유도하는 말은 피한다(예를 들어 "남학생들과 여학생들 중에 누가 더 잘할까?" 등등).

③ 학생들에게 시대와 문화적 차이에 따라 성역할에 대한 정의가 변하는 것을 알 수 있도록 한다.

- 학생들에게 시대와 문화적 차이에 따라 성역할에 대한 정의가 변천하여 왔음을 알 수 있도록 이와 관련된 과제를 제시한다.
- 농경사회에서는 대부분 여성과 남성이 함께 밭에서 일했지만, 중국에서는 주로 여성이 일을 하였다.

④ 성 역할, 성 정체감, 특정한 성에 대한 선호도에는 서로 차이가 있음을 이해하도록 한다.

인간적인 느낌이나 특성이 한 가지 성에 고정되어 있는 것이 아니며, 그에 따라 특정 성이 선호 되는 데 영향을 미쳐서도 안 된다는 것을 이해하도록 도와야 한다. 즉 여자아이기 때문에 자기 주장이 강해서는 안 된다거나, 남자아이기 때문에 예민하거나 자신의 감정을 드러내서는 안 된 다는 것은 아니라는 점을 알도록 한다.

⑤ 학생들이 놀이나 경험을 통해 다양한 역할을 경험하도록 격려한다.

이미 초등학생들은 성별에 따라 분리되어 있으며 이것이 이후의 성별에 따른 행동의 기초가 된다. 그러므로 교사는 혼성집단을 만들어 서로 돕고, 과제를 함께 완성하며, 함께 계획할 수 있는 기회를 제공하는 것이 필요하다. 그리고 모든 학생들이 골고루 다른 역할을 해보고 책임질 수 있는 지위를 갖는 기회를 제공해 주는 것이 필요하다.

4. 기억과 망각

1) 기억의 의미

학습과정에서 기억(memory)은 매우 중요하다. 기억이란 학습한 내용을 저장하였다가 필요할 때 인출하여 쓰는 것을 말한다. 기억은 기명, 파지, 재생, 재인의 4단계를 거치는 심리적인 과정으로 새로운 학습경험이 중추신경에 기명되어 파지되어 있다가 어떤 자극에 의해 머릿속에서 표상으로 재생되어 재인되는 과정을 말한다.

(1) 기명(memorizing)

자극이나 정보를 받아들여 경험내용을 머릿속에 흔적으로 각인하는 과정이다.

(2) 파지(retention)

기명된 것을 일정기간 동안 기억흔적으로 간직하는 것을 말한다.

(3) 재생(reproduction)

파지하고 있는 내용을 생각해내어 의식화하는 과정이다.

(4) 재인(recognition)

기억은 여러 주요 과정들로 이루어지는 복잡하고 폭넓은 개념이다. 기억과정은 크게 세 가지로 구성되어지는데 주어진 정보를 지각하여 잘 저장하도록 부호화하는 과정(입력), 정보를 필요할 때까지 일정기간 동안 유지 보관하는 과정(저장), 정보를 사용하기 위해 적극적으로 찾아내는 과정(인출)이 그것이다.

2) 기억의 종류

기억은 감각기억, 단기기억, 장기기억의 3종류로 구분된다.

(1) 감각기억(sensory memory)

감각기관으로 들어오는 정보를 순간적으로 저장하는 기억이다. 기억정보는 불과 10분의 몇 초 사이에 신속하게 소멸되고, 만약에 이 정보가 다음 단계로 넘어가지 않으면 1초가 되지 않아 완전히 사라져 버린다.

(2) 단기기억(short-term memory)

현재 의식하고 있는 정보들을 정보처리 하는 동안의 작업대와 같은 역할을 하는 것이며, 약 20~30초 동안 저장된다.

(3) 장기기억(long-term memory)

감각기억과 단기기억의 과정을 거쳐 장기적으로 저장될 때 이를 장기기억이라 한다. 장기기억은 현 순간에 사용하지 않더라도 언젠가 사용할 수 있도록 지식이 축적되어 있는 거대한 장소라 할 수 있다.

3) 기억력의 강화 조건

학습을 하는데 있어서 망각을 방지하고 파지율을 높이는 것은 매우 중요하다. 즉 단기기억에서 장기기억으로 이행시키는 방법이 중요하다.

(1) 심상(imagery)

제시된 자극에 대해 심상을 떠올려 조직화하는 방법으로 기억할 내용이나 정보를 자기가 이전에 알고 있는 장소나 거리, 대상과 관련하여 기억하는 방법이다.

(2) 조직화 및 정교화

새로운 정보를 기억할 때 이전에 알고 있는 지식과 연결하여 관련 내용을 의미 있게 조직화하는 과정을 말한다. 예를 들면 생태적인 발달단계를 기억할 때 '어 · 양 · 파 · 조 · 포유(류)' 등으로 기억하는 방법과 무지개의 색을 '빨 · 주 · 노 · 초 · 파 · 남 · 보' 등으로 기억하는 방법이다.

(3) 의미화

기억해야 할 정보를 그 정보와 관련된 의미와 연결시켜 기억하는 방법이다. 주로 정보의 의미가 부호화 된다. 예를 들면 기차관련 번호가 '7788'이던지, 이삿짐센터 번호가 '2424'인 경우 등을 말한다.

(4) 주의집중

주어지는 자극이나 정보에 대해 그것이 가지고 있는 형태, 크기, 특징 등에 대해 주의를 집중하여 기억하면 장기기억에 도움이 된다.

(5) 시연

학습할 때 반복학습을 함으로써 학습내용을 장기기억화할 수 있다.

(6) 흥미

학습이나 경험에 많은 관심을 갖게 하여 방해하는 요인의 영향을 받지 않으므로 기억에 효과적이다.

4) 망각의 의미와 원인

망각(forgetting)이란, 일단 기억한 학습이 시간의 경과, 사용하지 않음 등의 원인으로 약화되고 소멸되어 다시 재생되지 않는 현상을 말한다. 에빙하우스(H. Ebbinghaus : 1850~1909)는 이러한 기억과 망각의 관계에 대해서 연구하였는데, 무의미 철자를 사용하여 시간 경과에 따른 망각률을 계산하고, 이를 그래프로 나타낸 망각곡선을 제시하였다. 그는 기억의 조건에 차이를 없애기 위해 40세 가량의 성인 피험자들로 하여금 1200개의 무의미철자를 암기하게 하였다. 그 결과 1시간 후 55.8%, 8시간 후 64.2%, 24시간 후 66.3% 48시간 후 72.2% 이르는 망각률을 보였다(표 7-3 참고). 이러한 연구결과는 이미 학습 직후부터 장기기억화되기 전에 망각현상이 나타난다는 사실과 망각에 대비하지 않으면 얼마 지나지 않아 학습한 대부분을 재생해 낼 수 없다는 사실을 보여준다. 따라서 학습 및 강의 후 강의내용을 즉시 복습하는 것은 망각을 방지하는 효율적인 방안이라고 볼 수 있다.

이처럼 파지와 시간경과에 따른 망각률을 그래프로 표시한 것을 망각곡선(curve of forgetting)이라고 한다(그림 7-2 참고).

표 7-3 시간경과에 따른 망각률

경과시간	파지율(%)	망각률(%)
0.33	58.2	41.8
1	44.2	55.8
8.8	35.8	64.2
24	33.7	66.3
48	27.8	72.2
6×24	25.4	74.6
31×24	21.1	78.9

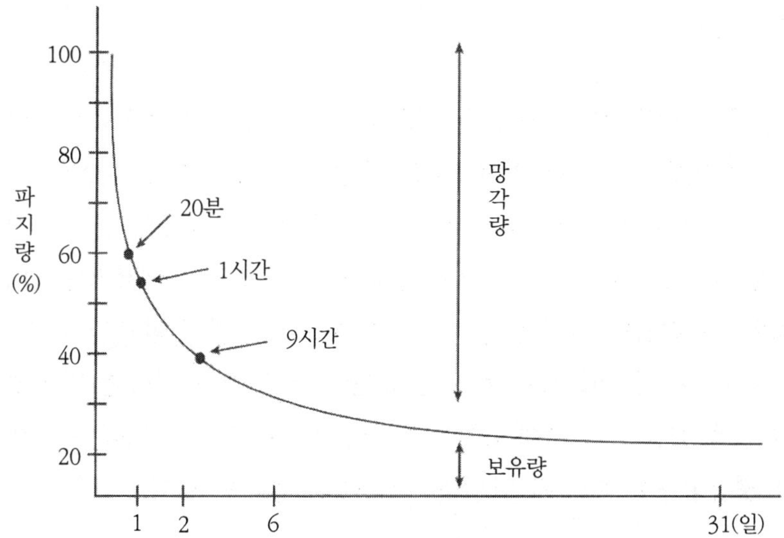

[그림 7-2] Ebbinghaus의 망각곡선

"망각은 왜 일어나는가?" 그 원인에 대한 관점으로는 다음과 같은 것들이 있다.

(1) 소멸설

불사용에 의한 기억흔적의 쇠퇴로 망각이 일어난다. 대뇌피질에 남겨진 기억의 흔적을 사용하지 않음으로 인하여 시간이 지남에 따라 지워지거나 사라진다고 보는 관점이다.

(2) 억압설

정신분석학에서는 억압의 결과로 망각이 이루어진다고 본다. 누구든지 불쾌하거나 고통스럽고 충격적인 경험들을 피하려 하는 경향이 있기 때문에 이러한 기억을 억압하고 망각한다고 보는 관점이다.

(3) 간섭설

간섭설은 어떤 정보를 회상하려 할 때 다른 정보의 유입으로 인하여 회상이 방해받기 때문에 망각이 일어난다는 관점이다. 이는 다시 역행제지(retroactive inhibition)와 선행제지(proactive inhibition)로 나누어 볼 수 있다. 역행제지는 후행학습의 파지가 선행학습의 파지를 방해하는 것이다. 순행제지는 선행학습의 파지가 후속학습의 파지를 방해하는 경우이다. 어떤 실험에 의하면, 학습 후 잠을 자게 한 경우와 잠을 자지 않았던 경우 망각의 정도를 비교해 보았을 때, 수면을 취한 쪽이 각성시보다 망각이 더 적은 것으로 나타났다. 이는 학습 후의 정신활동이 파지에 간섭을 한 것으로 볼 수 있다.

5) 망각을 방지하는 방법

망각을 방지하는 것은 학습에 있어서 절대적으로 중요하다. 망각을 방지하는 방법은 다양하나 몇 가지를 소개하면 다음과 같다.

① 학습내용을 의미 있게 논리적인 지식체계로 유도하여 학습하면 망각을 방지할 수 있다.
② 동기화된 학습 자료는 망각을 방지할 수 있다.
③ 학습정도가 완전할수록 망각률이 적다. 즉 처음 학습을 완전히 한 후에 다음 학습으로 넘어가야 한다.
④ 최초의 학습이 있은 직후 자주 복습하는 것이 파지에 도움을 준다.
⑤ 선행학습과 후행학습이 서로 간섭, 방해, 억제가 일어나는 역행제지나 순행제지가 일어나지 않도록 각별히 유의한다.
⑥ 파지 기간 동안 시간 간격을 넓혀 가며 재학습하는 것이 효과적이다. 즉 분산학습이 집중학습보다 더 효과적으로 파지를 돕는다,
⑦ 기억된 자료 간의 간섭이 파지를 저해하므로 불필요한 정보나 간섭은 피한다.
⑧ 학습내용의 암기나 기명을 반복적으로, 충분한 강도를 초과하여 학습하면 파지율을 높일 수 있다.

5. 학습유형

지능과 관련된 변인 이외에도 학습의 개인차를 설명하는 이론 중 하나가 인지양식(cognitive style)이다. 인지양식은 개인이 정보를 처리하고 문제를 해결할 때 개인이 선호하는 방식을 의미한다. 현재 가장 많이 알려진 인지양식 유형 분류방법으로는 장의존-장독립(field dependence-field independence), 충동성-사려성(impulsiveness-reflectiveness), 그리고 정신자치제 이론(theory of mental self-government)이 있다.

1) 장의존성 대 장독립성

장의존적 인지양식을 가진 사람들은 사물을 지각할 때 장(field)에 의해 영향을 받고 전체적인 특징을 지각하는 반응을 보인다. 장의존적인 사람들은 시각적 장(visual field)에서 하나의 패턴을 전체적인 것으로 지각하여서 상황 속에서 한 측면에 집중하거나, 세부적인 사항을 선택적으로 변별해 내거나, 혹은 문제를 해결할 때 자신이 사용하는 전략을 조절하는 것에 어려움을 느낀다. 반면에 장독립적 인지양식을 가진 사람들은 정보를 배경에 관계없이 독립적으로 분리하여 지각한다. 또한 장독립적인 사람들은 자신이 정보를 처리하는 과정에 대한 인식이 가능하며, 시각적 장에 대한 조직화가 가능하여 각각의 독립적인 부분을 하나의 패턴으로 통합하거나 그것의 구성요인을 분석해 낼 수 있다 (Witkin, 1973; Witkin, Dyk, Faterson, Goodenough, & Karp, 1962; Witkin, Oltman, Raskin, & Karp, 1971).

장의존적인 학생은 사회적인 측면에 더 잘 동조되며 장독립적인 학생과 비교하여 협동작업을 선호하는 경향이 있다. 예를 들어 장의존적인 학생들은 문학이나 역사과목과 같이 전체 의미나 형태 인식을 요구하는 과목을 선호한다. 교사들은 장의존적인 학생들에게 문제의 핵심 요소를 찾아보도록 요구하거나, 비구조화된 과제의 순서를 정해 보도록 요구할 필요가 있다. 반대로 장독립적인 학생들은 전체를 요소들, 혹은 부분으로 분리하는 것을 잘 할 수 있다. 장독립적인 학생들은 분석적인 능력을 요구하는 수학이나 과학 과목을 선호한다. 교사는 장독립적인 학생들의 행동이 전체 집단에 어떤 영향을 미치는지, 몇 가지의 사실들이 전체 패턴에 어떻게 조합되는지를 인식하도록 도와주어야 한다(Davis, 1991).

2) 사려성 대 충동성

사려 깊은(reflective) 사람은 의사결정을 하기 전에 대안적인 해결책을 생각하는 경향이 있다. 이에 반해 충동적인(impulsive) 사람은 충분한 생각 없이 대답을 하는 경향이 있다(Kagan, 1965, 1966).

개인의 충동성 수준은 학교에서의 성취에 영향을 준다(Spinella & Miley, 2003). 충동적인 학생은 읽기나 기억과제에서 더 많은 실수를 하고 추론문제나 시각적인 구별을 요하는 과제에서 오답을 하는 경우가 많다(Stahl, Erickson, & Rayman, 1986). 이러한 학생들의 충동성은 교육을 통해 수정이 가능하고 오히려 깊이 생각하는 사려성을 가르칠 수 있다.

3) 정신자치제 이론

최근 스턴버그 등(Sternberg, 1988; Sternberg & Grigorenko, 1997; Zhang, 2001)은 인지양식에 대한 기존의 이분법적 개념화를 뛰어넘은 다차원적인 사고양식을 제안하고 있다. 스턴버그(1988)는 지능과 성격 사이를 매개하는 사고 양식을 뜻하는 정신자치제 이론(theory of mental self-government)을 통해서 사람들이 각기 선호하는 방식의 인지양식이 존재한다고 주장한다.

이 이론에서 사람들은 국가나 도시처럼 자기 스스로를 지배하고 조직할 필요가 있다. 이 이론은 정부가 기능, 형식, 수준, 범위, 경향을 가지고 국가를 통치하듯이, 개인의 인지 양식도 기능, 형식, 수준, 범주, 경향성의 5가지 차원, 13가지의 유형으로 분류할 수 있다고 제안한다. 이 중에서 기능 차원의 세 가지 인지양식은 다음과 같다.

(1) 입법적(legislative)

자신의 방법대로 무엇을 만들고 제작하는 것을 즐기며, 문제해결을 위한 계획 세우기를 좋아하는 학생이다.

(2) 행정적(executive)

규칙이나 주어진 조건에 따라 계획을 실행하기를 좋아하는 학생이다.

(3) 사법적(judical)

규칙이나 절차, 결과를 평가하기 좋아하는 학생이다.

이 이론의 시사점은 교사의 평가방법과 교수 방법이 특정 학습 양식을 가진 학생들에게 특혜를 주는 경우가 있다는 것이다. 연구들은 교사가 자신과 유사한 인지양식을 가진 학생들을 더 긍정적으로 평가한다는 점을 지적한다. 이러한 연구결과들을 고려하여 교사는 다양한 인지양식을 사용하여 수업활동이나 수업방법을 계획하도록 해야 한다.

6. 다문화

1) 다문화가정의 이해

2007년 체류외국인 100만을 넘어서며 한국사회는 다인종, 다문화 사회로

급속히 진전하고 있다. '국제결혼가정,' '외국인근로자 가정,' '새터민 가정' 등 우리와 다른 민족·문화적 배경을 가진 사람들로 구성된 다문화가정이 증가하고 있으며, 이에 따라 다문화가정 학생 수도 2009년 26,000여 명에서 2010년 31,000명으로 증가하였다. 또한 다문화가정의 만 3~5세 유아 23,000여 명 중에 유치원 이용자는 대략 4천 2백 명으로 전체 대비 약 18.25%만이 유아교육의 수혜를 받고 있다. 또한 다문화가정의 중도입국자녀 약 9천여 명은 교육의 취약지대에 위치하고 있는 것으로 추정되고 있다(교육과학기술부, 2010).

다문화가정의 유형 중 국제결혼가정 자녀들의 경우 소득이 높은 경우에는 큰 문제가 없는 것으로 보이나, 도시·농어촌 거주 저소득층 국제결혼 가정 자녀의 교육은 어려움을 겪을 수 있다. 외국인근로자와 그 자녀의 경우에는 50% 이상이 불법체류자인 관계로 국내 학교에 재학하는 비율이 그리 높지 않다. 7세 이상 18세 이하 취학연령대에 속하는 자녀의 수는 172,876명으로 추정되는데, 실제 학교에 다니고 있는 학생은 1,754명에 불과한 것으로 나타났다(2005년 5월). 취학연령대에 속하는 전체 외국인 근로자 자녀 중 외국인 학교 재학생 7,800명을 제외하면 국내학교 유입 가능 인원은 약 9,500명이다. 그러나 실제로는 1,754명의 학생만이 국내학교에 다니고 있다는 조사결과는 약 8,000명가량의 학령기 외국인근로자 자녀들이 교육으로부터 방치되고 있다는 사실을 말해 준다(조영달, 2006).

새터민가정의 자녀란 북한에서 태어나 한국에 입국한 아동·청소년과 한국에서 출생한 새터민의 자녀를 모두 지칭한다. 1990년대 중반부터 국내 유입되는 새터민의 수가 증가하는 추세와 맞물려 학령기 청소년의 비중도 꾸준히 증가하고 있다. 그러나 이 중 69.8%만이 취학하고 있으며, 이마저도 중도탈락률도 높은 것으로 나타났다. 중도탈락률이 높은 이유는 대다수의 새터민 청소년들이 북한을 탈출한 후 중국 등 제 3국에서 오랜 시간 체류하여 교육을 받지 못했기 때문인 것으로 여겨진다. 때문에 북한에서의 학력을 그대로 인정받는다 하더라도 남한학교 학생들과 비교하여 자신의 제 3국 체류 기간만큼 연령 격차가 발생하게 된다. 또한 정상적으로 학교를 다녔다고 하더라도 남북의 언어나 학교체제 등의 차이로 수업을 따라가지 못해 학력 격차가 발생하게 된다.

다문화가정의 학생들은 학교생활에서 언어능력의 부족으로 학습부진의 정도가 심각하다. 이들은 특히 일상적인 의사소통에는 큰 문제가 없으나, 독해와 어휘력, 쓰기, 작문 능력 등 고등 언어사용 능력이 현저히 떨어지는 것으로 나타났다. 또한 서로 다른 국적을 가진 부모로 인해 정체성의 혼란을 경험하고 있으며, 본인의 의사와는 무관하게 결정된 환경적 요인에 의해 집단 따돌림을 받는 경우가 많아 자살 충동과 같은 정서적인 충격을 경험하는 것으로 나타났다(조영달, 2006).

2) 다문화교육의 이해

다문화교육(multi-cultural education)은 다양한 인종, 민족, 계층, 문화집단의 학생들에게 균등한 교육적 기회를 보장하는 것을 목표로 하는 교육이다. 다문화교육은 다원화된 민주사회에서 효율적으로 기능하고, 다양한 집단의 사람들과 상호작용하고, 협상하고, 의사소통을 하는 데 필요한 지식과 태도, 기능을 습득하여, 시민공동체를 건설하도록 돕는 것에 초점을 둔다(Banks, 2008).

다문화교육은 문화적으로 다양한 학습자들의 필요에 더 잘 부응하기 위한 하나의 개념이고 사고방식이며, 동시에 철학적 견해이자 가치정향이며 의사결정의 준거다. 그러므로 다문화교육이 성공을 이루려면 교육과정을 포함하는 훨씬 광범위한 영역의 변화와 재구조화가 필요하다. 여기에는 교육정책의 변화, 학교와 지역사회의 관계의 변화, 학교의 목표, 규범, 문화의 변화, 교사와 행정가의 태도, 인식, 행동의 변화, 교수자료의 변화, 교수-학습 스타일의 변화 등이 포함된다.

Banks(2008)는 다문화교육에는 내용통합(content integration), 지식구조과정(the knowledge construction process), 평등교수법(an equity pedagogy), 편견 감소(prejudice reduction), 학교 문화와 사회구조에 대한 권한 부여(an empowering school culture and social structure)의 다섯 가지 차원이 있다고 주장하였다. 이는 〈표 7-4〉에 제시하였다.

표 7-4 Banks의 다문화교육의 다양한 차원(Banks, 2008)

영역	내용
내용통합	교사들이 그들의 교과나 학문영역의 핵심개념, 원리, 일반화, 이론들을 설명하기 위해 다양한 문화나 집단들에서 유래한 사례나 내용들을 사용하는 정도를 말한다.
지식구조과정	학자들이 지식을 구성하는 과정을 묘사하며, 그 과정 속에서 암묵적인 문화적 전제, 참조틀, 관점, 그리고 학문 내의 편견이 지식을 구성하는 방식들에 어떻게 영향을 끼치는지와 관계되어 있다. 교사는 학생으로 하여금 지식이 어떻게 만들어지고, 그것이 개인과 집단의 인종 · 민족 · 성(gender) · 사회계층과 같은 지위에 의해서 어떠한 영향을 받는지 이해할 수 있도록 돕는 역할을 한다.
평등교수법	교사가 교수전략과 방법을 변화시킴으로써 다양한 인종적, 문화적, 사회계층적 배경을 가진 학생들의 학업성취를 촉진하는 것을 말한다. 이것은 다양한 문화적, 인종적, 언어적, 사회계층적 배경을 가진 학생들의 학습 스타일에 적합한 교수전략을 사용하는 것을 포함한다.
편견감소	학생들의 인종적 태도의 특징 및 그것이 교수법이나 교재에 의해 어떻게 변화될 수 있는가에 중점을 둔다.
학교문화와 사회구조에 대한 권한 부여	집단구분과 낙인의 관행, 스포츠 참여, 성취의 불균형, 인종과 민족 경계를 넘나드는 교직원과 학생의 상호작용 등은 학교문화를 구성하는 요소다. 다양한 민족, 인종, 문화출신 학생들의 역량을 강화하는 학교문화 창조를 위해서는 이러한 요소를 면밀히 검토해야 한다.

3) 다문화교육의 교실 적용

Banks(2007b)는 기존의 교실수업에서 다문화교육을 접목시킬 때 유의해야 할 14가지 교수지침을 다음과 같이 구체적으로 제시하고 있는데, 이는 한국의 다문화교실수업이 나아가야 할 방향을 가늠하는데 소중한 지침이 될 수 있다(조대훈, 2008).

① 교사는 자신이 다문화 내용을 다루는 교수과정에서 아주 중요한 변인임을 인식해야 한다. 만약 교사가 개인이나 집단에 관한 인종적-문화적 차별이 담긴 자료를 접하거나 또는 그러한 장면을 목격했을 때, 이를 인종 · 민족 · 문화 집단의 경험에 대하여 올바로 배우는 수업에 적극 활용할 수 있어야 한다.

② 사회적 소수자나 특정 민족 집단에 관한 주제를 효과적으로 가르치기 위해서는 먼저 그에 관한 적절한 지식이 교사에게 요청된다. 관련 민족 집단의 역사나 문화를 개괄적으로 소개한 주요 텍스트를 적어도 하나 정도 미리 읽을 필요가 있다.

③ 교사 자신이 특정 집단에 대해 가지는 인종적-문화적 편견, 행동이나 말에 관하여 반성적인 태도를 견지해야 한다. 예를 들어 피부가 더 까맣거나 이국적인 얼굴을 가진 학급의 학생에게 '인도인', '베트남 아가씨', '양키' 등의 별명을 부르는 행위에 대해 심사숙고해 보아야 한다.

④ 교실수업에서는 항상 다양한 인종 · 문화 집단이 가지는 긍정적 · 복합적 이미지를 전달할 수 있도록 노력한다. 이를 위해 게시판, 포스터, 문화달력 등의 학급전시활동을 활용할 수 있다.

⑤ 학생들은 비교적 어린 나이 때부터 인종적 차이를 인식하고 사회에서 어른들이 내리는 특정 인종 · 민족 집단에 대한 평가를 그대로 내면화하는 경향이 있으므로, 교사는 교실 안의 학생들이 가지고 있는 인종 · 민족적 태도를 항상 예의 주시해야 한다.

⑥ 간혹 많이 사용되고 있는 교재라도 아주 미묘한 수준에서 인종·문화적 편견이 자리하고 있을 수 있으므로, 교사는 보다 신중하게 다문화 관련 수업자료를 선택해야 한다. 특정 집단에 대한 고정관념이 생성되거나, 단일 민족주의적 또는 서구 유럽 중심적 관점에서 일방적으로 그 집단의 모습이 기술될 때 교사는 이를 지적하고 함께 이야기를 나눌 필요가 있다.

⑦ 다문화 관련 내용에 대한 다양한 이미지나 이야기를 담고 있는 책, 영화, 비디오, CD자료 등의 보조 자료들을 활용하여 학생들이 특정 인종·민족 집단의 경험을 풍부하게 이해하는데 도움을 주도록 한다.

⑧ 교사 자신이 문화적·민족적 전통에 대해 이해하고, 이를 학생들과 공유하도록 한다. 이러한 교사의 태도는 서로 대화하고 공유하는 분위기를 형성해 주고, 학생들이 자신의 민족적·문화적 전통에 관심을 가지도록 유도한다.

⑨ 인종·민족 문제를 다루는 수업자료가 지나치게 논쟁적이거나 과격한 내용을 담고 있지는 않은지 주의를 기울이면서 보조자료 선택에 신중할 필요가 있다.

⑩ 특정 인종-민족의 문화에 관한 개념, 내용 및 활동을 선정할 때 교사는 학생들의 발달단계를 적절히 고려해야 한다. 저학년일수록 학생들의 학습 개념 및 활동은 보다 구체적이고 직접적이어야 한다. 저학년의 경우에는 예를 들어, '인종차별주의', '억압' 등과 같은 고도로 추상적인 개념보다, '비슷한 점', '차이점', '편견', '차별' 등의 개념을 소설과 동화, 또는 인물의 전기에 접목시켜 학습하는 것이 더 적절하다.

⑪ 교육 소외를 경험하는 다문화가정의 자녀들에 대해 교사는 높은 학업성취 기대를 가지고 격려해야 한다. 학생들은 자신이 학교에서 성공할 수 있다고 믿고 도와주는 교사를 항상 원하며, 교사는 이러한 학생들의 기대에 부응해야 한다.

⑫ 다문화가정의 부모는(비록 자신은 과거에 교육적 소외를 경험 했을지라도) 자녀의 교육에 많은 관심을 가지고 있고 자녀가 학교 공부를 잘하기를 원하고 있다는 점을 교사는 명심 할 필요가 있다. 교사는 학부모에 대한 지원을 아끼지 말아야 하며 학생의 성취를 이끌어내는 협력적 동반자로 인식해야 한다.

⑬ 교사는 교실수업에서 인종적 · 민족적 통합을 촉진하는데 도움을 주는 협동학습 기법을 활용할 수 있다. 많은 연구결과들은 학생들이 인종적 · 문화적으로 통합된 학습 집단을 구성하여 교실수업에 임할 때, 서로 다른 인종과 문화를 가진 학생들과 긍정적인 관계를 형성해 나간다는 점을 지적하고 있다.

⑭ 교실 밖 학교에서 이루어지는 다양한 학생 활동(예: 운동회, 선발대회, 문화제, 출판부 활동, 각종 공식 · 비공식적 학생 활동들)은 기본적으로 인종적 · 민족적으로 통합될 수 있도록 배려하고, 각각의 활동에서 모든 학생들이 주도적인 리더 역할을 담당할 수 있는 기회를 공평하게 제공하도록 노력해야 한다(조용달 외, 2008).

다문화교육의 성공은 교사에게 달려 있다고 해도 과언이 아니다. 학교 안에서 교사들 스스로 인종적 · 문화적 고정관념과 편견을 교육의 과정에서 제거하고 다문화 사회 속에서 조화롭게 살아가는 모습을 보여줄 때, 다문화교육을 지향하는 교실수업은 성공적으로 이루어질 수 있다.

〈연구 문제〉

1. 우리 주변에서 이루어지는 성차에 따른 바람직한 교육의 예를 들어 보시오.
2. 자신의 학습유형을 생각해 보고 그 이유를 설명하시오.
3. 학생의 내재적 동기(intrinsic motivation)를 높이기 위한 방법에 대해 논하시오.
4. 망각을 방지하는 방법을 설명하시오.
5. 다문화교육의 수업모형을 적용한 실제교육의 예를 제시해 보시오.

제8장

수업

1. 수업의 개념
2. 수업이론의 유형
3. 수업방법

교육의 목표와 내용을 결정하는 교육과정 구성이 이루어지면 교육과정 구성에 따라 실제 지도하는 과정으로 나아간다. 이러한 과정을 교수-학습과정이라 하며, 교육방법은 설정된 교육목표를 성공적으로 달성하기 위하여 선정된 교육내용을 학습자에게 효과적이고 효율적으로 전달하기 위한 체계화된 접근 방식이다. 현대사회에서 교육의 과학화 현상에 따라 교육의 대상인 인간행동의 계획적인 변화를 위해 체계적인 지식과 기술을 교육의 개선에 활용하는 학문으로서 교육공학 등이 이에 속한다. 본 장에서는 교수-학습의 개념, 정의, 현대적 교육방법의 원리, 교수-학습이론과 모형, 교육방법의 형태와 교육공학의 형태에 대하여 살펴보겠다.

1. 수업의 개념

수업(instruction)과 유사한 개념으로 교수(teaching)와 학습지도(guidance of learning process)가 있다. 누구를 무게중심에 놓느냐에 따라 교수와 수업은 교사를, 학습지도는 학습자를, 교수-학습과정은 교사와 학생의 상호작용을 강조하고 있다. 교사가 중심이 되어 지식 위주의 주입식 강의가 실시되던 전통적인 사회에서는 교수라는 말이 많이 쓰였다. 그러나 진보주의 교육이론이 대두되자 학습자의 능동적인 학습활동과 학습자들의 개인차를 강조하는 보다 새로운 교육방법이 강조되면서 학습지도란 개념을 많이 사용하게 되었다. 1960년대 이후 효과적이고 과학적인 교육방법을 모색하려는 교육공학의 발달과 함께 여러 가지 교수이론이 많이 대두되면서 현대적 교수의 개념을 나타내는 말로 교수-학습과정, 또는 수업이라는 말을 많이 사용하고 있다.

실제적으로 교수와 수업의 사전적 정의를 살펴보면 "학문이나 기술을 가르치는 행위"를 나타내는 말로서 그 의미가 다르지 않다. 그러나 구분하면 teaching은 '살아있는 사람,' 즉 교사(teacher)에 의해 전달되는 학습경험으로, instruction은 사람을 포함한 모든 형태의 매체에 의하여 전달되는 학습경험으로 볼 수 있다(Gagné, Briggs & Wager, 1992). 또한 teaching이 교사가 의도한 것은 물론이고 잠재적이고 우연적인 학습 경험까지 포함한다면, instruction은 학습자가 계획된 학습목표를 달성할 수 있도록 체계적이고 계획적으로 정보와 환경을 제공하는 것으로 구분할 수 있다(Gagné, 1985).

아울러 학습지도(learning guidance)라는 용어는 교사 중심의 전통적인 교육방식에서 벗어나 학습자를 돕고 안내한다는 의미의 교육방법을 의미하는 것으로, 지금의 instruction과 의미가 상통한다(장대운, 1995). 또 교수학습이라는 것은 가르치는 입장인 교수 내지는 수업과, 배우는 입장인 학습의 개념을 합친 것이다(이화여자대학교 교육공학과, 2001).

2. 수업이론의 유형

교수이론이란 학습자에게 수업을 효과적으로 실시하기 위한 전략을 제공하는 일련의 모형을 포함하고 있는 지식체계를 일컫는다. 수업에 있어서 보다 효과적이고, 효율적이고, 도덕적 일관성을 지녀야 하지만, 매력적인 교육방법을 밝혀 적용하고자 하는 것이 주요 관심분야다.

1) Skinner의 강화이론

스키너는 행동주의 심리학자로서 동물학습 연구를 통해서 작용적 조건형성에 기초한 강화이론을 제시하였다. 주요 변인은 자극(stimulus), 반응(response), 강화(reinforcement)라고 할 수 있다. 스키너는 실험상자 안에 흰 쥐를 넣고 이 쥐가 지렛대를 누를 경우에만 보상(먹이)을 주어서 흰 쥐가 지렛대를 누르는 행동을 계속하도록 조건화시켰다.

반응 · · · · · · · · · · · · · 보상 · · · · · · · · · · · · · 반응(재현)		
R_1	S	R_2
지렛대 누르기 (아무런 자극 없이 한 반응)	먹이	지렛대 누르기

교육하는 일은 바로 강화를 통해 학생의 행동을 변화시키는 일이기 때문에 강화의 종류와 성질, 효과, 역할을 제대로 이해한다면 칭찬, 상, 격려, 사랑, 인정과 같은 긍정적인 강화를 통해 행동의 변화를 유도할 수 있다는 의미 있는 교육적 시사점을 주었다.

2) Bruner의 발견학습이론

부르너(1960)는 인지이론에 영향을 받은 심리학자로서, 그의 교수이론의 핵심은 교과를 어떤 정직한 형태, 즉 지식의 근본적인 구조로 표현한다면 어떤 발달단계에 있는 어린이에게 어떠한 지식도 가르칠 수 있다는 주장이다. 다시 말해 학습자의 가장 효율적인 학습을 위해서 한 영역의 지식체계를 조직하고 구조화하는 지식의 구조를 밝히면 교과 속의 문제들을 독자적으로 탐구하고 해결할 수 있게 된다는 것이다. 그러므로 지식의 구조는 수업에 있어서 매우 중요한 역할을 하고 있으며, 여기서 지식의 구조란 학문의 기저를 이루는 일반적인 아이디어, 즉 개념과 원리를 의미한다.

발견학습을 주창한 부르너는 발견이란 자기 자신의 지력을 사용하여 스스로 지식을 획득하는 모든 형태를 지칭한다고 말한다. 또한 발견의 과정은 지적 발달에 크게 공헌하고 발견적 교수법은 문제 해결과정을 통해서만 학습될 수 있다고 보았다. 그리고 발견학습 가운데 스스로 발견하는 연습을 통해서 학습동기를 자극시켜 발견의 기쁨을 경험하고, 지적 희열을 통하여 자아보상을 촉진할 수 있다고 보았다.

3) Ausubel의 유의미 학습이론

오수벨은 학습이란 거의 기억작용에 의해 이루어진다고 보았으며, 학습자의 기존 인지구조는 유의미한 새로운 자료의 학습과 파지에 영향을 미치는 주요 요인이라고 하였다. 인지구조는 하나의 위계를 형성하고 있는데 그 특성은 첫째, 과거의 동화과정이나 경험의 산물로서 인지구조가 형성된다. 둘째, 기존의 인지구조는 새로운 학습과 파지에 결정적인 영향을 주며, 이러한 새로운 학습의 결과는 인지구조를 변화시킨다. 셋째, 가장 일반적이고 포괄적이며 추상적인 개념이 최정점에 위치하고 아래로 내려갈수록 일반성, 포괄성, 추상성의 수준이 낮아지는 개개 사건들이 최하부에 위치하는 위계적 관계를 갖는다.

유의미 학습이란, 새로운 학습과제가 학습자의 기존 인지구조와 상호작용을 하여 인지구조 안으로 포섭(subsumption)되는 것을 말한다. 오수벨의 포섭의 원리는 학습자가 어떻게 자신의 기존 지식을 확장하고 재조직하는가에 대한 이론적 원리다. 학습되어야 할 과제가 학습자의 인지구조에 있는 관련 정착지식에 잘 포섭될 수 있도록 수업의 도입단계에서 학습과제 제시에 앞서서 제공되는 교사의 언어적 설명 자료가 실마리(cue) 역할을 하는데, 이것을 선행 조직자(advanced organizer)라고 한다. 가장 효과적인 선행 조직자의 제시는 적절한 실례나 비유를 학습자가 이미 알고 있는 개념, 용어, 명제와 연관시켜 사용하는 것이다.

4) Glaser의 교수과정모형

수업의 흐름은 대체로 교수설계모형이라는 형태로 많은 사람들에 의하여 논의되어 왔다. 지금까지 가장 널리 알려진 대표적인 교수설계모형 중의 하나가 글레이저의 모형이다.

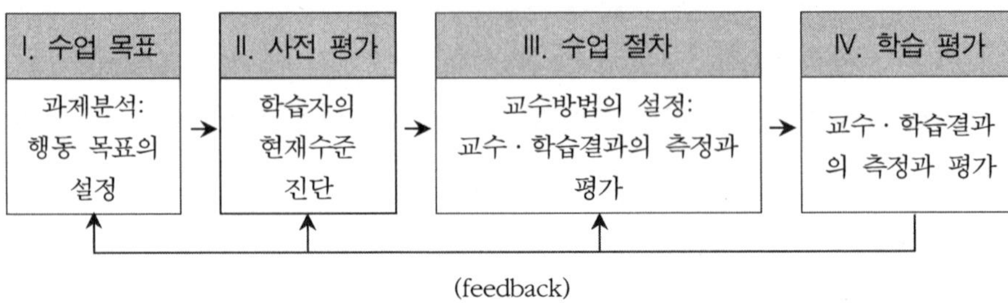

[그림 8-1] 글레이저의 교수설계모형

글레이저의 교수모형은 교육공학적 관점에서 수업설계를 위한 기초를 제공하기 위해 제시되었다. 여기서 보면 수업은 크게 4단계로 설계된다.

첫째는 무엇을 가르치고 배울 것인가, 즉 수업목표를 분석하여 설정하는 단계이다.

둘째는 그러한 수업목표와 관련하여 학습자의 현재수준, 즉 출발점 행동을 진단하고 확인하는 단계이다.

셋째는 실제로 학습자의 행동을 변화시키기 위하여 가장 적합한 교수방법 및 절차를 선정하여 활동으로 전개하는 단계이다.

넷째는 교수-학습의 성과를 측정하고, 평가하여, 수업목표의 달성도를 따져보는 단계이다. 이때의 평가는 총괄평가로서 그 평가의 결과는 피드백이 되어 이전 각 단계의 적절성 여부에 대한 정보를 제공한다.

5) Carroll의 학교학습모형

학교학습의 여러 가지 유형 가운데 특히 지적 학습에 작용하는 중요한 변인들을 추출하고 그들 간의 상호 관계를 기초로 하여 학교학습의 방안을 체계화한 것이 캐롤의 학교학습모형이다. 한 학습자가 달성한 학습의 정도는 그 학습자가 자기에게 주어진 과제를 학습하는 데 필요로 하는 시간에 비하여 그 과제를 학습하기 위하여 실제로 사용한 시간이 얼마인지의 비율에 의하여 결정된다는 것이다. 캐롤의 명제는 다음과 같은 방정식으로 나타낼 수 있다.

$$\text{학습의 정도 } f = \frac{\text{학습에 사용한 시간}}{\text{학습에 필요한 시간}}$$

학습에 필요한 시간과 학습에 사용한 시간을 결정하는 변인을 크게 개인차 변인과 수업 변인으로 구별한다. 개인차 변인에는 적성, 수업 이해력과 학습지속력(지구력)이 해당되며, 수업변인에는 수업의 질과 학습 기회가 포함된다. '학습에 필요한 시간'에는 적성, 수업 이해력, 수업의 질이라는 세 변인이 포함되고, '학습에 사용한 시간'에는 학습지속력(지구력)과 학습기회라는 두 변인이 포함된다.

① 적성(aptitude)은 최적의 학습조건 하에서 주어진 학습과제를 성취해내는 데 필요한 시간을 의미한다. 학습자가 일정한 성취 수준에 도달하는 데 소요하는 시간이 적성이 높으면 적게 소요되고 적성이 낮으면 학습에 소요되는 시간도 길어진다. 학습과제의 종류와 성질, 학습자의 특정 과제에 대한 선행학습의 정도가 결정요인으로 작용한다.

② 수업이해력(ability to understand instruction)은 교사가 제시하는 수업내용

또는 설명을 이해하는 학습자의 능력이다. 주로 일반 지능과 언어능력이 주로 관여한다. 수업이해력을 적성과 별도의 변인으로 제시하고 있는 것은 이것이 수업방법과 밀접한 관련이 있기 때문이다.

③ 수업의 질(quality of instruction)은 학습의 정도가 극대화될 수 있도록 학습과제가 학습자에게 효과적으로 제시되고, 설명되고, 구성되는 정도를 의미한다. 수업장면에 있어서 교사의 주된 임무는 학습과제를 효과적으로 조직하여 이를 학생들에게 제시함으로써 학생들이 학습과제를 빨리, 그리고 능률적으로 학습할 수 있도록 하는 것이다.

④ 학습기회(opportunity)는 특정 과제를 학습할 때 학습자에게 실제로 주어지는 시간을 말한다. 학습기회를 충분히 제공하는 것이 교육적으로 이상적이지만 대부분의 학교교육에서 학습 양이 많은 데 비해 수업시간은 일정하게 정해져 있기 때문에 학습기회는 개인차에 맞추어 각기 달리 제공되어야 한다.

⑤ 학습지속력(지구력, perseverance)은 학습자가 어떤 과제의 학습을 위해 사용하고자 하는 시간을 말한다. 지구력은 학습자가 스스로 인내력을 발휘하여 보다 많은 시간을 학습에 할당하려고 하는 의욕과 태도를 의미하며, 학습자의 성격 특성에서 파생된 학습동기와 유사한 개념이다.

6) Bloom의 완전학습이론

블룸은 캐롤의 학교학습모형에 바탕을 두고 완전학습을 위한 교수전략을 고안하였다. 완전학습이란 학급 내의 95% 이상의 학생들이 주어진 학습과제를 약 90% 이상 완전히 습득해내는 학습이라고 정의된다(김호권, 1970). 블룸의 완전학습전략은 크게 선수학습의 진단, 수업목표의 명세화, 다양한 수업방법 및 자료의 활용, 형성평가와 그 후속조처 등의 네 요인을 핵심으로 구성되었다. 즉, 선수학습을 진단해 학습과 개개인의 학습 준비도를 파악한 다음, 명세화된 수업목표를 주지시키고, 이를 성취할 수 있는 다양한 수업방법과 학습자료를 사용해 수업하고, 그 효과를 평가한 후 새로운 방법이나 자료에 의한 재수업을 실시함으로써 학생의 90% 이상이 수업목표에 도달할 수 있도록 한다는 것이다. 블룸의 완전학습 전략은 앞서 제시된 요인들을 중심으로 한 수업계획, 수업의 시행, 수업결과의 평가라는 비교적 단순한 공식을 반복적으로 적용하는 수업방식이라 할 수 있다. 지식이나 필수적인 지적 기능의 습득을 도모하는 것을 수업목표로 설정하였을 경우 완전학습 전략을 사용하는 것이 효과적이다.

3. 수업방법

교육방법이란 설정된 교육목표를 성공적으로 달성하기 위하여 선정된 교육내용을 학습자에게 주어진 상황에 따라 가장 효과적이고 효율적이며 재미있는 방법으로 전달하기 위한 수단이다. 즉 교사가 학습자에게 학습과제를 가르치는 방법이라 말할 수 있다.

1) 강의법(Lecture)

강의법은 교육방법 중 가장 보편적이고 가장 오래된 방법으로 교사가 학습자에게 학습내용을 언어를 통한 설명에 의해 전달하는 형태를 의미한다. 교사는 강의할 때 강의내용을 서술(narration), 기술(description), 설화(telling) 등의 방법을 통하여 정보를 제시한다. 강의법의 장점은 짧은 시간에 많은 학습자들에게 학습내용을 체계적으로 전달할 수 있으므로 경제적 효율성이 높다는 점이다. 짧은 시간 내에 정보를 체계적으로 전달하고 개념을 명확히 설명할 수 있으므로 새로운 단원을 도입할 때 사용하면 효과적이다.

반면에 교사의 일방적인 강의를 통해 학습자의 개성이나 능력, 학습동기 등을 고려하지 못하여 능동적인 학습활동의 기회를 빼앗고 수동적으로 받아들이도록 함으로써 창의성 발달을 저해할 수 있다. 수업의 질과 성패여부는 교사의 지적인 능력과 강의 수행능력에 의존하게 되므로 학습자의 능력보다 교사의 강의능력이 절대적으로 영향을 주게 된다는 단점이 있다. 이를 보완하기 위해서는 구체적인 실례나 도표, 또는 시청각 보조자료 등의 학습 자료를 사용하는 것이 효과적이며, 학습자들에게 질문의 기회를 주고 강의내용을 요약 · 정리하여 강조하는 것이 필요하다.

2) 질문법(Questioning)

질문법은 교사와 학습자 사이의 상호작용을 전제로 교사의 질문에 학습자가 답변하고 학습자의 질문에 교사가 답변하는 과정을 통해 수업이 이루어지는 것을 지칭한다. 개념이나 원리에 대한 비교, 가치판단, 비판, 설명, 선택 등에 대한 논술을 요구할 때 사용할 수 있으며, 학습자의 탐구능력과 추상적 사고 작용, 비판적인 태도를 기르는 데 유용한 방법이다.

장점으로는 학습에 대한 동기를 유발시켜 활기차고 적극적인 학습활동을 가능하게 하며 학습자 스스로가 생각하고 문제에 대한 해결책을 생각할 수 있는 기회를 제공한다는 것이다. 그러나 대집단일 경우 질문법을 사용하는 데 한계가 있으며, 질의와 응답의 과정에서 학습자가 충분히 사고할 수 있는 시간적 여유를 가질 수 있는 학습상황인지에 의해 영향을 받는다. 연속적인 질문을 통해서 학습자가 체계적으로 사고할 수 있도록 유도해야 한다. 학생들이 질문에 응답했을 경우 답에 대한 인정이나 칭찬 등으로 피드백을 주어야 하며, 전체 학생들에게 질문에 대한 답을 요약 · 정리하여 학습자들의 이해를 도와주는 것이 효과적이다.

3) 토의법(Discussion)

토의법은 교사와 학습자간, 그리고 학습자 상호간의 의견 교환을 통해서 주어진 학습과제를 해결해 나가는 방법이다. 토의법은 첫째, 인지적인 측면에서 학습자들에게 타인으로부터 새로운 정보를 획득하고 배우는 기회를 제공하며, 둘째, 심리적으로 집단 속에서의 수용감, 소속감, 유대의식 등을 느낄 수 있게 하며, 셋째, 사회적인 기능과 태도를 배양시켜 적극적인 구성원 의식과 집단에 대한 긍정적인 태도를 형성한다는 데 그 가치가 있다.

그러나 잘못 사용하면 비생산적인 논쟁으로 시간만 낭비할 수 있기 때문에, 먼저 토의식 수업의 목적을 분명하게 세우고 토의주제와 방식을 선택 · 결정하여 계획적으로 준비한 뒤 사용하여야 한다. 토의법의 유형에는 원탁 토의, 배심 토의(Panel Discussion), 심포지엄, 공개 토의(Forum), 대화식 토의, 세미나 등이 있다.

4) 시범(Demonstration)

시범은 새로운 기능을 학습하기 위한 방법으로 교사가 바람직한 행동양식을 보여주는 동안 학습자는 관찰과 모방을 통해 혼자서 할 수 없었던 기능을 할 수 있도록 시도하는 방법이다. 즉시 그 효율성을 시험해 볼 기회를 갖게 할 수 있다. 학습자에게 말이나 글로 묘사하는 것보다 학습과정을 더욱 분명하게 하여 학습과정에 대한 관심을 불러일으키고자 할 때 많이 사용된다. 그러나 시범활동을 위한 장비와 시설에 대한 제한을 받을 수 있으며 추상적인 것을 가르치기 어려우며 실제 가능한 것만을 가르칠 수밖에 없다. 교사는 시범을 보이면서 학습자의 반응이나 문제점, 고찰점 등을 관찰하며 사용할 기구나 자료가 잘 작동되는지 사전에 점검해야 한다.

5) 프로그램 학습(Programmed Instruction)

프로그램 학습은 1950년 중반에 Skinner의 강화이론을 바탕으로 학습자의 개인차를 고려하여 설계된 교수기계다. 학습부진아, 또는 우수한 학생의 특별지도가 필요한 경우와 학습자들의 흥미, 동기유발을 해야 할 경우에 효과적으로 사용할 수 있는 학습방법이다.

장점은 학습자가 학습에 대한 흥미와 자신감을 갖고 적극적으로 학습에 참여할 수 있으며, 개인 능력에 따라 학습할 수 있기 때문에 단시간에 성과를 올릴 수 있다는 점이다. 그러나 프로그램의 작성에 많은 비용과 노력이 수반되며 충분히 이해되지 않은 상황에서 다음 단계로 넘어갈 수 있다는 것이 단점으로 작용한다. 프로그램 자체가 교수를 대신할 수 있다는 사고는 지양되어야하며, 교사는 학습의 안내자로서 학습자들을 도와주고 적절한 시기에 피드백을 주는 역할을 수행해야 할 것이다.

6) 구안법(Project Method)

구안법은 학습자에게 동기를 부여하는 목적적인 활동을 통해 학습자 스스로 학습경험을 진행하는 과정에서 학습이 이루어지도록 하는 방법이다. 즉 학습자 스스로 계획을 세워 수행하는 학습방법으로 자주성과 자발성을 발전시킬 수 있으며, 창의성을 발달시킬 수 있는 장점이 있다. 그러나 학습부진아의 경우 시간을 낭비할 우려가 크며, 대집단을 대상으로 구안법을 실시할 경우 개인의 능력에 따라 참여하지 못하는 학습자가 생길 수도 있다. 때문에 교사가 학습자의 활동에 대해 일방적으로 평가하는 것을 피하고, 조언과 피드백을 통해 학습자 스스로 자신의 활동을 평가하도록 지도하는 것이 중요하다.

〈연구 문제〉

1. 자신이 학창시절에 경험했던 수업 중 가장 좋아했던 수업을 수업이론에 근거하여 설명하시오.
2. 자신이 가르칠 과목을 정하고, 다양한 수업방법을 선택하여 수업진행 과정을 설명하시오.
3. 발견학습(discovery learning)과 완전학습(mastery learning)의 의미를 비교 설명하시오.
4. 유의미학습(meaningful reception learning)을 설명하고 구체적인 예를 들어 보시오.

제9장

교사에 대한 이해

1. 효과적인 교사의 특성
2. 교사 효과성
3. 효과적인 교수기술

1. 효과적인 교사의 특성

교육의 질은 교사의 역량에 좌우된다고 해도 과언이 아니다. 결과적으로 교육에 있어서 교사의 역할은 학생의 학업성취에 절대적인 영향을 미친다. 효과적인 교사란 의도하는 학습 성과, 즉 의도한 목적을 성취했는지 여부와 관련 있다. 이처럼 교육의 질을 결정짓는 효과적인 교사의 특성을 가시화하기 위해 Ryans는 '교사 특성척도(Teacher Characteristics Rating Scale)'를 구성하고 교사의 효율성과 교사의 인성 특성을 분석하였다.

Ryans는 효율적인 교사의 25가지 대표적인 행동특성과 그에 견주어 본 비효율적인 교사의 25가지 대표적인 특성을 제시하였다(표 9-1). 효율적인 교사는 정열적으로 가르치며, 학생에게 관심이 많고, 낙천적이며, 공정하고 객관적이다. 이에 반해 비효율적인 교사는 학생에게 관심이 없고, 쉽게 화내며, 학생을 이해하지 못한다. 이러한 교사의 자질은 가르치는 학생의 나이가 어릴수록 더욱 중요하게 다뤄져야 한다. 그 이유는 일반적인 수준의 아동들의 경우 학년이 높아질수록 자신의 학업이나 일에 스스로 책임감을 가지고 더 잘 적응하게 되어 교사의 영향을 점차 덜 받기 때문이다.

표 9-1 교사의 행동 특성(Ryans, 1960)

효율적인 행동	비효율적인 행동
1. 정열적으로 가르친다.	1. 냉담하고 싫증난 듯이 가르친다.
2. 학생에게 관심이 많다.	2. 학생에게 관심이 없다.
3. 언제나 즐겁고 낙천적이다.	3. 침울해 보이고 염세적이다.

효율적인 행동	비효율적인 행동
4. 교실에서 쉽게 화내지 않는다.	4. 교실에서 쉽게 화낸다.
5. 학생과 함께 놀이하는 것을 즐기고 유머를 발휘한다.	5. 지나치게 심각하고 진지하다.
6. 자신의 잘못을 학생 앞에서 인정한다.	6. 자신의 잘못을 알지 못하거나 인정하지 않는다.
7. 학생에게 공정하고 객관적이다.	7. 학생에게 불공정하고 학생을 편애한다.
8. 인내심이 많다.	8. 인내심이 약하다.
9. 학생을 이해하려고 노력한다.	9. 학생을 이해하지 못하고 때때로 조롱한다.
10. 학생을 다정하고 따뜻하게 대한다.	10. 학생과 거리를 두고 대한다.
11. 교육적인 문제뿐만 아니라, 학생 개개인의 신상문제도 도와준다.	11. 학생 개개인의 신상문제에는 관심이 없다.
12. 야단을 쳐도 조용히 위엄 있게 긍정적으로 친다.	12. 야단을 칠 때 잔소리가 많고 학생을 조롱한다.
13. 기꺼이 도와준다.	13. 도와주는 데 인색하다.
14. 잠재적 어려움을 예측하고 사전에 막으려 한다.	14. 잠재적 어려움을 내다볼 줄 모른다.

또한 효과적인 교사변인에서 중요한 심리학적 개념 중의 하나가 피그말리온 효과(Pygmalion effect)이다. 피그말리온 효과와 유사한 개념으로 Placebo 효과(위약 효과), Halo효과(후광 효과), 자기충족적 예언(자성예언 효과) 등이 있다.

'피그말리온 효과(Pygmalion effect)'는 그리스 신화에 나오는 전설에서 유래한 용어로, 일상생활에서 타인의 행위에 대한 예상이나 기대가 바로 그 행위에 영향을 끼친다는 뜻을 갖는다. 즉, 본래 자신의 모습보다 남이 기대하는 모습대로 행동하게 된다는 것을 의미한다. 이것은 무슨 일이든지 기대한 만큼 이루어진다는 자기충족적 예언(Self-fulfilling Prophecy)과 일맥상통한다는 점에서 교사가 기대한대로 학생은 능률은 보인다는 것을 알 수 있다. 이러한 사실을 뒷받침하는 예로써 유아원 어린이 가운데에서도 따뜻한 보살핌을 받은 어린이는 비교적 무관심한 대접을 받은 어린이보다 IQ가 거의 10점 정도 높았고, 이와 같은 예는 미로 찾기, 스키너 상자 등을 이용한 동물 실험을 통해 얻어낸 결과에서도 동일하게 확인할 수 있었다. 수행 능력이 높으리라 여긴 동물은 실제로 높은 수행 능력을 보여주지만, 반대로 낮은 능력을 보여주리라 예측한 동물은 실제로도 낮은 수행 능력을 보인다는 것이다.

다음에 소개되는 〈피그말리온 효과의 유래〉를 통해 타인에 대한 '기대'가 그 사람을 어떻게 변화시키는지와 관련하여 놀라운 사실들을 확인할 수 있다.

〈피그말리온 효과의 유래〉

피그말리온은 지중해 키프로스 섬의 왕이자 뛰어난 조각가였다. 피그말리온은 자신의 눈에 비친 현실의 여자들이 모두 결점 투성이라고 생각하여 평생을 독신으로 살기로 작정하였다. 어느 날 그는 상아로 여성의 입상을 조각하였는데, 완성된 자신의 작품이 너무나 정교하고 아름다워 넋을 놓고 바라보다가 이 여인을 깊이 사랑하게 되었다. 그래서 고운 옷을 입히고 조개껍질과 구슬장식을 달아주며 마치 살아있는 사람을 다루듯 소중하게 보살폈다. 아프로디테의 축제가 열리자 피그말리온은 제단 앞에서 신에게 기도를 올리면서 "바로 제 상아 여인과 같은 아내를 달라"고 빌었고, 기도를 마치고 집에 돌아온 피그말리온이 여인상의 손등에 입을 맞추자 놀라운 일이 일어났다. 손에서 온기가 느껴지기 시작하는 것이다. 놀란 피그말리온이 그녀의 몸을 어루만지자 조각상에서 점점 따스한 체온이 느껴지며 사람으로 변해가기 시작했다. 피그말리온의 순수한 사랑을 받아들인 신이 그 조각을 아름다운 여인으로 만들어 주었던 것이다.

Rosenthal과 Jacobson은 "공부를 잘하는 사람"이라고 표지를 달아 놓은 학생의 지능이 같은 교실 내의 다른 학생보다 향상된 것을 발견하였다. 로젠탈과 제이콥슨은 1968년 샌프란시스코의 하류층이 압도적으로 많이 거주하는 지역의 공립 초등학교인 오크 초등학교에서 피그말리온 효과를 증명하는 실험을 하였다. 어린이 가운데 무작위로 20%를 선정하여 지적으로 괄목할 만한 성장을 할 학생들이라고 해당 담임교사에게 통보해 주었는데, 8개월 후 담임교사에게 통보된 어린이들이 선정되지 않은 다른 어린이들보다 IQ 수치가 더 높아진 것으로 집계되었다. 통보받은 어린이들에 대한 교사의 기대에 변화가 생기자, 무작위로 선정된 어린이들의 지적 수행 능력에 실제로 변화가 일어났던 것이다. 이는 교사가 학생에 대해 지적으로 크게 성장할 것이라고 기대하는 경우, 학생은 그에 상응하는 성장을 하게 된다는 주장을 뒷받침하는 증거가 된다.

한 걸음 더 나아가 이러한 실험 내용을 선정된 열두 명의 어린이들을 대상으로 연령, 능력, 성별, 소수민족 등의 주요변수로 구분하여 분석하는 연구가 진행되었다. 아울러 지적 능력의 만개과정에 대해서 기대효과의 시작, 학년에 따른 기대효과, 우열반과 성별에 따른 기대효과, 소수민족인지 여부에 따른 기대효과 순으로 결과를 확인하였다. 이후 레인 콘, 더글라스 크라운, 칼 에드워즈는 오크 초등학교와는 달리 중산층이나 중상계급 지역 출신의 아이들이 대부분인 크레스트 초등학교에서 피그말리온 효과에 관한 실험을 하였다. 전반적인 실험과정은 오크 초등학교와 같았지만 한 가지 중요한 차이점은 2학기 초에 예비검사를 실시했다는 것이다. 교사에게 기대감을 갖도록 한 것이 이미 학생들과 한 학기 동안 접촉하고 나서라면 교사의 기대효과가 약화될 것이라 예상하였는데, 예상과 달리 실험결과는 오크 초등학교에서 얻은 결과와 거의 일치하였다.

즉, 학생은 교사가 예측한 대로 행동하게 되며, 교사의 기대와 그 기준에 차이가 있기 때문에 학생들의 학력과 장래에 대한 포부에 차별적 결과를 가져온다고 말할 수 있다. 하류층 학생들의 학력이 떨어지는 이유는 교사가 중산층 학교의 교사만큼 학생들에게 높은 기대를 하지 않으며, 그 결과 학년 수준에 맞게 학생들의 학력을 끌어올리려는 교사의 의지도 강하지 못하기 때문일 수 있다는 것이다. 이러한 피그말리온 효과는 교사의 편애나 편견에 대한 교육적 · 사회적 책임을 설명하는 이론으로 자성예언의 효과, 그리고 의약계에서 말하는 플라시보효과와 같다.

"신약이 약효를 발휘하는 동안 최대로 많은 환자를 치료하라"는 말이 있다. 이 말은 치료행위에서 명확하게 규정할 수 없는 어떤 치료 요소가 있음을 인정하는 것인데, 보통 그런 치료 요소를 '위약 효과(Placebo effect)'라 일컫는다. 비슷한 개념으로 행동과학에서 주로 사용하는 '호손 효과(Hawthorn effect)'는 노동 조건이 생산성에 미치는 효과에 대한 집중적인 연구를 했던 미국서부 호손전기회사를 따서 이름 붙여졌는데 근로자들에게 주의를 기울이면 그들의 수행능력이 향상된다는 것을 의미한다. 이 실험은 외부적인 작업환경의 변화보다는 다른 사람들이 근로자인 자신과 자신의 일에 관심을 가지고 있다고 지각할 때 수행능력에 커다란 향상을 가져온다는 것을 알려 준다.

지금까지 살펴본 여러 가지 효과 속에 내포되어 있는 공통된 개념이 바로 '기대'이다. 개인과 개인 사이에 영향을 주는 기대효과가 존재한다는 점이 바로 〈피그말리온 효과〉에서 주목해야 할 점이다. 오크 초등학교와 크레스트 초등학교의 실험결과는 사람간의 기대효과가 교육효과에 실제적인 영향을 미칠 수 있음을 보여주는 것이다.

지금까지 교사의 기대가 학생의 인지적인 측면에 긍정적인 영향을 주는 예를 살펴보았다. 나아가 Nash는 중등학교에서 교사의 기대는 학생의 학습습관, 성숙도, 교실에서의 행동 등에 영향을 미친다고 주장한다. 즉 교사의 기대는 학생의 학습능력 뿐만 아니라, 인성적인 측면에도 영향을 미친다는 것이다. King은 교실상황에 대한 참여관찰을 통해 교사들이 학생들을 양호, 대체로 만족함, 불량의 세 가지 수준으로 분류하는데 있어서 교우관계, 학습과정, 규범에의 순응도, 성격, 가정환경, 직접관찰 등을 분류기준으로 삼는다고 보고하고 있다. Broudy 등은 교사의 기대와 편견의 원천을 규정짓는 요소로 학생의 경제적 배경, 검사 점수의 결과, 학생에 대한 부정적인 언질, 학교형태, 외모, 말투, 준비도, 좌석배치, 학생의 행동, 능력별 학급편성과 집단 분류 등을 제시하고 있다.

"교사는 마음으로 아이를 조각하는, 교실 안의 피그말리온이다." 이 문장을 통해 알 수 있듯이 피그말리온 효과가 내포하는 교육적 원리는 단순하고 직선적이다. 교사가 학생에 대해 긍정적인 기대를 하면, 그 기대에 부응하도록 학생의 지적 수행능력뿐만 아니라, 인성적인 측면도 긍정적으로 향상된다는 것이다. 이 연구가 교육자에게 던지는 메시지는 간단하지만, 학생의 학습능력과 긍정적인 인성발달을 이끌어 내는 직접적 동인이 교사의 기대감이라는 점에서 그 교육적 함의는 매우 크다.

교사는 마음으로 아이를 조각하는 사람이고, 진정한 조각가는 돌부터 탓하지 않는다. 그 어떤 돌이든 돌을 접하는 그 순간, 그 돌이 자기의 손과 끌을 거쳐 하나의 위대한 작품으로 변모할 그 모습을 상상하는 사람이 바로 조각이 무엇인지 아는 진정한 예술가인 것이다.

2. 교사 효과성

교사 효과성이란 학생의 학업성취와 관련되는 개념으로 효과적으로 교육내용을 구성한다든지 효과적으로 수업내용을 진행하는 것을 말한다. 그러므로 교사 효과성(teacher effectiveness)이란 학습을 극대화시키기 위한 다양한 형태의 교사행동이라고 정의할 수 있다. 교사 효과성의 변인은 다음과 같다.

1) 시간 배분

효과적으로 수업하는 교사들은 주어진 시간을 능률적으로 사용한다. 같은 시간을 사용한다고 하더라도 수업의 효과는 교사들이 시간을 사용하는 방법에 따라 크게 달라진다. 수업과 관련하여 교사가 사용하는 시간은 크게 세 가지로 나누어 설명할 수 있다.

(1) 배정된 시간(located time)

학교가 지정하는 학습시간의 양을 의미한다. 예를 들어 일주일에 영어 4시간, 수학 5시간을 수업하기로 되어 있다든지, 수학시간에 덧셈보다는 뺄셈에 더 많은 시간을 할애하는 등의 수업계획은 모두 배정된 시간과 관계있는 것들이다.

(2) 수업시간(instructional time)

수업 중 순수하게 가르치는 데 사용하는 시간을 의미한다. 그런데 수업이 진행되는 동안 교사는 과제할당이라든지, 교실정돈, 혹은 학생관리 등으로 시간을 소비한다. 이렇게 순수 수업시간을 침해하는 일들은 예상외로 높은 비율을 차지하고 있다. 교과효과성과 관련된 시간변인을 고려하여 교사는 수업 중 순수 수업시간의 확보에 노력해야 할 것이다.

(3) 학문적 학습시간(academic learning time)

학생들이 주의집중을 하여 실제 학습을 수행하는 시간의 양을 의미한다. 학생들의 학업성취는 학문적 학습시간과 밀접한 관련을 가지고 있다.

Evertson(1980)은 높은 성취를 보이는 학생들은 시간의 85%를 학습활동에 사용하지만, 낮은 성취를 보이는 학생들은 단지 40%의 시간만을 학습활동에 사용하였다고 말한다. 또한 Frederick(1977)도 높은 성취의 학생들은 75%, 낮은 성취의 학생들은 51%만이 학습활동으로 소비하였다고 밝히고 있다. 아울러 학습활동에 소비한 시간뿐만 아니라, 학습을 중단한 시기도 높은 성취의 학생들과 낮은 성취의 학생들 간에 차이가 있었다. 결과적으로 효과적인 교사라면 학문적인 학습시간을 최대한 끌어올리기 위해서 학생의 관심, 즉 학습활동 참여시간을 유지하고 최대화함으로써 학생의 학업성취를 극대화해야 한다.

2) 언어적 행동

교수-학습이 진행되는 과정에서 교사의 효과적인 언어구사는 매우 중요하다. 학생들에게 정보를 효율적으로 전달할 수 있는 능력은 훌륭한 교사의 자질 중에 하나며, 이러한 능력은 교사의 설명이나 피드백 등과 같은 의사소통 능력과 관련된다. Duffy(1986) 등은 교사의 언어에 대해 교사가 하는 말의 빈도만으로 그 효과성을 제대로 설명할 수 없다는 것을 발견하였다. 학생의 학업성취는 훈련받은 교사가 사용하는 단어의 빈도가 아닌 질적인 차이에 크게 의존하였다.

훈련받은 교사들 중 학생의 학업성취에 효과를 보인 교사와 그렇지 않은 교사가 수업 중에 사용한 단어의 빈도는 거의 비슷하였지만, 내용에 있어서는 상당한 차이를 보였다. 효과를 보인 교사의 경우에는 명쾌하게 설명하고 적절한 예를 꾸준히 제시하였지만, 효과를 보이지 못한 교사들은 그 반대의 모습을 보였다. 이는 교사의 명확한 언어사용과 피드백이 교사 효과성의 중요한 변인임을 나타내는 것이다.

3) 교과지식

풍부한 교과지식을 가진 교사일수록 자신들의 수업내용을 보다 효과적으로 전달하며, 적절한 수업전략을 사용하고, 학생들과의 상호작용에서 보다 더 자신감을 보이는 경향이 있다(Goetz, Alexander, & Ash, 1992). 학생들이 충분히 이해하지 못하는 경우는 교사의 설명이 불명확하고 불완전하기 때문이다. 전공영역에 충분한 지식을 가진 교사라면 학생들의 오해를 예상하거나 잘못 이해된 부분들을 찾아낼 수 있다. 학생들의 오해를 방지하기 위해서 교사는 수업준비를 충분히 하고, 실례를 제시하며, 학생들에 대한 진단적 정보를 충분히 활용해야 한다.

4) 교육학에 대한 지식

교사가 효과적으로 가르친다는 것은 교과내용을 많이 잘 알고 있는 것과는 별개의 문제다. 효과적인 교사는 자신이 알고 있는 것을 충분히 소화하여 그것을 학생들에게 의미 있는 학습으로 구조화한다. 따라서 효과적인 교사는 전공과 관련된 지식뿐만 아니라, 교육심리학, 교수-학습이론, 교육방법, 교육공학적 이론에 대한 폭넓은 지식을 가지고 있어야 한다. 교육학 지식이 풍부한 교사라면 수업을 진행하는데 있어서 그 지식을 이용하여 좋은 전략을 세울 수 있다.

3. 효과적인 교수기술

이 때까지 교사효과성의 다양한 변인에 대하여 알아보았다. 그렇다면 실제로 교사들이 교실 현장에서 사용하는 효과적인 교수기술에 어떠한 것들이 있을까 살펴보도록 하자. 다음에 제시되는 다양한 교수기술은 실제 교실현장에서 균형을 이루며 복합적으로 활용되어야 한다.

1) 수업에 대한 계획(planning)

계획은 학습목표를 세우고, 학생들이 그것을 획득하도록 어떻게 도울 것인지를 결정하고, 학생들이 목표를 달성하였지 점검하는 것을 포함한다. 교과내용에 대해 세부적인 계획을 세울 때에는 학생들이 학습하는 과정에서 가질 수 있는 문제점들을 예상하고, 실제로 학생들이 그러한 문제에 봉착해서 질문을 하였을 때 이해를 돕기 위한 다른 방안도 생각해 둘 필요가 있다.

2) 태도(attitude)

교사가 기본적으로 지니고 있는 태도는 교과의 수준이나, 학습내용의 수준, 혹은 학생의 수준과 상관없이 효과적인 성취를 가져오는데 중요한 원인이 된다. 학생에 대한 자상함, 학생과의 공감대 형성, 학생에 대한 높은 기대수준, 교수에 대한 높은 열정 등은 학생의 높은 동기 수준을 이끌어 낼 뿐만 아니라, 궁극적으로 학생들의 학업성취에 영향을 미친다. 그러므로 효과적인 교사들은 그들이 사용하는 다양한 기술에 앞서, 적극적이고 능동적인 태도를 지녀야 한다.

3) 조직화(organization)

지정된 수업시간의 효율성은 수업시간에 학습활동이 어떻게 진행되었느냐와 관련 있다. 교수에 있어 보다 조직화된 형식으로 수업을 이끌어 나가는 교사가 그렇지 않은 교사보다 학생들의 학업성취에 보다 큰 영향을 준다. 조직화는 관리상 조직화와 개념상 조직화 두 가지로 나누어진다.

(1) 관리상 조직화(managerial organization)

교실관리의 측면으로 학생의 문제행동을 예방하고 학습을 향상시키는 것과 관련된다. 정시에 수업 시작하기, 사전에 자료 준비하기, 수업 이외에 혼란을 최소화하기 등을 들 수 있다.

(2) 개념상 조직화(conceptual organization)

학생들에게 분명하고 논리적인 유형으로 개념을 제시하는 것이다. 내적으로 구조화된 방법으로 제시한 개념들은 단편적으로 제시한 개념들보다 기억과 재생에 있어서 더 효과적이다.

4) 의사소통(communication)

교사의 명확한 의사소통은 학생의 학업성취와 매우 밀접하게 관련되어 있다. 교사들 스스로도 명확한 의사소통의 중요성과 필요성을 느끼고 있지만,

이를 실제 현장에서 실행한다는 것이 그다지 쉬운 일은 아니다. 교사효과성에 영향을 미치는 의사소통에 관한 문제들은 다음과 같다.

(1) 정확한 술어(precise terminology)의 사용

교사들이 수업을 진행하면서 개념의 정의를 내리거나 학생의 질문에 대답할 때, 모호한 술어를 사용하지 말아야 한다. 예를 들면, '……일 지도 모른다', '등등', '어쩌면', '대개는' 등은 모두 모호한 술어들이다.

(2) 전환신호(transition signal)

가르치고 있는 하나의 주제로부터 다른 주제로 옮겨갈 때는 자연스럽게 전환이 이루어져야 한다. 이는 기존의 정보구조에서 새로운 정보구조로 자리바꿈할 때 부호화를 돕고, 갑작스러운 주제 변화로 일어나는 혼란을 줄일 수 있게 된다.

(3) 강조(emphasis)

학생들이 중요한 정보에 경각심을 갖도록 하는 것이다. 가르쳐야 할 내용을 전환할 경우, 전환신호에 앞서 중요한 내용을 강조하고 전환한 이후에 다시 한 번 강조하면 내용에 대한 학생의 이해수준이 향상될 수 있다.

5) 집중(focus)

집중(focus)이란 수업 전반에 걸쳐 학습자의 주의집중(attention)을 이끌어 내고 유지하기 위해 사용하는 기술로 교사가 일반적으로 사용하는 집중은 [그림 9-1]에 제시된 것처럼 3가지 유형으로 구분할 수 있다.

(1) 도입부 집중(introductory focus)

교사가 제공하는 유머나 에피소드 등으로 수업의 시작부분에서 학생들의 주의집중을 이끌어내는 교사의 시발적인 자극이다.

(2) 감각집중(sensory focus)

주의집중을 자극하기 위해서 다양한 자극을 사용하는 것이다. 예를 들면 구체적인 물건이나 그림, 정확한 모형이나 자료, 혹은 칠판에 기록된 정보 등을 들 수 있다.

(3) 학문 집중(academic focus)

중요하게 다루어지는 주제에 지속적인 관심이 머물도록 하는 것을 의미한다. 여러 가지 주제를 다룰 경우에는 일관성 있게 주제의 흐름에 따라 수업을 전개해야 한다.

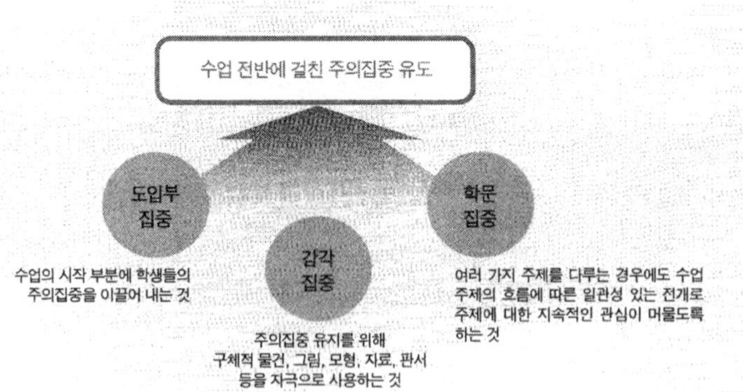

출처 : 임규혁 · 임웅(2012), 교육심리학, p. 309.

[그림 9-1] 집중의 유형

6) 피드백(feedback)

피드백이란 미래의 수행을 향상시키기 위해 현재 행동에 관한 정보를 제공하는 것을 말한다. 학습자들은 어떤 주제나 과제를 수행하든지 간에 자신들의 수행수준에 대한 정보를 필요로 한다. 피드백은 다음과 같이 두 가지 유형으로 구분할 수 있다.

(1) 문어적 피드백(written feedback)

보고서, 평론, 서면으로 작성한 질의서 등을 말하며, 자세히 작성하기에는 너무 많은 시간과 노력이 필요하기 때문에 구어적 피드백과 절충하여 사용하는 것이 바람직하다.

(2) 구어적 피드백(verbal feedback)

질문과 대답 과정에서 전달되는 것으로 "좋아", "맞았어"와 같은 간단한 반응에서부터 대답의 정확성과 수준에 따라 보다 확장된 반응에 이르기까지 다양하게 제공할 수 있다.

7) 모니터링(monitoring)

모니터링(monitoring)은 교사가 수업이 진행되는 과정을 이해하기 위해 학생들의 언어행동과 비언어행동 모두를 계속적으로 관찰하는 것을 의미한다. 또한 교사는 효과적인 수업을 위해 계획된 모니터링 뿐만 아니라, 수시로 모니터링을 실시함으로써 학생들의 학습수준을 파악할 필요가 있다.

8) 점검과 정리(review & closure)

점검(review)은 이전 단계에서 이루어진 학습을 요약하고 이미 배운 내용과 앞으로 배울 내용을 연결하는 과정이다. 이를 통해 학생들은 학습의 연계성을 갖게 되고 보다 학습을 정교하게 준비할 수 있게 된다. 점검은 주로 학습의 시작과 종결 부분에서 이루어지지만, 요점을 제시할 필요가 있을 경우 어느 때라도 사용할 수 있다. 한편 정리(closure)는 학습의 종결 부분에서 행해지는 점검의 한 형태다. 이 부분에서 학습된 주요 내용이 다시 한 번 요약되고 구조화되어 완성된다. 가르친 내용 중에서 중요한 개념을 다시 한 번 정의하거나 원리, 일반화, 규범 등을 설명하는 것이 정리의 대표적인 형태다.

9) 질문하기(question)

교사의 질문은 한 가지 정답을 요구하는 수렴적 질문(convergent questions)과 여러 가지 답이 인정되는 확산적 질문(divergent questions)으로 나눌 수 있는데, 교사는 질문을 통하여 기초적인 학습 내용의 습득을 강화하고 학생과의 관계를 형성하며, 학생을 학습에 참여시키거나 산만해진 학생들의 주위를 집중시키고, 학생들 스스로 자기평가를 하도록 촉진할 수 있다. 그러나 질문의 빈도를 높인다고 효과적인 학업 성취가 이루어지는 것은 아니다. 만약에 일부 학생들만이 질문에 답하게 된다면 나머지 학생들의 경우 낮은 학업성취를 초래할 수도 있기 때문이다. 그러므로 몇몇 학생들이 대답을 독점하지 않고, 가능한 많은 학생들이 참여할 수 있도록 관심을 기울여야 한다.

〈연구 문제〉

1. '피그말리온 효과(Pygmalion effect)'를 교실상황에서 예를 들어 설명하시오.
2. 이전에 초·중등학생이었을 때 가장 좋아했던 선생님과 싫어했던 선생님을 떠올려 보고, 그 이유를 교사의 행동특성과 관련하여 말해 보시오.
3. 효과적인 교수기술 중 교사의 태도, 피드백, 질문하기 등을 이전 학창시절의 경험과 관련하여 토의하시오.

제10장

적응과 부적응

1. 적응
2. 적응기제
3. 스트레스와 적응
4. 학교폭력

1. 적응

1) 적응의 개념

적응이란 개인의 욕구와 환경과의 조정과정이다. 즉 개인이 환경적 장애에 부딪쳤을 때 그 문제를 해결하고 심리적 균형을 찾으려는 과정이다.

2) 합리적 적응

(1) 노력

현실의 요구조건을 인식하고 기꺼이 부응하고자 하는 태도다. 특히 아동의 경우 그들의 능력에 맞는 과제를 가지고 노력해 보는 경험이 중요하다. 이와 같은 과정에서 성공경험을 할 수 있고, 이러한 성공으로 인해 자기능력에 대한 자신감을 갖게 된다.

(2) 새로운 기능의 개발

실패의 경험으로 인해 좌절한 사람이 같은 방식으로 열심히 노력하는 것도 중요하지만, 적응에 필요한 새로운 태도와 기능을 익히는 것도 매우 중요하다.

(3) 상황의 새로운 해석

사람들이 경험하는 좌절은 상황에 대한 잘못된 해석방법에 기인한 것일 수도 있다. 상황을 긍정적 시각으로 바라보는 것은 적응의 관건이 된다.

(4) 사회적 관계기술로서의 협동

우리의 인생을 다른 사람과 개방적으로 솔직하게 공유할 때, 원만하게 적응하는 능력을 습득 할 수 있다.

(5) 우회적 행동

욕구충족이 좌절되었을 때, 승화, 대치, 보상행동 등과 같은 간접적인 방법을 통하여 만족을 얻으려는 것을 일컫는다.

2. 적응기제

인간은 항상 조화와 균형을 이룬 삶을 추구하기 때문에 자신과 환경 사이에 적절한 적응의 상태를 유지하려고 한다. 정신위생의 측면에서 적응이란 환경과의 사이에 조화를 이룸으로써 내부적으로 행복하고 원만한 상태에 도달한 것을 의미한다. 만일의 경우 환경과의 사이에 불균형을 초래하여 내부적으로 불만이나 긴장이 발생하면, 그것을 제거하고 다시 균형을 이루기 위하여 온갖 노력을 다하게 된다. 그것이 적응을 구하는 행동이기 때문에 적응행동이라고 부른다. 이 적응행동에는 인간의 사회생활 가운데 건강하여 적정(適正)한 것과 건강하지도 못하고 적정하지도 않은 것이 있다. 자기의 생명을 유지하기 위해서 식품을 구한다든가, 외적(外敵)으로부터 도망하여 몸을 지키는 것 같은 생물학적 적응행동이나, 적당한 일(직업)을 구하여 생활을 영위하며, 주위의 인정과 애정을 얻으려고 하거나, 혹은 동료와 교제하고 협력하고자 하는 인격적 적응 행동은 자연적인 것으로서 정상적인 행동이라 할 수 있다. 그러나 이러한 행동들이 비정상적으로 나타나고 그것이 사회적으로 인정되면 그것을 부당 적응행동 또는 이상 적응행동(maladjusted behavior)이라고 한다. 부당 적응 행동에는 다음과 같은 기능적 유형이 있다.

1) 보상(compensation)

자기의 결핍과 무능에 의해서 생긴 열등감과 무능감의 긴장상태를 해소시키기 위해서 다른 장기나 성질을 강조하는 반응이다.

2) 합리화(rationalization)

가장 보편적인 방어기제로서 자신의 실패와 결핍에 의해서 생긴 욕구좌절을 변호하고 은폐하기 위해서 가장 편안한 구실과 이유를 찾아 설명하는 '자기기만'의 기제다. 즉, 그럴듯한 이유를 붙여서 자기의 결함 · 결점을 합리화하려는 것으로 이솝우화의 '여우와 신포도'에서 자기기만을 통한 합리화를 엿볼 수 있다.

3) 동일시(identification)

자기 자신을 사회적으로 존경하는 인물이나 유력한 사회집단과 친근하거나 동일하다고 생각함으로써 직접 충족시킬 수 없는 사회적 승인의 욕구를 충족시키는 기제를 말한다. 기독교에서 빵과 포도주를 함께 나누는 것도 동일시의 한 형태다. 즉 예수 그리스도의 몸과 피를 상징하는 빵과 포도주를 함께 나눔으로써 좀 더 그리스도를 닮고자 하는 것이다.

4) 투사(projection)

자기축소라는 형식을 취해 동일시함으로써 자기가 가지고 있는 욕구불만이나 약점을 다른 대상 속에서 발견하는 기제다. 따라서 이 기제는 자신의 실패의 책임을 외계에 전가시키는 작용으로 일어난다. 예를 들어 어떤 아동이 아무도 자기를 좋아하지 않는다고 불평하지만 사실은 그 자신이 자기를 포함한 어느 누구도 좋아하지 않는 것이다.

5) 백일몽(day-dreaming)

생활 속에서 어떤 욕구가 충족되지 못하여 욕구불만 상태에 놓일 때, 공상에 의해서 비현실적으로 그 욕구를 충족시킴으로써 심리적 균형을 얻는 기제를 말한다.

6) 억압(repression)

좌절과 실패의 우려가 있는 욕구를 의식적이며, 자주적 억압에 의하여 의식에 떠오르지 못하도록 말살, 배제하여 심리적 안정을 지키려고 하는 기제다. 즉 충격적인 경험, 스트레스를 유발하는 사건이나, 용납할 수 없는 충동을 무의식적으로 거부하는 것을 말한다.

7) 부정(denial)

부정은 가장 원초적인 방어기제다. 대부분의 방어기제는 현실을 왜곡하는 것이지만, 부정은 현실을 왜곡할 뿐만 아니라 그 현실 자체를 부정한다. 부정은 무의식적이기 때문에 거짓말과는 다르다. 예를 들면, 디킨스의 소설에서 첫날밤에 소박을 맞은 신부가 그 사실을 부정하며 수년간 혼례상을 차려 놓고 혼례복을 입은 채 신랑을 기다리는 경우를 들 수 있다.

8) 승화(sublimation)

승화는 성적인 본능이 신경증적 행동으로 전이되지 않고, 오히려 사회적으로 바람직한 행동으로 나타나는 것을 말한다.

9) 반동형성(reaction formation)

용납하기 어려운 충동이 의식적으로 억압되어 완전히 반대의 것으로 나타나는 것을 말한다. 예를 들면, 십대 미혼모가 아기에 대한 적개심을 지나친 애정과 과보호로 표현하는 경우와 범죄성향이 있는 사람이 반동형성을 통하여 용감한 경찰관이 되는 경우가 그것이다.

10) 전위(displacement)

치환이라고도 하는데 어떤 감정이나 태도를 취해보려는 대상을 다른 대상으로 바꾸어서 대치하는 기제다. 부모에 대한 반항적 태도가 교사에게 대치된다든지, 누나에 대한 애정이 다른 나이 먹은 여인에게 대치되는 것, 또는 종로에서 뺨맞고 다른 곳에서 눈 흘기는 행위는 모두 전위의 예다.

3. 스트레스와 적응

1) 스트레스의 개념

스트레스란 걱정, 근심, 일에 대한 불만족, 지나친 과로 등에 의해 생겨난 것이라고 여겨지지만, 실제로는 기분 좋은 행복감까지도 포함하는 일상생활 전반에서 야기되는 모든 행동적, 신체적 변화를 일컫는다. 스트레스의 개념을 좀 더 명확히 하기 위하여 그 특징을 살펴보면 다음과 같다(이재창 외, 1995, p. 393).

첫째, 스트레스 하면 큰 재앙이나 위기만 생각하기 쉬우나, 매일매일의 작은 사건들이 모두 스트레스가 될 수 있다. 특히 작은 스트레스도 여럿이 모이면 복합적으로 매우 큰 스트레스로 작용할 수 있다는 점을 기억할 필요가 있다.

둘째, 스트레스는 심리적 스트레스와 신체적 스트레스를 모두 생각할 수 있다.

셋째, 스트레스가 항상 부정적인 것만은 아니다. 재적응의 긴장을 요구하지만 건설적인 측면도 있다. 학생들이 시험이나 취업 등을 목표로 열심히 노력하는 과정에서 스트레스를 받지만, 동시에 많은 성장을 하는 것을 예로 들 수 있다.

넷째, 스트레스는 개인의 주관적인 평가에 달려 있으므로 상대적일 수 있다. 평상시 수술을 앞둔 어떤 환자의 스트레스에 비해, 전방에서 전투 중 부상을 당해 후방으로 이송되어 같은 수술을 받게 된 군인의 스트레스가 상대적으로 적을 수 있다. 왜냐하면 그 군인은 이제 다시 전쟁터로 돌아가지 않아도 된다고 생각하기 때문이다.

다섯째, 스트레스를 외부로부터 주어지는 것으로만 생각하기 쉬우나 자기 스스로 만드는 경우도 많다. 이를테면 지나치게 성취지향적인 성격으로 인해 완벽을 추구하며 경쟁적인 성향을 지닌 사람은 보다 많은 스트레스 상황에 놓인다.

여섯째, 스트레스에 대한 반응은 복잡하여 감정적, 행동적 측면뿐 아니라, 신체적 측면에도 부정적인 영향을 미친다.

2) 스트레스의 원인

스트레스는 자기의 욕망과 환경조건 때문에 생기는 긴장상태를 말하며, 한 개인에게 부적응을 일으키는 스트레스의 원인은 다양하다. 스트레스 사건과 관련된 평정척도를 분류한 〈표 10-1〉에 따르면 배우자의 사망, 이혼, 별거, 감옥살이, 가족의 사망, 개인의 질병 순으로 스트레스 지수가 높음을 알 수 있다. 이러한 사건은 인생에 있어서 큰 변화를 가져오기 때문에 스트레스가 높아질 수밖에 없다. 기타 일상생활에서 귀찮음, 비관, 환경오염, 소음 등도 스트레스의 주요 원인이 될 수 있다. 콜리건(Colligan, 1987)은 적응의 문제를 욕구좌절, 갈등, 그리고 압박감의 세 가지로 제시하고 있다.

표 10-1 스트레스 사건 및 관련 평정척도

순 위	생활 속의 사건	득점 (평균값)
1	배우자의 사망	100
2	이혼	73
3	별거	65
4	감옥살이 및 감금상태	63
5	가족의 사망	63
6	개인의 부상 및 질병	53
7	결혼	50
8	실직 · 실업 및 직장에서의 해고	47

순 위	생활 속의 사건	득점 (평균값)
9	별거했다가 재결합(부부간의 화해)	45
10	은퇴(정년퇴직)	45
11	가족의 건강문제	44
12	임신	40
13	성생활의 문제(성적 장애)	39
14	새로운 가족의 증가(출산, 입양)	39
15	직장을 이동하거나 사업의 변동	39
16	수입액 변동 또는 재정상태 변화	38
17	절친한 친구의 죽음	37
18	다른 직업으로의 전환	36
19	부부싸움 회수의 변화(의사소통의 빈도 변화)	35
20	큰 빚(1,000만 원 이상의 부채)과 부동산 구입	31
21	물건의 저당 잡힘	30
22	직장에서의 직책 · 보직의 변경	29
23	자녀의 가출, 자립, 집을 떠남.	29
24	친척들과의 불화	29
25	괄목할 만한 개인의 성공	28
26	아내의 직장 출근이나 중지(자녀의 직장출근이나 실직)	26
27	자녀의 학교 입학이나 졸업	26
28	생활조건의 변화(훌륭한 새집으로 이사 또는 아파트로 이사)	25
29	개인 습벽의 교정	24
30	작업시간 조건의 변화	23
31	주거지의 변동	20
32	학교의 변동	20
33	레크리에이션의 변화	20
34	교회 활동의 변화	19
35	사회 활동의 변화	19
36	적은 돈의 부채(1,000만 원 이하)	17
37	수면 습관의 변화	16
38	가족구성원 수의 변화	15
39	식생활의 변화	15
40	휴가	13
41	크리스마스	12
42	경범죄	11

출처 : 김제한, 교육심리학, 서울: 서원사, 1992, p. 315 참조

(1) 욕구좌절

욕구좌절이란 실패와 상실처럼 동기화된 목적달성이 저지당했을 때 생긴다. 영양실조, 전염병, 고독감, 우정의 상실 등으로도 생기는데, 이러한 욕구충족을 저해하는 요인에는 신체적, 심리적, 물리적, 사회적 요인이 있다.

① 신체적 요인

남보다 왜소하거나 신체적인 결함으로 인해 멸시를 당함으로써 욕구좌절을 느끼는 경우다.

② 심리적 요인

이 요인은 인지적, 정서적, 자존심과 관련된 것으로 학업에 실패하였거나 자존심의 훼손 등으로 성공감을 맛보지 못했을 경우에 발생한다.

③ 물리적 요인

외부의 물리적인 요인에 의해 욕구가 좌절된 경우를 말한다. 예로 교통혼잡 등으로 면접이나 시험을 치르게 되지 못했을 경우를 들 수 있다.

④ 사회적 요인

취직시험이나 대학입시에 실패했을 때, 또는 학과시험에서 좋지 않은 결과를 얻었을 때 창피함, 수치심과 더불어 스트레스를 경험한다.

(2) 갈등

갈등이란 하나의 장애로 인하여 생기는 것이 아니라, 여러 가지 동기들이 상충함으로써 생기는 것이다. 여러 가지 욕구들을 동시에 실행할 수 없을

때, 갈등상황에 놓이게 된다. Lewin은 힘의 역학적 관계를 통해 다음과 같은 4개의 갈등유형을 밝히고 있다.

① 접근-접근갈등

두 개의 긍정적인 욕구를 동시에 해결할 수 없어서 한 가지만을 선택해야 하는 상황으로 인해 발생하는 갈등이다. 즉, 영화를 보러갈까, 아니면 컴퓨터를 사러 나갈까 망설이는 즐거운 고민이다.

② 접근-회피갈등

하나의 목표가 긍정적인 요소와 부정적인 요소를 동시에 가지고 있는 경우 이러한 목표를 따를 것인가 말 것인가 사이에서 갈등을 경험하는 경우다. 예를 들면 마음에 드는 여학생에게 데이트 신청을 하고 싶지만 거절당할까봐 망설인다든지, 나무에 오르고 싶은데 올라가기가 무섭다든지 하는 갈등상황이다.

③ 회피-회피갈등

회피하고 싶은 두 가지의 부정적인 목표 중 하나를 선택해야만 하는 경우에 경험하는 갈등이다. 이럴 수도 없고 저럴 수도 없는 진퇴양난에 빠진 경우로 F학점을 받을 것인가, 아니면 싫은 공부를 할 것인가의 갈등을 예로 들 수 있다.

④ 이중접근-회피갈등

두 개 이상의 긍정적 목표와 부정적 목표가 동시에 존재할 때 느끼는 갈등상태다. 직장여성과 직장이 없는 여성 중 누구를 배우자로 선택할지 고민하는 남자의 경우를 예로 들 수 있다. 직장이 있는 경우에는 경제적으로 도움이 되겠지만 남자가 퇴근하고 가사 일을 도와야 하므로 편히 쉴 수 없을 것 같아 걱정이고, 직장이 없는 경우에는 혼자 벌어 가족을 부양해야 하므로 경제적으로 여유가 없을 것 같아 걱정하는 갈등상태다(이재창, 1995, p. 391).

(3) 압박감

압박감은 우리가 어떻게 행동해야 하고 얼마만큼 성취해야 한다는 것에 대해 외부로부터, 또는 자신의 기대와 욕구로 인해 경험하는 갈등상태를 일컫는다. 일반적으로 내부의 압력은 자존심 유지와 관련되어 있는 반면에, 외부의 압력은 남들과의 경쟁, 사회조건의 급속한 변화, 가족 및 친구들로부터 기대 등이 포함된다. 어느 정도의 압력은 학생들의 성취동기를 높여줄 수 있으나, 개인의 여건을 고려하지 않고 무조건 압력을 가하면 오히려 해로운 스트레스로 작용할 수 있다.

3) 스트레스의 예방

학교 현장에서 학생들의 스트레스와 부적응행동 예방을 위해 다음과 같은 내용을 숙지하는 것이 필요하다(구광현 외, 2006, p. 271~272).

- 신체적 건강과 정신적 건강을 증진시킨다.
- 친근한 인간관계를 갖도록 한다.
- 자신에 대해 올바른 인식을 가질 수 있도록 한다.
- 자신의 고민을 이야기할 수 있는 기회와 용기를 갖도록 한다.
- 여유 있고 침착하게 관대한 마음을 가질 수 있도록 한다.
- 학생의 능력에 맞는 과업을 준다.
- 공부와 휴식 간의 균형을 유지하도록 한다.
- 문학과 예술에 대해 보다 넓은 관심을 갖도록 한다.
- 집단 활동에 참여하고 소속감을 갖도록 한다.

- 현실에 대한 성실성을 기르도록 한다.
- 만족하는 인생관을 갖도록 한다.
- 개인적 목표를 세우는 능력을 기르도록 한다.
- 욕망을 전환하는 방법을 지도한다.

5. 학교폭력

1) 학교폭력의 심각성

"초등학교 5학년 A군은 같은 반 7명에게 지속적으로 학교폭력을 당해 왔다. SNS를 통해 그룹채팅방에 일부러 초대해 놓고 A군을 욕하거나, 급식 먹을 때 뒤에서 밀고 지나가는 등의 행동으로 한 학기 내내 괴롭힘을 당하였다. 주변에 도움을 요청하고 싶었지만 일이 커질까봐 알리지 못하고 혼자 끙끙 앓았다. 한 학기 동안 학교에 가기 싫어지고, 자살이라는 극단적인 생각이 자꾸 들어 너무 괴롭고 힘든 하루하루를 보내고 있다. 게다가 자신의 피해를 목격하고도 방관하는 친구들로 인해 심리적인 상처는 더욱 커져가고 있다."

학생들의 학교폭력은 피해 후유증, 청소년 자살, 범죄로 인한 심리적인 고통 등 고질적인 문제, 가해학생에 대한 복수충동으로 이어져 또 다른 학교폭력으로 이어질 뿐 아니라 복수충동이 해결되지 않을 경우 보복폭행, 우울, 자살 등과 같은 심각한 위기를 초래할 수 있다.

〈표 10-2〉에서 보는 바와 같이 학교폭력의 유형 중에서 가장 심각하다고 생각하는 것은 '집단따돌림' 24.4%, '신체폭력' 23.3%로 인식하는 것으로 나타났다.

표 10-2 2011년, 2012년 학교폭력 유형별 심각성 인식

항목	2011	2012
신체폭력	20.9%	23.3%
금품갈취	10.2%	8.6%
괴롭힘	12.7%	10.1%
집단따돌림	20.5%	24.4%
언어폭력	17.6%	13.5%
위협이나 협박	4.6%	3.6%
성적 추행	4.8%	6.3%
사이버폭력	1.8%	4.7%
모두 심각하지 않다.	6.9%	5.5%
합계	100.0%	100.0%

출처: 청예단 2012 전국 실태조사 요약본

학교폭력으로 인하여 스스로 목숨을 끊고 있는 학생들이 줄을 잇고 있다. 지속적인 괴롭힘, 따돌림 등 학교폭력으로 인한 심리적 고통을 견디지 못한 채 자살을 생각하는 청소년들은 아무에게도 말하지 못하고 혼자만 아파하는 경우가 많다. 학교폭력을 경험한 학생 10명 중 4.5명은 자살이라는 극단적인 생각을 하는 것으로 나타났으며, 이는 최근 보도되는 뉴스 자료를 통해서도 쉽게 접할 수 있다. 좀 더 심각한 문제는 이러한 학교폭력 피해학생들의 연령이 점차로 낮아지는 추세이기 때문에 학교폭력으로 인한 후유증이 장기화되어 지속적인 학교생활에 부적응을 초래할 수 있다는 것이다. 또한 학생들이

쉽게 접하는 사이버공간에서의 학교폭력의 심각성도 2012년 4.7%로 2011년에 비해 좀 더 활발해지고 심각해진 것을 볼 수 있다. 이와 더불어 학생들 사이에서 일상화되어 버린 언어폭력의 문제도 매우 심각한 수준이므로 청소년들에게 올바른 언어문화가 자리잡을 수 있는 대책 마련이 시급한 상황이다.

2) 학교폭력의 원인

학교폭력의 원인은 크게 두 가지로 나누어 생각할 수 있다.

(1) 심리적인 원인

청소년기는 자아정체성에 혼란을 겪는 질풍노도의 시기이다. 그 시기에 잘못된 자아를 형성하게 되면, 공격적인 성격장애를 보이게 되고, 이로 인해 폭력성을 띠게 되는 것이다.

(2) 외적, 환경적인 원인

현대사회는 치열한 경쟁사회이다. 학생들은 이러한 사회 속에서 치열하게 경쟁을 하게 된다. 이러한 계속되는 경쟁에서 얻게 되는 스트레스와 또 여기서 얻지 못한 만족감은 학생들로 하여금 잘못된 방식으로 자신들의 만족감을 충족시키려 할 수 있다. 또한 싸움을 하는 모습이나 가출 등 비행하는 모습들을 미화한 영상매체들은 학생들로 하여금 모방심리를 유발하는 것이다.

3) 학교폭력의 예방

학교폭력이 근절되지 않고 계속되어지는 이유는 여러 가지가 있겠지만 정부의 지속적인 대책 마련에도 불구하고 현장에서는 적절한 조치가 이루어지지 않고 있는 것을 들 수 있다. 대부분의 학교폭력의 경우 가해학생들에 대해 너무나 가벼운 솜방망이 처벌로 결론이 나는 경우가 많은 것을 볼 수 있다. 이는 다음의 〈표 10-3〉의 학교폭력을 예방하기 위한 효과적인 방법으로 '가해학생에 대한 처벌을 강화한다.'가 26%로 2011년 19.3%에 비해 증가한 것에서도 처벌의 강도를 강하게 해야 할 필요성을 나타내고 있다.

표 10-3 2012년 효과적인 학교폭력 예방방법

항목	2011	2012
정기적으로 학교폭력 예방교육을 시킨다.	9.0%	12.4%
학교 안에 전문 상담교사를 둔다.	4.0%	7.9%
학교폭력 신고의식을 강화한다.	–	7.8%
선생님이 학교폭력에 대해 관심 있게 지도한다.	9.0%	10.1%
가해학생에 대한 처벌을 강화한다.	19.3%	26.0%
학교에 배움터지킴이를 둔다.	4.7%	5.6%
학교 안팎에 CCTV를 설치한다.	11.5%	15.1%
가정에서 인성교육을 강화한다.	–	4.5%
평소에 친구들과 잘 지낼 수 있도록 교육한다.	37.4%	9.5%
유해매체에 대한 규제를 강화한다.	–	1.1%
학교폭력에 대한 캠페인을 한다.	5.1%	
합계	100.0%	100.0%

출처: 청예단 2012 전국 실태조사 요약본

또한 학교폭력은 학생들이 또래관계에서 갈등이 발생할 경우 이를 해결하거나 조율하는 능력이 부족하여 발생될 수 있으므로 학생들 스스로의 갈등조

절 능력이나 해결능력의 교육에도 관심을 기울여야 하며, 학교 내의 폭력서클에 대한 강도 높은 처벌을 요구하는 학생들의 목소리도 경청하여 이러한 폭력서클에 대한 강력한 처벌을 할 수 있는 장치도 필요하다. 그런데 학교폭력 예방차원에서 학교에서 이루어지는 교육을 보면 주로 강당 등에서 대단위로 진행되어짐으로써, 학생들 입장에서는 별로 효과적인 교육이 이루어지지 않고 있음을 알 수 있다. 그러므로 좀 더 효과적인 교육을 위해서는 일방적인 강의식 교육이 아닌 학생들의 흥미와 욕구를 고려한 소그룹 단위 또는 학급단위로 이루어지는 활동위주의 교육이 필요하다.

학생들은 학교폭력을 목격하고도 10명 중 4.5명은 눈을 감는다고 2012년 실태조사결과 나와 있다. 이의 가장 큰 이유는 보복이 두렵기 때문이라고 답하고 있는 것을 볼 수 있다. 최근 학교폭력 대처방법에 대한 인식은 증가한 것으로 보이나 친구들에 대한 관심이 부족하거나 도와줘도 소용이 없을 것 같은 좌절감은 점점 더 높아짐을 짐작할 수 있다. 이는 단순한 대처방법에 대한 교육보다는 이타심, 공동체의식 등 개인화 현상에 대한 다각적인 접근을 통한 교육이 필요함을 시사하고 있다. 또한 학교폭력을 목격 후에는 안심하고 신고할 수 있는 곳이 필요하다. 최근 교육이나 홍보를 통해 117기관에 대한 인식은 높아지고 있으나 어떠한 방법도 안심되지 않는다는 응답이 나오므로 청소년들이 안심하고 도움을 요청할 수 있는 다양한 신고방법들이 강구되어야 할 것이다. 즉 학교폭력을 목격한 학생들이 무력감을 느끼고 방관자적인 행동을 하는 것이 아니라 피해학생을 도울 수 있는 조력자로 만드는 교육 및 인식전환이 필요하다는 것이다.

또한 정부가 학교폭력을 4대악으로 정하고 추진한 대책 중 전문상담교사, 학교폭력 전담경찰, CCTV가 도움이 된다고 질문한 결과, 전문상담교사가 학교폭력 예방에 도움이 된다고 생각한 학생은 28.4%, 학교폭력 전담경찰이 도움이 된다고 생각한 학생은 30.3%, CCTV가 도움이 된다고 생각한 의견은 23.2%로 조사되었다. 그러므로 학교폭력을 예방하기 위해서는 청소년들의 목소리를 반영한 다양한 대책들이 다각적으로 고려될 필요가 있다.

〈연구 문제〉

1. 초 · 중 · 고별 학교폭력 예방교육 프로그램에 대해 조사하고 각 프로그램에 대해 설명하시오.
2. 학교폭력 예방 및 대책에 관련된 법률을 조사하여 설명하시오.
3. 학교폭력을 다룬 영상매체를 보고 학교폭력의 심각성에 대해 논하시오.

제11장

생활지도와 상담

1. 생활지도
2. 상담활동의 기초과제

1. 생활지도

현대 사회의 발전과 물질적 풍요의 부정적 결과, 심각한 경쟁사회 속에서의 갈등, 세대 간의 차이에서 오는 스트레스 등은 학습자들의 정신 건강에 심각한 위기를 초래하고 있으며, 이러한 상황은 학습에 대한 부적응과 대인관계의 손상 등 많은 부작용으로 이어지고 있다. 이러한 시대적 상황에서 학습자들의 정신적 위기를 극복하기 위한 생활지도의 필요성이 그 어느 때보다 절실하게 요구되고 있다. 전통적으로 생활지도는 학습지도와 함께 학교교육의 필수적인 활동으로 실천되어 왔다. 생활지도는 인간의 삶의 과정에서 당면하게 되는 각종 과업과 문제에 효과적으로 대응하기 위한 힘과 능력을 배양하는 중요한 실천적 교육활동인 것이다.

1) 생활지도의 개념

생활지도를 의미하는 가이던스(guidance)라는 말은 여러 가지 의미로 해석될 수 있는 용어다. 어떤 학자는 가이던스를 교육 자체와 같이 광범위한 것으로 보고, 학교의 모든 교육 프로그램은 생활지도의 목적을 달성하기 위하여 운영되어야 한다고 주장한다. 반면에 어떤 학자는 가이던스의 범주를 아주 좁혀서 직업지도나 윤리지도, 또는 문제행동의 발견이나 교정에 중점을 두어 생활지도가 이루어져야 한다고 주장하기도 한다. 즉 가이던스에 대한 학자들의 견해와 입장이 매우 다양하다는 점을 알 수 있다.

트랙슬러(A. E. Traxler)는 생활지도를 모든 학생들로 하여금 자기가 가지고 있는 능력과 흥미, 그리고 인성적인 특성을 이해하여 최대한 발전시켜 나가도록 하며, 또한 자신의 생활목표와 결부시켜 결과적으로 민주사회의 바람직한 시민으로 원만하고 성숙한 자기지도를 해나갈 수 있도록 하는 과정이라고 했다. 또한 스트랭(R. Strang)은 생활지도란 학생 개개인의 가능성을 발견하고, 자신의 노력을 통해 개인적인 행복과 사회적 유용성을 목표로 잠재가능성을 발달시키는 과정이라고 했다. 존스(A. J. Jones)는 생활지도를 학생들로 하여금 현명한 선택과 적응을 하고 문제를 해결해 나가도록 개인적인 조력을 제공하는 것이라고 하였다.

지금까지 살펴본 여러 학자들의 견해를 종합해 볼 때, 생활지도란 학생 자신과 그를 둘러싼 현실 환경을 이해하여 건전한 적응이 가능하도록 돕는 활동이라 할 수 있다(이영덕 · 정원식, 2004). 또한 일시적인 해결이나 구체적인 행동의 변화보다는 인간의 전반적인 성장 발달을 촉진하여 각자가 자아실현을 할 수 있도록 돕는 행위에 가깝다. 무엇보다도 생활지도에서는 개인이 관심의 대상이 된다. 여기서 말하는 개인이란 학교 상황에서의 학생을 뜻하며, 보다 구체적으로는 정상적인 발달과정에 있는 학생을 의미한다.

생활지도는 자기 자신과 현실 환경의 이해를 돕는 활동이다. 이것은 개인으로 하여금 자기 자신에 대한 객관적인 이해를 통해 자기정체감을 확립하고, 아울러 자기 자신을 둘러싸고 있는 환경 조건에 대해 현실적인 이해를 할 수 있도록 돕는 것이다. 이와 같은 이해는 건전한 적응의 전제가 되는 것이다. 또한 생활지도는 조력을 제공하는 것이다. 사람들이 문제에 직면했을 때 그 문제를 해결해야 할 주체는 본인이며, 생활지도는 스스로 문제를 해결할 수 있도록 전문적인 조력을 제공하는 것뿐이다. 이러한 관점은 자율적인 문제해결을 통해 자기지도력을 함양하려는 의도에서 비롯된다. 때문에 생활지도는 의도적인 지도활동으로 볼 수 있다. 학교교육에서 생활지도는 교과지도와 병행하는 비교과적 활동이지만, 분명한 의도에 의하여 행해지는 조직화된 교육활동이다.

이상과 같이 생활지도에 대한 정의를 종합해 볼 때, 생활지도는 학생들이 일상생활에서 해결해야 할 교육적 · 직업적 · 사회적 · 신체적 · 도덕적 문제를 자기 힘으로 해결할 수 있도록 도움으로써 전인적 성장이라는 교육의 총체적인 목적을 달성하기 위한 활동이다. 또 학생들이 가지고 있는 흥미 · 적성 · 소질 · 개성 · 인격 등 인성적 특성과 잠재력을 발견하고 이해하게 하여 이를 최대한으로 발전시켜 나가도록 하며, 현명한 선택과 적응을 위해 조직적인 봉사가 이루어지도록 하고, 나아가서는 자기지도(self-guidance) 및 자아실현(self-realization)이 이루어지도록 돕기 위한 과정이라고 할 수 있다.

2) 생활지도의 필요성

현대 사회는 어느 때보다 문화의 측면에서 변화속도가 빠른 시대다. 우리가 경험하는 생활문화의 변화와 다양성은 과거 어느 시대에도 찾아볼 수 없을 만큼 급변하고 있으며, 이러한 빠른 변화로 인해 개인이 사회적으로 적응하는 데 많은 어려움과 곤란을 경험하게 되었다. 즉 지난날의 사고방식과 행동양식으로는 해결할 수 없는 문제들이 속출하고 있기 때문에 개인이나 집단은 보다 창조적이고 자율적인 문제해결력의 필요성을 절실하게 느끼게 되었다. 이러한 상황에서 생활지도는 현대교육에 있어서 필수적인 교육활동으로 간주되고 있다. 우선 개인적인 측면에서 볼 때 청소년기 학습자들의 발달 심리적 특성이 필연적으로 생활지도를 필요로 하며, 아울러 학생들을 둘러싸고 있는 교육적 환경요인이 생활지도를 필요로 하게 되었다고 볼 수 있다.

(1) 개인적 요구

민주사회는 개인의 인권이 중요하게 인식됨으로써 전체를 위하여 개인이 무시될 수 없는 특징을 가지고 있다. 따라서 민주교육은 최대한의 개인적 요구가 교육의 목표나 내용, 그리고 방법에 반영되지 않으면 안 된다. 이와 같이 개인적 요구가 중요시되는 상황에서 자아실현을 돕는 방법으로서 생활지도의 필요성이 강조된다.

개성의 신장은 자아의 실현에서 출발하며, 이는 인간의 기본적인 욕구이기도 하다. 학교교육은 학생 개개인의 개성을 신장하고 자아실현의 기회를 최대한 부여해야 할 것이며, 이를 실천하는 효과적인 방법의 하나가 곧 생활지도다. 개개인의 개성을 신장시킨다는 것은 자아실현과 인간존중을 실천하는 방법인 동시에, 다양성이 공존하는 민주사회에 이바지하는 방법이기도 하다. 따라서 학생의 개성을 과학적으로 이해하고 개성의 신장에 효율적으로 기여할 수 있는 유효한 방법을 통해 생활지도가 이뤄져야 한다.

인권존중은 교육실천에 선행하는 문제다. 비록 미성년의 아동 · 학생이라 할지라도 그들 나름대로의 자아와 개성을 갖고 있으며, 그들의 인권은 존중되어야 한다. 현대교육은 삶의 즐거움을 누릴 수 있는 새로운 교육을 요구하며, 이와 같은 교육의 한 형태로서 학교에서 이뤄지는 생활지도에 많은 기대를 하고 있다. 개인을 위해서 생활지도가 필요한 구체적인 이유는 다음과 같다.

① 통합된 전인적 존재로서 균형 있는 삶을 살아갈 수 있도록 도와야 한다.
② 학생 개개인의 일상생활에서의 적응 문제를 효율적으로 해결할 수 있도록 도와야 한다.
③ 학생의 문제행동을 스스로 올바르게 이해하여 해결해 나가도록 도와야 한다.
④ 적극적인 이해를 통해 학생 개개인의 부적응을 예방하고 성장 · 발달을 도와야 한다.

(2) 사회적 요구

교육이란 항상 사회적 요구와 개인적 필요를 고려하여 이 양자를 절충하고 조화시켜 양쪽의 요구와 필요를 적절히 충족시키기 위해 노력하지 않으면 안 된다. 따라서 교육자와 교육정책 결정자들은 끊임없이 변화하는 사회적 요구를 파악하고, 이를 교육목표와 내용, 방법에 충분히 반영시켜야 한다.

복잡하게 급변해 가는 현대사회에서 이러한 변화에 유연하게 적응할 수 있는 인간형성이 요구되고 있으며, 이에 따라 학교교육 현장에 보다 새롭고 올바른 생활지도의 방법이 보강되어야 한다는 사회적 요청이 제기되고 있다. 아울러 문화의 다양한 발전과 분화는 그 사회에 알맞은 인재상을 요구하고 있으며, 따라서 학생들에게 보다 폭넓은 경험을 제공하는 방향으로 생활지도가 이루어져야 한다는 목소리가 커지고 있다. 민주사회는 교육을 통해 민주시민을 양성해 줄 것을 요구하며, 민주시민의 자질을 함양하는데 가장 효과적인 방법 가운데 하나가 생활지도다. 현대사회에 있어서 생활지도의 필요성을 구체적으로 살펴보면 다음과 같다.

① 학교교육의 양적 팽창에서 야기되는 사회적 부적응을 예방하고 지도할 필요가 있다.
② 취업기회의 확대로 인해 적성의 발견과 직업선택의 지도가 중요한 문제로 대두되고 있다.
③ 가족제도가 달라짐에 따라 가정문제에서 기인하는 부적응 문제를 지도할 필요가 있다.
④ 사회에서 학교가 청소년의 일탈행동을 책임지고, 예방하고, 해결해 줄 것을 기대하고 있다.

(3) 민주교육의 이념에 따른 요구

민주교육에서 강조되는 이념의 하나는 모든 개인이 지니는 기본적 가치를 존중하는 것이며, 나아가 모든 개인의 성장을 최대한으로 신장하여 인적 자원을 개발하고 활용하는 일이다. 한 사회의 문화적 발전은 개인의 가치를 어느 정도 존중하느냐와 깊이 관련된다. 개인을 존중할 줄 모르는 사회는 표면상으로, 또는 일시적으로 어느 부분에 있어서 발전한 것처럼 보이지만, 지속적으로 성장하지 못하고 조만간에 쇠퇴하고 만다는 것이 역사의 교훈이다. 개인의 가치를 존중하지 못하는 사회에서는 개인이 지니는 독특한 능력에 의한 창의적이고 적극적인 공헌을 기대할 수 없다.

지금까지 그 중요성을 강조해온 생활지도의 개념은 종래의 훈육이라는 개념에서 탈피하여, 개인을 존중하고 그들의 자아실현을 돕는데 역점을 둔다. 이러한 맥락에서 생활지도는 민주교육의 이념과 매우 밀접한 관련이 있다. 이에 반하여 종래의 훈육은 개인의 가치보다는 전체의 발전을 보다 강조함으로써 결과적으로 개인의 권리가 무시되고 획일성이 중요한 원리가 된다. 그러므로 민주교육에서는 획일성을 중심으로 하는 훈육의 개념을 탈피하여 개인의 인권과 개성을 존중하는 생활지도의 원리를 취해야 한다.

3) 생활지도의 목표

지금까지 살펴본 것처럼 생활지도의 궁극적인 목표는 학생이 현명한 선택과 문제해결을 하고 건전한 적응을 하도록 도움으로써 자기지도력을 함양하는 데 있다. 생활지도에 의하여 달성하려고 하는 일반적인 목표는 다음과 같다.

(1) 자신에 대한 올바른 이해

생활지도는 한 개인이 자신을 올바르게 이해하도록 하는 것이다. 자신에 대한 올바른 이해가 증진되면 개인의 행동은 훨씬 더 안정되고 건강해져서 문제의 예방에 큰 도움이 될 뿐 아니라, 있는 그대로의 자신의 능력을 제대로 발휘할 수 있게 된다. 따라서 학생들로 하여금 현재의 자신의 제반 특성을 정확하게 이해하도록 조력하는 일은 필수적이다.

(2) 잠재가능성의 실현

생활지도는 개인이 지니고 있는 잠재가능성을 실현시키도록 조력하는 것이다. 인간은 태어나는 것이 아니라 만들어지는 것이라는 말이 있다. 갓 태어날 때에는 연약하고 무능하지만 자라나면서 강하고 유능한 인간으로 교육되고 만들어진다. 이렇게 될 수 있는 것은 인간이 가지고 있는 잠재적인 가능성 때문이다. 이러한 인간의 풍부한 잠재가능성을 발견하고 현실화하여 자아실현을 할 수 있도록 돕는 것이 생활지도의 중요한 목표다.

(3) 자율적 문제해결 능력의 신장

생활지도는 개인의 자율적인 문제해결 능력을 신장시키는 것이다. 살다 보면 우리는 다양한 문제 상황에 직면하게 된다. 이때 당면하는 문제를 다른 사람에게 의존하지 않고 혼자의 힘으로 해결할 수 있는 능력을 길러주는 것이 생활지도의 중요한 목표다. 문제를 가진 학생을 상담하는 것도 이 학생이 향후 당면하게 될 문제 상황에서 스스로 그 문제를 해결해 나갈 수 있는 능력을 길러주기 위함이다. 즉 생활지도는 학생의 문제를 해결해 주는 활동이 아니라, 문제해결 능력을 길러주는 활동인 것이다.

(4) 전인적 발달의 촉진과 건전한 사회인 육성

생활지도는 한 개인의 전인적 발달을 촉진하고 그를 건전한 사회인으로 육성하기 위한 것이다. 개인의 신체적 성장과 발달, 인지적 발달, 정의적 발달, 사회적 발달과 도덕적 발달이 균형 있게 이루어지도록 하는 일은 교육의 중요한 목표이자 생활지도의 중요한 목표다. 이와 같이 지 · 덕 · 체가 조화롭게 발달된 사람을 우리는 전인(全人)이라 부른다. 그리고 이러한 개인은 사회를 구성하는 일원이기 때문에, 결과적으로 사회적 이익과 개인적 이익을 조화시킬 수 있는 태도를 가진 사람이야말로 진정한 전인이라고 할 수 있다. 이러한 의미에서 다른 사람을 배려할 줄 아는 건전한 사회인을 길러 내는 것은 생활지도의 중요한 목표 중 하나다.

4) 생활지도의 영역

(1) 학습지도

학습지도(learning guidance)는 아동 · 학생이 학교교육을 받는데 필요한 학습방법에 대하여 지도 · 조언하는 것이다. 학교에 입학하기 전 가정이란 가족집단 속에서 자유스런 생활을 하던 어린이가 같은 또래들과 어울려 일정한 규칙 아래 생활해야 하는 학교에 입학하였을 때 잘 적응할 수 있도록 도와주는 일이다. 또 여러 교과목을 학습하는 데 필요한 학습습관이나 태도를 바로잡아 주고, 각 교과목의 기초를 다질 수 있도록 도와주는 일 등이 이러한 생활지도 영역에 속한다. 특히 학습지도에서는 학업성적이 우수한 학생보다 학습부진아, 결손가정 자녀, 그리고 엄한 교사의 태도 때문에 학습 자체에 흥미를 잃어버린 학생들에 대한 관심어린 지도가 요구된다.

(2) 직업지도

직업지도(vocational guidance)는 학생들에게 직업에 대한 적극적인 이해와 관심을 가지고 스스로 알맞은 직업을 탐색하고 선택할 수 있도록 도움으로써 복잡한 현대사회에서의 직업생활에 대한 올바른 인식과 태도를 갖도록 하는 것이다. 즉, 학생들의 필요 · 적성 · 소질 · 능력과 사회의 요구를 잘 이해하게 하고, 각종 직업에 대한 정보를 수집 · 분석하여 제공해 주며, 학생들로 하여금 자기에게 적합한 직업을 선택할 수 있도록 안내하는 생활지도 영역이다. 직업지도는 학교를 졸업한 후 취업하기 위한 취업지도와 현재의 학업을 계속하기 위한 부업(아르바이트) 알선지도로 분류할 수 있다.

(3) 인성지도

인성지도(personality guidance)는 인격지도라고도 하는데, 대체로 심리적으로 문제가 되는 성격(내향성 · 외향성 · 우월감 · 열등감), 정서적 불안, 욕구불만, 정신건강, 신경과민, 개인적 습관과 태도 등에 대해 조언과 지도가 이루어지는 것이다. 흔히 인성문제란 스스로 자신의 문제를 어렴풋이 알고 있기는 하지만 마음속에 무엇인가 꽉 막혀있어서 해결하지 못하고 고민에 빠져 있는 상태에서 맞닥뜨리는 문제들이다.

대체로 학생들이 도움을 호소하는 인성문제로는 고독과 공상의 슬럼프, 노이로제에 대한 공포, 우울과 불안, 이성문제로 인한 갈등, 기존 질서에 대한 불만 등이다. 이러한 문제를 가지고 상담실을 찾은 후 문제해결에 도움이 되는 지도와 조언을 통해 문제해결의 실마리를 찾음으로써 건전한 생활로 복귀하는 학생을 지켜보는 것이 생활지도의 큰 보람이다. 인성지도는 올바른 인격형성에 장애가 되는 욕구좌절, 지나친 우월감과 열등감, 지나친 수줍음, 공격적 태도, 이기주의, 자만심, 정서불안 등을 제거하여 조화로운 인성발달을 도와줌으로써 원만한 사회생활을 할 수 있도록 지도하는 것을 포함한다.

(4) 건강지도

개인의 건강은 오늘날 가장 중요한 교육목표의 하나다. 이에 따라 건강지도(health guidance)는 개별 학생이 건강에 대한 중요성을 이해하고, 자신의 건강을 위하여 적절한 대책을 세우도록 하며, 특별히 신체적 결함이나 운동 부족, 영양실조 및 과다, 위생관념의 부족에서 오는 개인문제를 지도 · 조언한다. 건강지도에는 신체적 건강지도, 정신위생지도, 공중위생지도, 안전사고 대책지도 등이 포함된다.

(5) 사회성지도

인간은 본래 사회적인 존재이기 때문에 언제나 가정 · 이웃 · 학교 · 사회의 일원임을 자각해야 하고, 거기에 적절히 적응할 수 있는 능력 · 태도 · 습관을 길러야 한다. 오늘날 인간이 직면하고 있는 대부분의 문제는 생물학적인 존재로서의 문제가 아니라, 사회 집단적 존재로서의 문제다.

사회성지도(sociability guidance)는 학생 개인이 세련된 교양, 도덕적인 윤리관, 인간존중의 태도, 효과적인 의사전달 능력, 관용의 정신, 교우관계와 이성교제 등에 요구되는 원만한 대인관계 기술을 갖추어 협동과 봉사의 정신으로 사회생활을 할 수 있도록 돕는 것을 의미한다. 또 민주시민으로서 갖추어야 할 자질, 권리와 의무, 그리고 권한과 책임을 이해하고 민주적인 태도 · 기능 · 습관 · 협동정신을 함양하도록 도와주는 것이다.

(6) 여가지도

여가는 공부나 노동에 할애하는 시간과 수면이나 식사, 또는 그 밖에 생명을 유지하는 데 사용하는 시간을 제외하고 개인이 자유롭게 활용할 수 있는 시간이나 기회를 뜻한다. 여가는 직접적인 만족을 보상받지 않더라도 자유롭게 추구되는 것으로, 주된 기능은 휴식 · 오락 · 즐거움 그리고 개인적인 발달이다. 여가지도(recreational guidance)는 학교나 사회에서 개인이 자유로운 시간을 유용하게 이용할 수 있도록 지도 · 조언하는 것이다. 여가활용을 위한 오락활동이나 취미생활은 정신건강의 증진을 위해서만이 아니라, 공부나 작업의 능률 향상에도 도움이 되기 때문에 생활지도나 교과지도 등 교육 전반에서 그 중요성이 강조되고 있다.

5) 생활지도의 활동

생활지도는 원래 직업지도에서 시작되었으나, 점차 포함하는 활동영역이 확대되고 있다. 그 결과 최근 들어 생활지도는 교육의 전 영역에 걸쳐 광범위하게 활동내용이 확대되고 그 방법 또한 다양화되었다. 생활지도 활동은 문제의 성질, 활동방법 및 집단조직의 형태에 따라 다음과 같이 분류할 수 있다.

(1) 학생이해를 위한 조사활동

학생이해 활동(student appraisal)은 학생조사 혹은 학생평가 활동이라고도 하고, 영어의 appraisal을 그대로 직역해서 학생사정 활동이라고도 한다. 교육의 과정에서 가장 우선적으로 행해져야 할 것은 학생들에 대한 이해다. 학생들이 가지고 있는 제 특성들을 정확하게 이해하고 있을 때, 이를 바탕으로 각종 생활지도가 가능하게 된다.

최근에는 학생들을 이해하기 위해 표준화 심리검사 도구가 활용되고 있다. 표준화 심리검사는 학생들의 능력이나 성격, 흥미 등을 객관적으로 평가할 수 있게 하는 교육적으로 유용한 도구다. 표준화 심리검사에는 학력, 지능, 적성 등을 측정하는 인지적 영역의 검사와 흥미, 성격, 태도 및 가치관 등을 측정하는 정의적 영역의 검사로 구별할 수 있다.

(2) 이해촉진을 위한 정보활동

학생 자신에 관한 정보와 학생 주위의 환경에 대한 정보는 기본적이면서도 매우 중요한 생활지도 정보다. 정보제공 활동(information service)이란 학생들이 문제에 직면하여 장래를 계획하거나 의사결정을 할 때, 자신과 자신을 둘러싼 환경을 이해하는 데 필요한 정보와 자료를 수집해서 제공하는 활동을 뜻한다.

정보제공 활동에서 활용되는 자료들은 크게 교육정보(educational information), 직업정보(vocational information), 개인 · 사회적 정보(personal-social information) 등 세 가지 영역으로 구분이 가능하다.

첫째, 교육정보란 교육과 관련된 모든 정보를 의미한다. 입학, 등록, 교육과정, 교육방법, 학교생활, 학교활동, 장학금, 상급학교 진학 등과 관련된 정보뿐만 아니라, 효율적인 학습방법, 도서관 사용방법 등 직접적으로 학생들의 학습활동에 도움이 되는 정보도 여기에 포함된다. 교육정보는 크게 학교생활과 관련된 정보, 교과학습과 관련된 정보, 상급학교 진학과 관련된 정보로 나누어 볼 수 있다. 이러한 교육정보는 학생들이 교육에 관련된 선택과 결정을 합리적으로 할 수 있도록 할 뿐만 아니라, 학습이 능률적으로 이루어질 수 있도록 하는 데 필요한 지식도 제공한다.

둘째, 직업정보란 직업, 직위, 직무 등과 관련된 정보를 의미한다. 직업적 임무, 일의 조건, 보수제도, 승진유형, 일자리의 수요 및 공급과 관련된 전망 등이 여기에 포함된다. 직업정보는 크게 직업세계에 관한 정보와 취업과 관련된 정보로 구분해 볼 수 있다. 이러한 직업정보는 학생들이 직업과 관련된 선택과 결정을 합리적으로 할 수 있도록 하는데 유용한 정보를 제공하고 있다.

셋째, 개인 · 사회적 정보는 자기 자신과 타인에 대한 이해를 증진시키는 것과 관련된 정보를 의미한다. 자신의 신체적 · 지적 · 정의적 특성에 관한 정보뿐만 아니라, 원만한 대인관계를 맺는데 필요한 정보가 여기에 포함된다. 이러한 개인 · 사회적 정보는 개인의 건전한 성장과 발달을 돕기 위하여 필요한 것들이다. 개인이 자신과 타인의 심리적 세계를 이해할 수 있도록 하는데 도움이 되는 이러한 정보는 개인의 정서적 · 인지적 발달을 긍정적으로 촉진시키기도 한다.

(3) 문제해결을 위한 상담활동

상담활동(counseling service)은 생활지도의 전반적인 활동과 관련되어 있다. 상담은 다른 생활지도 활동들을 보다 의미 있게 만들고, 학생들이 행복하고 보람 있는 삶을 영위하도록 돕는 생활지도의 핵심적 활동이다.

상담은 상담방식에 따라 대면상담과 비대면 상담으로 구분할 수 있다. 대면상담은 상담자와 내담자가 직접 만나서 얼굴을 맞대고 상담하는 것을 말하고, 비대면상담은 상담자와 내담자가 직접적으로 얼굴을 맞대지 않고 이루어지는 상담을 말한다. 최근에는 과학기술과 통신수단의 발달로 상담 과정에 전화, 팩스, 컴퓨터 등 통신매체가 활용되고 있다.

전화상담이나 사이버상담은 편리하고 경제적이며 신속하고 익명이 보장되기 때문에 활발하게 이루어지고 있다. 그러나 비대면상담은 대개 일회적으로 끝나는 경우가 많고, 실제적인 상담관계를 통한 문제해결이 아니라는 점에서 여러 가지 한계를 지니고 있다.

(4) 선택에 도움을 주는 진로지도 활동

우리나라 생활지도의 발생에 영향을 준 미국의 생활지도 운동의 역사를 보면 생활지도가 직업 및 진로지도의 필요에 의한 것이었음을 알 수 있다. 진로지도에 관한 여러 학자들의 정의를 종합해 볼 때, 진로지도 활동(career guidance)이란 개인의 생애발달과정에서 자신의 능력과 가치의 향상을 도모하고, 합리적이고 현실적인 결정을 내릴 수 있도록 도우며, 개인의 직업적 적응과 발달을 지원하는 광범위한 전문적 조력의 과정이라고 할 수 있다.

이러한 진로지도의 일반적 목표는 다음과 같다.

첫째, 진로지도는 학생의 자기이해의 증진을 중요한 목표로 삼아야 한다. 복잡한 직업세계에서 자기에게 가장 적합한 직업을 선택하고, 성공적인 직업생활을 영위하기 위해서는 무엇보다도 자신의 가치관, 능력, 성격, 적성, 흥미, 신체적 특성 등에 대하여 올바르게 이해하는 일이 필수적이다.

둘째, 진로지도는 일과 직업세계의 다양한 측면과 변화양상 등을 올바르게 이해할 수 있도록 돕는 것이다. 과학기술의 발전으로 인해 산업의 분화와 고도화에 따라 직업의 종류도 양적으로 팽창하였고, 일의 내용도 복잡해졌으며, 고도로 전문화되어 가는 추세다. 이러한 상황에서 장래성 있고 자기에게 맞는 직업을 선택한다는 것은 그리 쉬운 일이 아니다. 일과 직업의 세계에 대한 객관적인 정보와 이에 대한 체계적인 탐구 없이 진로 혹은 직업을 선택한다는 것은 무모한 일이 될 것이다.

셋째, 진로지도는 청소년들의 진로에 관한 의사결정 과정에 초점을 두고 의사결정 능력을 증진시키도록 조력하는 것이다. 진로지도의 최종 결과는 그것이 크든 작든 어떤 결정이라는 형태로 나타난다. 아무리 훌륭한 능력과 정보를 가지고 있어도 최선의 선택을 할 수 있는 의사결정 기술을 갖추고 있지 않으면 올바른 진로 결정을 하기는 어려울 것이다.

넷째, 진로지도는 고도로 정보화된 시대를 살아갈 청소년들에게 스스로 정보를 탐색하고 활용하는 능력을 길러주는 것을 목표로 한다.

다섯째, 진로지도는 일과 직업에 대한 올바른 가치관 및 태도를 갖도록 하는 것이다. 일이란 수입을 통한 부를 창출하는 원천이며 생계의 수단으로서만이 아니라, 사회봉사와 자아실현의 수단으로서 중요하다. 일 자체에 대한 목적보다는 수단으로 여기는 생각에서 벗어나도록 해야 하고, 특정한 종류의 직업에 대한 편견을 버리도록 해야 하며, 성역할에 대한 고정관념에서도 벗어나도록 조력해야 한다.

(5) 계속적 지도를 위한 추후활동

생활지도에서 추후지도란 이미 지도 또는 상담을 받은 학생이 이 후 얼마나 건전하게 적응을 잘 하고 있는지에 대해서 확인하면서 지속적이고 체계적으로 지도하는 활동을 말한다. 추후지도의 대상은 지도를 받은 모든 학생이 될 수 있으나, 모든 학생을 전부 추후지도할 수는 없으므로 특별히 계속 지도를 필요로 하는 학생을 주요 대상으로 한다. 추후지도를 효과적으로 하기 위해서 사용되는 도구로는 면접, 방문, 질문지, 편지, 전화 등이 있으며, 상황에 따라 융통성 있게 사용한다.

2. 상담활동의 기초과제

상담은 생활지도 활동에 있어서 가장 핵심적인 활동이라 할 수 있다. 생활하는 가운데 맞닥뜨리는 다양한 과제들에 대해 전문가와의 상담을 통해 도움을 얻어 자력으로 문제해결에 도달하는 것이 목표다. 지금부터 상담활동을 정확히 이해하여 효과적으로 생활지도에 활용하기 위하여 상담의 의미와 목표, 상담이론과 기법, 집단 상담의 유형과 방법에 관하여 알아보자.

1) 상담의 의미와 목표

일반적으로 상담을 뜻하는 counseling이란 말은 라틴어의 counsulere에서 유래한 것으로 고려한다(consider), 반성한다(reflect), 숙고하다(deliberate), 조언한다(counsel), 상담한다(consult) 등의 뜻을 지니고 있다.

상담에 대하여 여러 학자들이 내린 정의를 중심으로 그 의미를 살펴보면, 먼저 윌리엄슨(E. G. Williamson)은 "카운슬링이란 현실적으로 각 개인의 적응을 도울 뿐만 아니라, 장래 적응을 준비하도록 도와주는 것"으로 정의하였다. 즉 윌리엄슨(E. G. Williamson)은 내담자의 적응문제에 관심을 가지고 있음을 알 수 있다. 로저스(C. R. Rogers)는 상담은 개인이 행동과 태도를 변화시키는데 도움이 되는 것을 목적으로 이루어지는 개인과의 일련의 직접적 접촉이라 하였다. 쉘쯔와 스톤(Shertzer & Stone)은 상담은 자기와 환경에 대한 의미 있는 이해를 촉진시키고 장래 행동의 목표나 가치관을 확립해서 명료화하도록 하는 상호작용의 과정이라고 하여 자신과 환경에 대한 학습을 강조하고 있다.

정원식과 박성수(2008)는 상담이란 도움을 필요로 하는 사람과 도움을 줄 수 있는 사람 사이의 개별적인 관계를 통하여 새로운 학습이 이루어지는 과정이라고 정의하고, 이장호(1994)도 상담이란 도움을 필요로 하는 사람이 전문적 훈련을 받은 사람과의 대인관계에서 생활과제의 해결과 사고, 행동 및 감정 측면의 인간적 성장을 위해 노력하는 학습과정이라고 정의하여 양측 모두 궁극적으로 학습과정을 강조하고 있다. 황응연과 윤희준(2003)은 상호작용의 관계를 강조해서 상담을 "도움을 필요로 하는 사람을 다른 사람이 도와주는 상호작용의 인간관계"로 보고, 이 인간관계는 다음과 같은 특성을 갖는 전문적인 관계라고 밝히고 있다. 첫째, 일대일의 관계, 둘째, 언어적 수단에 의한 역동적인 상호작용, 셋째, 전문적인 조력, 넷째, 사적이고 비밀적인 관계 등을 그 특성으로 들고 있다.

이상의 상담에 관한 정의를 종합하면, '상담은 전문적인 훈련을 받은 상담자가 도움을 필요로 하는 내담자에게 자신과 주위 환경에 대한 이해를 촉진시킴으로써 적응과 발달을 위한 행동의 변화, 즉 개인의 성장을 가져오게 하는 상호작용의 학습과정'이라고 정의할 수 있다(이재창, 2005). 상담의 궁극적인 목표는 내담자의 성장과 발달을 촉진하는 것이다. 그러나 이러한 목표는 일반적이고 추상적인 수준의 목표이며, 상담의 개념을 명백하게 하는데 별 도움이 되지 않는다. 따라서 보다 구체적인 상담의 목표를 정리해 볼 필요가 있다. 쉘쯔와 스톤(Shertzer & Stone)은 상담의 목표에 대해여 다음과 같이 제시하고 있다.

(1) 행동변화

상담은 개인이 좀 더 생산적이고 행복한 생활을 하는데 방해가 되는 행동을 감소시키거나 제거시키고, 개인이 만족하고 성공적인 생각을 하는데 도움이 되는 행동을 형성하거나 증가시키는 것을 목표로 한다. 변화가 필요한 행동이 어떠한 것인가를 구체적으로 표현할 수도 있다. 타인과의 관계, 가족상황, 학업성취, 직업상의 적응, 일상생활의 습관 등과 같이 어떠한 영역에 관련된 행동변화가 필요한가를 중심으로 상담의 목표를 진술할 수도 있다. 지적인 능력에 비하여 낮은 학교 성적을 향상시킨다든지, 형제간의 갈등을 해소한다든지 하는 것이 그 예라고 할 수 있다.

이와 달리 상담의 목표를 욕구좌절에 대한 독특한 행동양식을 변화시키거나, 다른 사람이나 자신에 대해 지니고 있는 태도를 변화시키는 것을 가리키는 경우도 있다. 로저스(C. R. Rogers)는 상담의 결과로 위협을 덜 느끼고, 불안을 덜 느끼며, 이상적인 자아와 지각된 자아 사이에 조화를 이루는 것이 상담의 구체적인 목표라고 하였다.

(2) 정신건강의 증진

상담의 목표로 정신건강의 증진을 지적할 수 있다. 정신질환을 예방하는 것이 생활지도나 상담의 목표라고 하는 견해는 상담의 목표가 단순한 부적응 행동의 치료에 머문다기보다, 좀 더 적극적으로 정신건강을 촉진하는 것에 역점을 두는데 따른다. 정신건강이 유지된다면 개인은 성격적인 통합을 이루게 되고, 잘 적응하게 되며, 건전한 인간관계를 형성할 수 있다. 정신적으로 건강한 사람은 책임감 있고, 독립적이며, 인격적으로 성숙한 생활을 영위한다. 이처럼 정신건강의 중요성 때문에 상담에서는 정신질환의 원인이 되는 여러 가지 병리적인 요소를 제거하거나 수정하는 것을 강조하게 된다.

정신건강을 유지하고 증진하며, 정신질환을 예방하는 것을 상담의 목표로 생각하는 것은 인간행동에 관한 '의학적 모형'의 실재를 전제한다, 이러한 관점에서는 아동이 물건을 훔치거나 거짓말을 하는 것은 단순한 행동상의 문제를 넘어서 아동의 성격에 어떠한 병리적인 요소가 있기 때문이라고 여긴다. 학교공부를 게을리 하는 것도 아동의 성격형성 과정에 어떠한 병리가 있기 때문이라고 설명한다. 이들에게 있어서 정신건강을 촉진한다는 것은 적극적이고, 현실적이며, 합리적인 성격을 형성하는 것과 일맥상통하는 것이다.

(3) 문제의 해결

상담의 목표는 내담자가 가지고 오는 문제가 무엇이건 이를 해결하는데 있다고 할 것이다. 그들이 상담을 필요로 하는 것은 도움을 필요로 하는 문제를 지니고 있기 때문이다. 상담자를 찾아오는 사람은 자신의 문제를 해결하는데 있어서 상담자가 어떠한 도움을 줄 수 있다고 믿기 때문이다. 그렇기 때문에 상담이란 내담자의 문제를 해결하는 것을 목표로 이루어진다.

그러나 상담의 목표로서 문제해결이 무엇을 의미하느냐 하는 것은 그렇게 간단한 문제가 아니다. 문제의 해결을 자아의 실현과 동일시하는 것도 가능하며, 동시에 내담자 자신이 문제라고 인식하고 있는 것을 해결해 주는 것을 뜻할 수도 있기 때문이다. 자아실현은 상담이 궁극적으로 지향하는 방향을 제시하는 것이며, 내담자들이 문제라고 말하는 것은 대개의 경우 현실적으로 느끼는 심리적인 고통을 가리키는 것이다. 그러므로 상담의 목표를 문제해결이라고 할 때 문제를 어느 수준에서 보느냐 하는 것을 명백하게 해야 할 필요가 있다.

(4) 개인적 효율성의 향상

내담자의 사고, 행동, 의사결정의 효율성을 향상시키는 것은 또 하나의 상담의 목표가 된다. 현대사회에 있어서 효율성은 상당히 큰 비중을 차지하는 중요한 문제다. 능률과 생산성은 오늘날 산업사회에서 강조되는 인간특성이라고 할 수 있다. 그러나 능률만이 효율성을 의미하느냐에 대해서는 견해에 차이가 있을 수 있다.

여기에서 말하는 효율성이란 적어도 몇 가지 측면에서 효율적이라는 의미를 내포한다. 효율적인 인간은 무엇보다도 생산적인 사고를 할 수 있으며, 적응적인 인간관계를 형성하며, 다양한 문제 상황에 효과적으로 대처하는 능력을 가지며, 문제를 정확하게 인지하고 주어진 역할을 일관성 있게 수행하며, 자기 자신을 적절히 통제할 수 있는 사람을 말한다. 그러므로 상담의 목표로서 효율성을 강조하는 것은 단순한 능률만을 의미하는 것은 아니다.

(5) 의사결정

상담의 목표는 내담자의 중요한 의사결정을 돕는데 있다고 할 수 있다. 상담에 있어서 상담자가 내담자를 위해 어떤 결정을 내리는 것이 아니라, 내담자 스스로가 결정을 내려야 한다는 것을 전제로 한다. 이 경우 왜 그러한 결정을 하는 것이며, 그러한 결정을 어떻게 수행할 수 있는지에 관해서도 내담자는 명백히 알고 있어야 한다.

그러므로 상담에서는 선택과 결정의 필요를 내담자가 인식하여 이에 요구되는 정보를 수집·평가하고 선택하는 능력을 증진하며, 관련된 정서적인 태도를 함양하는 것이 강조된다. 또한 여기에서 강조되는 것은 그러한 선택과 결정이 합리적으로 이루어지고, 지금의 문제만이 아니라 미래에 직면하게 될 결정을 효율적으로 할 수 있도록 조력을 제공하는 것이다.

2) 상담이론

상담자가 적절한 상담 기법을 사용하여 내담자의 문제해결과 지도방안을 마련하는 데에는 인간행동에서 나타나는 여러 가지 현상을 과학적으로 분석할 수 있는 상담이론들을 이해하고 있어야 한다. 상담활동에서 지켜야 할 자세는 상담자의 태도와 전문적 소양의 상담기술이 있어야 하며, 내담자를 인도할 때에 부작용이 없도록 적재적소에 알맞은 상담이론을 참조하여 활용할 수 있어야 한다. 그러나 상담이론이나 접근방법은 주장하는 학자에 따라, 또는 내담자의 문제 양상에 따라 각기 다르게 분류하여 적용하기 때문에 상담자는 필연적으로 다양한 상담이론의 이해와 기술을 가지고 있어야 한다.

(1) 지시적 상담

지시적 상담은 윌리엄슨(E. G. Williamson)에 의해 제시된 이론으로 흔히 특성요인 상담, 임상적 상담, 상담자 중심 상담 등의 여러 가지 용어로 호칭되고 있다. 지시적 상담은 교육 및 직업 상담을 기초로 하고 있기 때문에 상담을 받는 사람들의 특성을 직업적 또는 교육적 부적응으로 생각한다. 또한 상담자와 내담자의 상호관계는 교사와 학습자와의 관계와 같으며, 이는 고도로 인격화된 교수와 학습과정이다. 상담자의 역할은 내담자에게 좀 더 적합한 행동으로 대치하도록 가르치거나 도와주는 것이다. 따라서 상담이란 상담자가 내담자의 교육적, 또는 직업적 적응 행동을 도와주는 것으로 보고 있다.

① 상담의 목표

- 내담자가 자신의 동기, 능력, 적성, 성격, 흥미 등의 특성을 이해하고 수용하도록 한다. 이는 자신의 가능성을 확인하는 중요한 단서가 된다.
- 자신의 특성과 직업 등을 검토하여 만족스러운 결정을 내릴 수 있도록 한다.
- 내담자가 자신의 가능성을 확인하고 이를 실제로 활용할 수 있도록 한다.
- 내담자 자신의 문제를 스스로 해결할 수 있도록 한다.

② 상담의 과정

윌리엄슨(E. G. Williamson)은 상담과정을 6단계로 제시하고 있으며 상담자는 상담을 진행할 때 아래 제시되 단계를 적절히 활용하는 것이 좋다.

- **분석**(analysis) — 내담자에 관한 정보와 자료수집으로 이루어진다. 내담자의 적성, 흥미, 동기, 신체건강, 정서적인 면 등에 관련된 정보를 수집하기 위해 연구방법을 사용한다. 분석에 필요한 도구로는 누가기록, 면접, 시간할당표, 자서전, 일화기록, 심리검사 등이 있다.
- **종합**(synthesis) — 분석단계에서 수집한 자료를 실제 상담과정에서 유용하게 활용할 수 있도록 배열, 정리하는 단계다. 내담자와 관련된 정보를 분류하여 적응·부적응의 상태를 분석할 수 있도록 자료를 요약하고 구조화시키는 것이다.
- **진단**(diagnosis) — 지시적 상담의 효과를 크게 좌우할 수 있는 단계로 진단이 잘못되면 상담 전체가 잘못된다고 볼 수 있다. 내담자의 두드러진 특징과 문제를 기술하고, 내담자의 문제 및 그 원인과 관련된 특징을 간결하게 요약, 또는 자료를 해석하여 문제행동에 관해 진단을 내리는 것이다.
- **예후**(prognosis) — 진단과 예후는 둘 다 내담자가 성취하려고 하는 목적과 관련된 것이지만, 진단은 과거 및 현재와 관련된 반면 예후는 미래와

관련된 예측이다. 문제의 정도나 조건이 앞으로 어떻게 진전될 것이라고 예측한다.

- **상담**(counseling, treatment) — 상담자가 내담자로 하여금 현재 및 미래의 일상생활에 최적의 적응을 할 수 있도록 도와주는 지도 및 조언과정이다. 이 과정에서 상담자는 내담자의 문제해결을 위하여 암시, 격려, 충고, 설명, 지시 등 모든 기술을 동원하게 된다.
- **추후지도**(follow-up service) — 상담을 종료한 후 내담자에게 다시 문제가 발생하였거나 상담의 효과를 확인하고자 할 때 실시한다.

③ 상담의 기법

- **래포**(rapport) 형성 — 내담자를 존중하고 비밀을 유지하며 친밀한 관계를 형성한다.
- **자기이해 증진** — 내담자 자신을 보다 객관적으로 정확하게 이해하도록 해준다. 여러 가지 검사결과나 자료, 또는 상담과정을 통해 도움을 준다.
- **활동 계획의 수립** — 내담자가 자기 자신을 이해할 수 있도록 조언을 해주어야 한다. 조언의 방법에는 설득적이고 설명적인 방법을 사용한다.
- **계획의 실행** — 내담자가 자신의 계획을 확인하여 실행하도록 돕고 다음 단계를 제시해 준다.
- **다른 전문가에게 의뢰하기** — 자신의 능력 밖이라고 여겨지면 내담자의 동의를 얻어 다른 전문가에게 의뢰할 수 있다.

(2) 비지시적 상담

비지시적 상담은 로저스(C. R. Rogers)에 의해 발전된 상담의 한 접근방법이다. 이 상담은 내담자의 긍정적인 성장 가능성을 중시한다는 입장에서 내담자 중심 상담, 인간중심 상담이라고 불리고 있으며, 현상학적 접근 혹은 자아이론

접근이라고도 불린다. 상담의 관계는 하나의 독특한 인간관계로 '상담자'의 태도 면에서 진실성, 무조건적인 긍정적 수용, 공감적 이해 등과 같은 친밀하고도 진지한 일치성이 있는 특정한 조건이 존재한다면, 그로 인해 '내담자'의 문제해결이 이루어지며 더 나아가 성장적인 변화가 일어날 것이라는 입장을 취한다.

① 상담의 목표

비지시적 상담에서 문제시되는 부적응행동이란 개인의 자아가 왜곡된 결과라고 할 수 있다. 그러나 개인은 심리적인 부적응 요인들을 자각하는 능력과 부적응의 상태에서 벗어나 심리적 적응으로 향하는 경향성을 가지고 있으므로, 상담자가 내담자에게 성장할 수 있는 합리적인 조건들을 제공하면 타고난 잠재능력을 건설적으로 발달시킬 것이라고 본다. 따라서 상담자는 상호신뢰적인 분위기를 조성하여 내담자가 거리낌 없이 자기를 표현하도록 함으로써 자신의 내면세계를 이해하고 자신의 문제를 파악할 수 있게 한다. 이런 관계 속에서 내담자가 자신의 왜곡된 지각을 수정하여 현실적 경험과 자아개념 간의 조화를 이루며, 능력과 개성을 발휘하여 자아를 실현하고, 그 결과 완전히 기능하는 사람이 되도록 하는데 목표를 둔다.

② 상담의 기법

비지시적 상담의 기법은 상담자와 내담자와의 상담관계 형성이 핵심이다. 내담자에게 도움이 되거나 변화하고 성장하게 하기 위해서 스스로 자신 속에 있는 능력을 발견하도록 만드는 것이 중요한 상담관계이다. 효과적인 상담자의 특성은 공감, 진실성, 수용적인 태도로 내담자와 함께 생각하고, 느끼고, 탐색하여 내적 준거체제를 발전시키는 것이다.

- **무조건적 긍정적 수용** — 내담자를 전적으로 신뢰하고 수용하여 내담자 자신이 자기 이해와 긍정적인 변화를 통해 스스로 잠재력이 있음을 깨닫

도록 한다. 내담자의 행동에 대해 가치의 유무에 상관없이 비판적인 행동을 보여서는 안 되며, 내담자가 지닌 그 자체를 있는 그대로 받아들여야 한다.

- **진실성** — 진지성, 진솔성, 일치성이라는 용어가 쓰이기도 한다. 진실성이 있는 상담자는 속으로 생각하고 느끼는 것과 드러나는 언행이 같다. 그는 자신의 마음속의 느낌을 각성하고 받아들이며, 그것에 맞추어 적절한 언어적, 비언어적 의사소통을 정확하게 구사할 수가 있다.
- **공감적 이해** — 공감이란 내담자의 생각, 감정, 경험에 대하여 내담자의 입장을 있는 그대로 이해하는 것이다. 즉 상담자가 내담자와 "더불어 함께하는 과정"이라고 할 수 있다. 상담자가 내담자의 내면세계를 정확하게 그리고 감정을 이입하여 이해하는 것을 의미한다. 즉 자기 자신을 잃지 않고 내담자의 내적 세계를 마치 자신의 내면세계인 것처럼 느끼는 것이다.

(3) 정신분석적 상담

① 상담의 목표

정신분석학의 창시자인 프로이트(S. Freud)는 인간의 정신세계가 의식, 전의식, 무의식의 세 가지 경험세계로 구성되어 있다고 보고, 그 중에서 무의식 속에 억압된 과거의 경험이 인간행동을 결정한다고 주장하였다. 그는 인간이 동물적 충동과 본능을 갖고 있고, 무의식적으로 행동하는 비합리적인 존재이며, 과거의 경험에 의해서 형성되는 결정론적인 존재라고 보았다. 따라서 내담자가 자신의 행동을 이해하려면 행위자 자신도 자각하지 못한 그의 무의식 속에 들어있는 경험을 의식 차원으로 끌어올려 이해하고 통찰이 생기도록 정신분석학자가 도와주는 것을 상담의 목표로 여겼다.

② 상담의 기법

정신분석학적 상담이론은 무의식적 동기에 의해서 유발되는 지속적인 인간의 정서적 곤란과 부적응 행동을 해소시키기 위해서 다음과 같은 정신분석의 기술을 활용한다.

- **자유연상**(free association) — 이것은 내담자로 하여금 무엇이든지 자기 자신의 생각에 떠오르는 것을 말하도록 하는 것이다. 내담자는 이런 자유연상을 통하여 과거를 회상하고 충격적인 상황 속에서 느꼈던 여러 가지 감정들을 발산하게 되고, 이로 인해서 문제의 원인이 되는 단서를 찾을 수 있다.
- **해석**(interpretation) — 해석은 자유연상이나 꿈, 저항, 전이 등을 분석하고, 그 속에 담긴 행동상의 의미를 내담자에게 지적하고 설명하는 기본적인 절차이다. 해석을 통하여 자유연상이 촉진된다.
- **꿈의 분석**(dream analysis) — 수면 중에는 방어가 약화되므로 억압된 욕망과 감정이 의식표면에 떠오르게 된다. 꿈은 무의식적 동기를 이해하는데 중요한 수단이 되기 때문에 정신분석에서는 꿈을 중요시한다.

(4) 인지주의적 상담

① 상담의 목표

인지상담에서는 인간의 정서, 행동, 사고 중에서 사고가 인간의 행동과 감정을 결정짓는 가장 중요한 요인이라고 본다. 인간이 부적응적 정서나 행동을 나타내 보이는 것도 사고 때문이며, 인간의 부적응적 정서나 행동을 적응적으로 변화시키는 것도 사고를 변화시킴으로써 가능하다는 것이다. 예컨대, 시험을 앞두고 지나치게 불안해하는 학생은 그 시험을 잘못 보면 자기의 인생은 파멸이라는 식으로 과장되고 극단적인 생각을 하기 때문이라는 것이다.

② 상담의 기법

인지상담의 대표적 이론가인 엘리스(A. Ellis)에 의하면 인간은 비합리적인 신념을 처음에는 부모에게서 배우고 후에 사회에서 강화받는데, 이것은 결국 사람들의 정서적 장애를 유발시키는 핵심적인 원인이 된다고 한다. 따라서 상담자의 역할은 내담자의 문제가 왜곡된 지각과 비합리적인 생각으로 인해서 생긴 것이라는 것을 내담자에게 보여주는 것이다. 그리고 이러한 지각과 생각을 합리적이고 현실적이며, 또한 논리적이고 융통성 있는 신념으로 재구성하도록 내담자를 돕는 것이다. 엘리스(A. Ellis)는 이 이론을 바탕으로 하여 비합리적 신념을 합리적 신념으로 변화시키기 위한 치료기법을 개발하였는데 이를 RET(Rational Emotive Therapy), 또는 REBT(Rational Emotive Behavior Therapy)라고 부른다.

(5) 행동주의적 상담

① 상담의 목표

인간의 무의식적 경험을 다루거나 의식적인 경험세계의 이해를 근거로 하는 상담이론들과는 달리 행동주의 상담이론은 관찰과 측정이 가능한 행동을 변화시키는데 주로 관심을 둔다. 행동주의 상담이론은 파블로프(I. P. Pavlov)의 고전적 조건화와 스키너(B. F. Skinner)의 조작적 조건화 이론을 바탕으로 관찰이 가능한 문제행동을 조직적 · 체계적으로 변화시키는 것을 목표로 한다. 조건화 이론에 의하면 행동은 학습된 것이므로 상담자는 상담과정에서 바람직한 행동은 그 발생 빈도를 높여 주고, 부적응 행동은 그 빈도를 줄이거나, 수정하거나, 소멸시킬 수 있다고 본다.

② 상담의 기법

행동주의 상담에서 흔히 사용되는 기본적인 개념은 강화, 벌, 소멸 등이 있다. 강화는 방금 일어난 행동이 다시 일어날 가능성을 증대시켜 주는 행위를 말한다. 정적(正的) 강화란 어떤 자극이나 결과를 제공함으로써 그 자극을 받은 행동의 빈도와 강도가 늘어나는 것을 가리키고, 부적(負的) 강화는 어떤 행동의 발생이나 형성을 억제하거나 감소시켰던 자극이나 결과를 제거해 줌으로써 그 행동의 발생이나 형성을 촉진시키는 것을 말한다. 벌은 부적 강화와 혼동되는 경우가 있으나 전혀 다른 개념이다. 부적 강화는 행동의 발생을 촉진하는데 비해서 벌은 고통스럽거나 불유쾌한 자극을 제공하여 부적응 행동을 중지하거나 약화시키는 것을 가리킨다. 소멸은 조건 자극이 나타날 때 조건 반응이 나타나지 않은 상태를 말한다. 질문할 때마다 대답을 하지 않으면 더 이상 질문하지 않게 된다. 또 주목을 끌기 위해 문제행동을 할 때마다 주위의 사람들이 관심을 보여주지 않으면 그 행동은 강화되지 않으므로 사라지게 된다. 이런 현상을 소멸이라고 한다. 따라서 학습이론을 직접적으로 상담 장면에 이용하기 위해서는 상담자의 적극적인 개입과 지시적인 조정자의 역할이 필요하며 동시에 내담자의 협조와 강한 동기가 있어야 한다.

3) 집단상담

집단 상담과 개인상담의 차이점은 개인상담의 경우 상담자 1인 대 내담자 1인으로 이루어지는데 반해, 집단상담은 상담자 1인 대 내담자 다수(group counseling), 또는 상담자 몇 사람과 내담자 다수(multiple counseling)로 이루어진다는데 있다. 또한 실제 진행과정에서는 수적인 차이뿐만 아니라, 구체적인 상담기법에서 상당히 큰 차이가 있다.

(1) 집단상담의 의의

현대사회나 교육에서는 개인생활보다 집단생활에 강조점을 둔다. 집단 속에서의 개인, 개인과 개인의 인간관계, 집단효과 등에 역점을 두고 발전한 것이 집단 상담이다. 황응연 · 윤희준(2003)은 집단상담의 장점을 아래 다섯 가지로 제시한다.

① 동시에 여러 사람을 상대하므로 상담자의 영향력이 여러 사람에게 동시에 미친다.
② 학생들에게 개인 상담에서 느끼는 것과 같은 위압감이나 긴장감을 주지 않는다. 왜냐하면 상담이 또래집단(peer group) 속에서 진행되는 효과와 같기 때문이다.
③ 집단상담은 집단이라는 상황과 동료의식을 효과적으로 이용할 수 있다.
④ 집단 상담에서 학생들은 상담자를 자신들에게 판정을 강요하는 외부적인 존재로 느끼는 것이 아니라, 상담과정에서 자신들의 경험을 촉진하고 자신들을 수용하는 사람으로 여긴다.
⑤ 학교에서의 집단상담은 개인 상담을 촉진하는 계기가 되고 기타 학생들의 필요를 충족시키는 새로운 기회를 쉽게 만들어 준다.

(2) 집단상담의 유형

집단 상담을 실시하는 방법은 문제의 특성이나 대상, 또는 지도 목적에 따라 다르게 사용하고 있어 대표적인 몇 가지 형태를 제시하기로 한다.

① 훈련 집단(Training group)

T-집단이라고도 하며 이 집단은 초기에 기업체에서 작업집단의 효율성과 능률을 높이기 위한 집단 기능 과정을 연구하는 방법으로 사용되었다. T-집단은 집단 구성원들의 집단 안에서의 역할을 강조하고 그들의 능력을 증진시키려는 교육적 목적에서 시작되었다. 이와 같이 T-집단은 무엇보다도 참여자

개인의 잠재력 개발을 중요시하며 과업 지향적이다.

② 감수성 훈련 집단(Sensitivity training group)

이 집단은 개인적인 자각을 일깨우고 잠재능력을 발달시키는 것에 초점을 맞춘 인간잠재력 개발운동의 한 형태다. 이 방법은 T-집단과 동일하게 사용되기도 한다. 이 모임은 대인관계에 있어 자신의 잠재력을 탐색하고 실현할 수 있는 건강한 사람에게 기회를 제공하고자 한다.

③ 집단 역학(Group dynamics)

이 방법은 사회봉사(social work)의 일부로 실시되어 온 집단 작업에서 유래되었다. 대인 상호작용을 조정함으로써 집단 내 개인의 성격 개선을 도모하는 동시에, 집단으로서의 활동력을 향상시키려는 것이다. 집단 역학의 특성은 다음과 같다.

- 집단 간의 대인관계의 형태와 집단 사이의 발달과 기능을 연구한다.
- 집단 내 원인-결과 관계의 탐구, 즉 단체 구성원 사이의 상호관계를 분석하여 그것이 어떻게 형성되어 다른 집단에 반응하는가를 연구한다.
- 집단 역동성은 응집력, 통솔력, 의사결정, 하위집단의 형성 및 이들 간의 상호관계를 포함한다.

④ 만남집단(Encounter group)

이 집단 형태는 T-집단 원리의 일부를 보완하여 개발시킨 모형으로 대면집단이라고도 불린다. T-집단과 다른 점은 비언어적 표현과 가벼운 신체적 접촉을 사용한다는 점이다. 다른 사람과의 관계를 통해 자신에 대한 심리적 과정을 탐색, 경험하는 훈련 집단이다. 이 만남 집단은 외부로부터 자신을 보호하기 위해 많은 형식으로 자신을 에워싸고 있는 허식적이며 무가치한 것들을 스스로 깨달을 수 있도록 한다는 것이다.

집단상담을 진행하는 과정에서 참여자들은 자기의 마음을 열고 정직하고 진정한 대화를 통해 자신의 현재 느낌을 말하도록 권장하여, 자신의 체면이나 위신을 낮추어 버리도록 격려한다. 이러한 과정에서 위선적이고 순수하지 못한 모든 것을 떨쳐버리고, 자기의 내면적인 면에 충실한 상태에서 다른 사람을 만나 직접적인 신체적 접촉이나 대화를 시도하도록 촉진한다.

(3) 집단상담의 대상

① 여러 사람들을 보다 잘 이해해야 하고 다른 사람이 자기를 어떻게 보는가를 알아야 할 것으로 판단되는 내담자
② 개인의 성격, 생활배경 등에 대해 다른 사람을 배려해야 하거나 존경심을 갖도록 해야 할 것으로 판단되는 내담자
③ 다른 사람과의 대화를 통해 사회적 기술의 습득이 필요한 내담자
④ 다른 사람과의 유대감, 소속감 및 협동심의 향상이 필요한 내담자
⑤ 동료나 타인의 이해와 지지가 도움이 되리라고 판단되는 내담자
⑥ 자기의 관심사나 문제에 관해 다른 사람의 반응, 조언이 필요한 내담자
⑦ 자기 문제에 관한 검토, 분석을 기대하거나 유보하기를 원하고, 자신을 노출하는 것에 대해 필요 이상의 위협을 느끼는 내담자

이와 같이 집단상담은 개인상담과 비교할 때 자기에 대한 타인의 지각과 반응을 알고자 하거나 알아야 될 경우, 특히 대인관계에서 자신감과 사회적 기술의 습득이 필요한 경우에 더욱 효과적이라고 볼 수 있다. 집단상담은 대인관계 안에서 수용적 상호 교류의 분위기를 형성하여 인간관계의 향상을 위한 노력을 가능하게 해 준다.

만일 내가 다시 아이를 키운다면,
먼저 아이의 자존심을 세워주고
집은 나중에 세우리라.
아이와 함께 손가락으로 그림을 더 많이 그리고,
손가락으로 명령하는 일은 덜 하리라.
아이를 바로잡으려고 덜 노력하고,
아이와 하나가 되려고 더 많이 노력하리라.
시계에서 눈을 떼고 눈으로 아이를 더 많이 바라보리라.
만일 내가 다시 아이를 키운다면,
더 많이 관심 갖는 법을 배우리라.
자전거도 더 많이 타고 연도 더 많이 날리리라.
들판을 더 많이 뛰어다니고 별들을 더 오래 바라보리라.
더 많이 껴안고 더 적게 다투리라.
도토리 속의 떡갈나무를 더 자주 보리라.
덜 단호하고 더 많이 긍정적으로 보리라.
힘을 사랑하는 사람으로 보이지 않고
사랑의 힘을 가진 사람으로 보이리라.

〈다이아나 루먼스〉

〈연구 문제〉

1. 현재 우리 주변에서 대두되는 왕따와 학교폭력 문제를 해결하기 위해 실제로 학교에서 실시하고 있는 상담이나 생활지도의 방안에 대해 논의하시오.
2. 상담자가 내담자와의 상담관계에서 반드시 지켜야 할 진실성, 긍정적 관심, 공감적 이해에 대해 구체적으로 설명하시오.
3. 집단상담의 유형 중 감수성 훈련 집단(sensitivity training group)에 대해 설명하시오.
4. 생활지도와 상담, 정신치료를 구분하여 설명하시오.

제12장

교육평가

1. 교육평가의 개념
2. 교육평가의 목적과 기능
3. 교육평가의 유형
4. 좋은 검사의 조건
5. 수행평가

1. 교육평가의 개념

교육평가란 '학습자의 학습과 행동 발달 정도를 교육의 목표에 비추어 측정하고 판단하는 일'이라고 정의할 수 있다. 다시 말해 교육목표의 달성정도를 파악하기 위해 교육현장에서 발생하는 활동 결과들을 평가하는 것을 뜻한다. 교육(教育)을 '가르치고 기르는 것'이라고 단순하게 정의하기도 하지만, 많은 학자들이 교육을 다양하게 정의하고 있다. 그 중에서 정범모가 제시하는 '인간행동특성의 계획적 변화'라는 교육의 정의에 비추어 본다면, 교육평가란 '인간의 행동특성이 계획적으로 그리고 의도적으로 변화를 일으킨 과정이나 그 결과물을 평가하는 것'이라고 볼 수 있다.

교육평가(educational evaluation)라는 용어는 1930년대에 Ralph Tyler에 의해 처음 사용되었으며, Tyler는 교육평가를 교육목표와 관련하여 정의하였다. Tyler(1942)는 교육평가를 교육과정과 교수 프로그램을 통해 설정한 교육목표에 얼마나 도달하였는가를 판단하는 활동으로 보았으며, 그의 견해는 [그림 12-1]처럼 도식화할 수 있다.

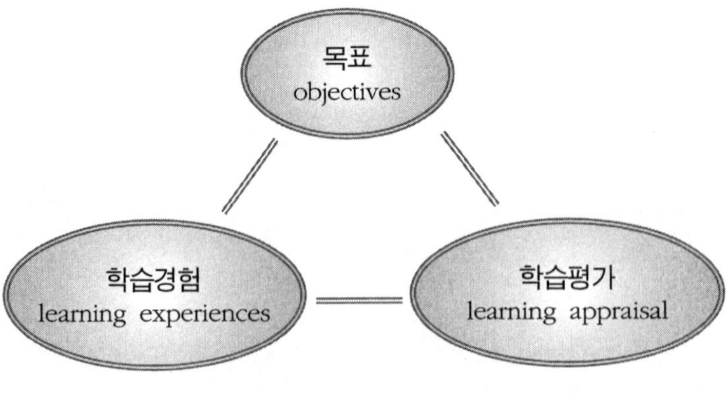

[그림 12-1] Tyler의 교육평가에 대한 정의

Tyler는 교육평가에 있어서 고려해야 할 중요한 사항들을 다음과 같이 제시하였다.

첫째, 학교는 어떤 교육목표를 달성할 것인가?

둘째, 설정된 교육목표를 달성하기 위하여 어떤 교육적 경험을 제공할 것인가?

셋째, 선정된 교육적 경험을 어떻게 효과적으로 조직할 것인가?

넷째, 교육목표가 달성되었는지를 어떻게 평가할 것인가?

Tyler가 언급한 네 가지 사항들은 사실 교육평가뿐만 아니라, 교육과정 설계에서부터 고려되어야 할 것들이기도 하다. 왜냐하면 교육평가 활동은 설정된 교육목표가 교육과정이나 교수프로그램을 통하여 얼마나 달성되었는지를 판단하는 것이기 때문이다.

이와 같이 교육활동이 설정된 교육목표를 어느 정도나 달성하였느냐를 판단하는 행위라는 평가의 개념은 시대가 흐르면서 점차 평가를 통한 가치 판단을 강조하게 되었다. 즉, Cronbach(1969)는 교육평가란 의사결정을 위한 정보를 제공하는 일이라고 하였으며, Stufflebeam(1971)은 평가란 어떤 것의 가치, 질, 유의성, 양, 정도, 조건에 대한 판단과 시험행위라고 하였다. 또한 Beeby(1977)는 평가에 필요한 정보는 체계적인 방법으로 수집되어야 하고, 수집된 정보에 대한 해석이 필요하며, 교육과정과 교육결과에 대한 기술과 해석에 그치는 것이 아니라, 그것을 바탕으로 교육과정과 결과, 교육목적에 대해 가치판단을 내리는 것이라고 정의하였다.

이처럼 평가대상의 가치를 판단하는 활동으로서 교육평가는 크게 두 가지 의미로 사용되고 있다. 교육평가의 첫 번째 의미는 프로그램, 조직, 수업, 프로젝트, 교육과정과 같은 평가대상의 가치, 질, 효과, 유용성을 판단하는 과정이다. 교육평가에서는 평가대상의 가치와 질을 판단하기 위한 표준을 설정하고, 측정을 통해 적절한 자료를 수집하며, 가치와 질을 판단하기 위해 표준을 적용하는데 주안점을 둔다. 교육평가의 두 번째 의미는 학생들의 성취, 또는 상태에 대해 질적인 판단을 내리는 과정이다. 교육평가의 목적은 학생들의 성취도를 단순히 기술하는데 있는 것이 아니라, 성취수준이 어느 정도 우수한지, 수업내용을 어느 정도 이해했는지를 판단하는 것이다.

지금까지 정의된 내용을 종합해 보면 교육평가란 교육과 관련된 모든 활동의 양, 정도, 질, 가치, 유용성 등을 체계적으로 측정하여 판단하는 주관적 행위로서 교육목적에 대한 가치를 판단하는 행위라고 할 수 있다.

2. 교육평가의 목적과 기능

교육평가는 다음과 같은 다양한 목적을 위해 사용될 수 있다.

첫째, 학생의 교육목적 달성도를 파악하기 위하여 실시한다. 즉 설정된 교육목표에 학생의 바람직한 행동변화가 어느 정도 일어났는지에 대한 정보를 학생과 교사에게 알려주기 위하여 실시한다.

둘째, 교사가 자신의 교육활동에 대한 반성적 자료를 얻기 위하여 실시한다. 즉, 교사가 사용한 교과서, 수업자료, 교수법 등이 교육효과를 향상시키는데 기여했는지에 대한 정보를 얻기 위하여 실시한다.

셋째, 교육향상을 위한 전반적인 자료를 수집하기 위하여 실시한다.

넷째, 학생 장래의 진로지도를 위한 자료를 수집하기 위하여 실시한다.

교육평가가 위와 같은 목적을 가지고 교육목표가 교수활동이나 교육 프로그램 내에서 달성되었는지를 판단하는 활동이라고 한다면, 교육평가의 기능은 다양한 교육적 판단활동에 도움을 주는 것으로 볼 수 있다. 교육평가가 학교를 비롯한 교육현장에서 수행할 수 있는 기능은 다음과 같다.

첫째, 개별학습자의 학업성취도를 평가한다. 교육현장에서 학생들이 학교와 교사가 설정한 학습목표에 도달했는지를 판단하기 위해 평가를 실시한다. 이러한 평가는 개별학습자의 학업성취도를 평가하는 기능을 수행한다.

둘째, 교육프로그램이나 교육과정에 대한 평가를 수행한다. 교육평가는 개별학습자에 대한 평가 기능만 수행하는 것이 아니라, 학교나 교육현장에서 이루어지고 있는 여러 교육프로그램과 교육과정에 대한 평가를 수행함으로써 교육프로그램과 교육과정을 수정하고 보완을 통하여 개선하는 기능을 수행한다.

셋째, 교육의 질을 통제하기 위한 책무성(accountability)의 기능을 수행한다. 국가수준의 학업성취도평가, 학교평가 및 교원평가와 같은 제도는 교육평가의 책무성 기능이 강조되는 평가제도로서 학교와 교사의 질을 제고하고자 하는 목적을 가진다.

넷째, 국가의 교육정책을 수립하고 의사 결정을 하는 데에 도움을 주는 기능을 한다. 한 국가의 교육정책을 수립하는 데 있어서 여러 방면에 걸쳐서 많은 자료 수집과 자료분석이 필요하다. 이러한 자료 수집과 분석의 과정에서 평가활동을 통해 의사결정에 도움을 준다.

3. 교육평가의 유형

1) 수업과정 단계에 따른 구분

검사를 언제 어떤 목적으로 하는지에 따라 교육평가를 구분할 때에는 교수-

학습이 시작되기 전, 교수-학습이 진행되는 도중, 그리고 교수-학습이 끝난 이후로 나눌 수 있으며, 각각을 진단평가, 형성평가, 그리고 총괄평가로 지칭한다.

(1) 진단평가

진단평가(diagnostic evaluation)는 교수-학습활동이 시작되기 전에 학습자가 가지고 있는 능력 및 특성의 양상이나 수준을 체계적으로 파악하고, 이러한 정보를 교육목표 설정, 교수-학습활동 계획, 평가계획 수립 등의 기초자료로 삼기 위해 시행된다. 때문에 학습자의 지적 수준, 선행학습 정도, 흥미, 학습동기 수준 등 학습자의 특성이나 학습결손 등과 같은 출발점 행동을 알아내는데 관심을 두고 평가가 이루어진다.

앞에서도 언급하였듯이 진단평가를 실시하는 궁극적인 목적은 교수-학습과정에서 학습효과를 극대화하기 위해 적절한 교수전략을 투입하는 것이다. 학습자들이 수업에 들어오기 전의 지적 수준이나 정의적 특성을 알게 되면 교사는 수업을 계획하고 진행해나가는 것을 훨씬 더 효율적으로 할 수 있기 때문이다. 이처럼 교수학습을 시작하기 전의 학습자들의 행동특성 수준을 출발행동(entry behavior)이라고 한다.

학습자의 출발행동은 수업과 관련한 부분이 많기 때문에 대개 인지적 출발행동을 평가하는 경우가 많다. 인지적 출발행동이란 학습자 개인이 학습장면에 가지고 들어오는 인지적 성질을 띤 과거 학습의 누적적 총체를 의미한다(황정규, 1998). 인지적 출발행동의 예로는 지능, 적성, 현재의 학습과 관련 있는 과거의 학업성취 등이 포함될 수 있다. 인지적 출발행동을 일반화의 수준에 따라서 일반 인지적 출발행동, 특수 인지적 출발행동, 그리고 준(準)일반 인지적 출발행동으로 구분하기도 한다.

일반 인지적 출발행동은 대부분의 교과 학습에 영향을 미치는 인지적 출발행동으로, 매우 일반적인 지적 능력을 의미하는데 지능을 예로 들 수 있다. 과거에는 학습자들의 수준을 파악하기 위한 수단으로 지능을 진단평가에서 많이 사용하기도 하였지만, 최근 들어서는 학교 현장에서 진단평가로 사용하는 경우가 많이 줄어들고 있다. 전통적으로 지능은 단일한 능력개념으로 인식되어 IQ라고 하는 지수로 나타내기도 하였으나, 최근 들어 지능은 여러 가지 능력, 즉 복합적인 능력개념으로 인식되는 경우가 많다. 대표적인 예로 가드너의 다중지능이나 스턴버그의 성공지능과 같은 것들이 있다. 만약 학교 현장에서 IQ로 학생들의 인지적 수준을 측정하고 이를 진단평가의 자료로 사용하는 경우, 학생들을 이해하기 위한 자료로서 제한적으로 사용할 것을 권장하고 있다. 즉, IQ에 절대적 의미를 부여하여 학생의 전체적인 능력과 특성을 판단할 수 있는 지표로 사용해서는 안 될 것이다.

특수 인지적 출발행동은 학습하는 과제와 관련성이 높다고 할 수 있다. 그렇기 때문에 특수 인지적 출발행동을 측정하기 위해 같은 교과목 내에서의 선수학습 정도와 그 성취도를 측정한다. 해당 교과의 학업성취도와 가장 상관이 높은 인지적 출발행동이라고 할 수 있다.

준(準)일반 인지적 출발행동은 일반 인지적 출발행동과 특수 인지적 출발행동의 중간 정도에 해당하는 출발행동으로, 매우 일반적인 수준의 인지능력은 아니지만 교과를 학습하는 데에 많은 관련성을 가진 인지능력을 말한다. 예를 들면 여러 교과에 걸쳐 학습성취와 관련이 있는 독해능력과 수리능력 같은 것들이다.

진단평가에서는 인지적 출발행동 외에도 정의적 출발행동도 측정가능하다. 정의적 출발행동은 한 학습과제를 학습하려고 하기 이전에 형성된 개인의 정의의 총체다(황정규, 1998). 정의적 출발행동은 가정환경이나 개인의 생활, 학교생활 등에서 형성된 개인의 흥미나 태도, 자아개념 등을 예로 들 수 있다. 특히 이 중에서 특정교과와 관련된 개인의 흥미나 태도와 같은 것은 학습자의 해당교과의 학업성취도와 높은 관련성을 갖는다. 특정교과에 대하여 흥미를 가지거나 긍정적인 태도를 가지게 되면, 자연스럽게 그 교과를 열심히 공부하게 되고, 이는 학업성취에 좋은 영향을 미치기 때문이다. 그러므로 진단평가를 실시할 때 정의적 출발행동에 대해서도 많은 관심을 기울일 필요가 있으며, 학습자들의 학업성취도 향상을 계획하는데 기초자료로 사용할 수 있다.

(2) 형성평가

형성평가(formative evaluation)는 교수-학습이 진행되고 있는 상태에서 실시하는 평가다. 형성평가라고 하면 흔히 수업 시간 중에 실시하는 퀴즈나 쪽지시험과 같은 평가를 떠올리기 쉽다. 그렇다면 이렇게 형성평가를 교수-학습이 진행되고 있는 과정 중에 실시하는 목적은 무엇일까? 단순하게 학습자들의 수준을 평가하는 목적이외에 형성평가는 고유의 목적을 가진다. 형성평가에서 나온 결과는 교사에게 자신이 설계한 교수-학습과정을 수정하거나 보완할 수 있도록 피드백을 준다. 또한 학습자는 형성평가 결과를 통해 본인의 학습방법을 수정하는데 필요한 피드백을 받게 된다. 다시 말해 형성평가는 교사와 학습자 모두에게 교수-학습과정과 관련한 정보를 제공하고, 이러한 정보를 바탕으로 교수-학습과정에 대한 수정과 보완을 하여 결과적으로 학업성취의 극대화를 꾀하려 한다고 볼 수 있다.

이렇듯 형성평가가 교수-학습과정 중에 이루어지기 때문에 수업의 궤도 수정이라든지, 난이도 조절의 측면에서 앞으로 진행될 수업에도 많은 영향을 미친다. 하지만 학습자와 교사에게 부정적인 영향을 미치지 않도록 형성평가 결과 사용 시 유의해야 한다. 학습자는 형성평가 결과가 자신이 생각했던 것보다 낮게 나왔을 경우 낙담하고 포기할 것이 아니라, 지금까지 자신의 학습방법에 문제점은 없었는지, 그리고 향후에는 어떻게 학습하는 것이 도움이 될 것인지 모색하는 기회로 삼아야 한다. 뿐만 아니라 차후 이루어지는 평가에서 학업성취도가 향상될 수 있도록 스스로 동기를 부여하는 계기로 삼아야 한다.

형성평가는 학습자의 성적을 판정하거나 교사의 능력을 판단하려는 평가가 아니다. 형성평가는 교수-학습의 개선을 위해 사용하는 평가라는 점을 교사와 학습자 모두가 인지하여야 한다. 이처럼 형성평가의 목적을 교수-학습의 개선으로 보았을 때, 학업성취도를 측정하는데 흔히 쓰이는 지필검사를 떠올리기 쉽다. 그러나 수업시간에 학생들이 수업내용에 대한 이해를 보여주는 고개 끄덕임, 눈빛, 표정, 몸짓 등도 교사에게 진행하고 있는 수업에 대한 충분한 피드백을 줄 수 있다. 그러므로 교사는 자신의 수업에 대해 학생들이 나타내는 여러 가지 반응들에 대해 관심을 갖고, 향후 수업을 개선하는 데 사용할 수 있어야 한다.

(3) 총괄평가

총괄평가(summative evaluation)는 한 단위의 학습을 끝내면서 교수목표의 달성이나 성취 여부를 종합적으로 판정하려는 목적으로 실시하는 평가이다. 형성평가는 총괄평가와 비교해 볼 때, 시기적으로도 구별이 되지만 그 목적에 있어서도 확연히 구별된다. 형성평가는 평가결과를 가지고 학습자의 과제수행을 돕고 학습목표 성취를 도우려는 목적으로 실시한다. 반면에 총괄평가는 해당 교과에서 학습자들의 학업성취가 얼마나 이루어졌는지를 평가하기 위한 목적으로 실시한다. 특히 총괄평가는 평가결과를 중요한 행정적 의사결정을 하는데 사용하거나, 총괄적인 판단을 내리는데 사용하가 때문에 거의 대부분 교수학습이 완료된 시점에서 평가가 이루어지고 있다.

이렇듯 총괄평가가 교수-학습이 완료된 시점에서 실시되기 때문에 교수-학습 과정을 시작하기 전에 설정하였던 학습목표에 도달하였는지의 여부를 점검하는 기능을 수행한다. 그래서 준거참조평가(criterion-referenced evaluation), 또는 목표지향평가(objective-based evaluation)라는 표현을 사용하기도 한다. 총괄평가는 학습목표 도달 여부를 확인하는 것 외에, 한 집단의 점수와 다른 집단 간의 점수를 비교하기 위해서도 실시한다. 국가 간 학업성취도 비교 연구라든지, 지역 간 학업성취도 비교 연구와 같이 공식적인 학력비교나 국가정책 개발을 위한 정보 수집을 위해서도 실시한다. 이처럼 비교의 기능을 수행하게 되는 경우에는 규준참조평가의 방법을 사용하게 된다.

2) 평가 기준에 따른 구분

규준참조평가와 준거참조평가는 학생의 점수를 어떻게 해석하느냐에 따라 분류되는 평가의 유형이다.

(1) 규준참조평가(상대평가)

규준참조평가(norm-referenced evaluation)는 상대평가라는 용어로 잘 알려져 있는 평가유형으로, 규준에 비추어 해석하는 평가라고 말할 수 있다. 규준참조평가를 사용한다는 것은 한 학생의 성취정도를 또래 집단의 성취정도와 비교하여 평가하는 것을 뜻한다. 그렇기 때문에 학습자의 성취 결과를 집단 내 다른 학습자들의 성취 결과와 비교하여, 그 집단 내에서의 개인이 속한 위치에 대한 정보를 줄 수 있는 평가라고 할 수 있다.

예를 들면 한 집단 내에서 학업성취도 검사를 실시하고 나서 전체의 20%는 A, 30%는 B, 30%는 C를 주게 되어 있는 경우, 또는 전체 피험자들의 순서를 정해 그 비율대로 학점을 주게 되는 경우가 규준참조평가의 예가 된다. 이외에도 학교현장에서 사용하고 있는 9등급제도도 규준참조평가의 예다. 현행 9등급 제도는 상위4%에게는 1등급, 다음 7%는 2등급, 다음 12%는 3등급을 주는 방법을 사용하고 있는데, 이 역시 집단 내에서의 점수 분포를 사용하여 학생이 집단 내에서 위치하는 순서에 대한 정보를 제공한다.

규준참조평가는 집단 내에서의 위치에 대한 정보를 주는 평가이기 때문에 학습자들의 개인차를 변별하고자 하는 문항들로 평가 도구를 구성한다. 그러므로 문항 난이도가 아주 높거나 아주 낮은 것보다는 전체적으로 중간 정도의 난이도를 유지하고, 개인차를 잘 변별할 수 있도록 문항변별도가 높은 문항들로 구성하는 것을 권장한다. 규준참조평가는 집단 내 상대적 위치에 대한 정보를 준다는 점에서 호기심을 충족시키고, 동기유발을 하는 장점이 있지만, 지나칠 경우 서열이나 등수에 집착하여 집단 내 경쟁이 치열해짐으로써 오히려 교육에서 성취해야 할 것을 놓치게 되는 단점도 있다. 규준참조평가는 한 학생의 성취도가 집단규준과 비교하여 어느 정도 수준인지는 알려주지만, 학생 자신이 기본 지식이나 기술을 얼마나 습득했는지를 알 수 없는 한계를 가지고 있다.

(2) 준거참조평가(절대평가)

준거참조평가(criterion-referenced evaluation)는 설정한 교육목표에 비추어 학습자들이 무엇을 얼마나 성취했는가를 측정하는 평가방법이다. 앞에서 보았던 규준참조평가와는 달리 집단 내에서의 순서나 상대적인 위치에 대해서 평가하지 않는다. 대신 교수-학습과정에서 설정한 목표를 준거로 하여 그 준거를 학습자들이 달성하였는지 아닌지를 평가한다. 때문에 준거참조평가는 목표참조평가, 목표지향평가, 또는 절대평가라는 용어로 불리기도 한다. 교사는 다양한 준거를 통해 학생이 설정된 교육목표와 기술 및 지식을 제대로 습득했는지, 학생의 취약점이 무엇인지를 파악할 수 있다(Ormrod, 2006).

준거참조평가는 1970년대 미국에서 규준참조평가에 대한 비판이 제기되면서 등장하게 되었다. 이전까지 학교와 교육현장에서 지배적으로 사용되었던 규준참조평가가 학생들 간에 경쟁을 가속화함으로써 오히려 교육에서 추구해야 할 것들을 놓치고 있다는 반성의 목소리가 커지면서 학습목표 성취에 필요한 학생 자신과의 경쟁을 중시하는 평가의 도입이 요청되었기 때문이다.

준거참조평가를 지지하는 사람들은 학습자 누구나 주어진 교육목표에 도달할 수 있다는 가정과 신념을 갖는다. 모든 학습자에게 각기 적절한 학습방법이나 기회가 주어지며, 모든 학습자들이 설정된 교육목표에 도달하도록 창안된 교육활동에 관심을 집중한다. 이러한 교육관에 입각한 평가활동은 학습자의 상대적 차이를 밝히려 하기보다, 개개 학습자들이 설정된 학습목표에 어느 정도 도달하였느냐를 가리는데 주안점을 둔다. 때문에 준거참조평가에서는 준거에 해당하는, 즉 목표를 달성하였는지를 판단할 수 있는 문항들로 평가도구를 구성한다.

지금까지 규준참조평가와 준거참조평가에 대하여 살펴보았다. 현재 우리나라 학교현장에서는 규준참조평가와 준거참조평가 두 가지가 함께 사용되고 있다. 현재 총괄평가의 기능을 하는 학교 내신이나, 수능 점수는 규준참조평가를 사용하여 학생들의 점수를 보고하고 있다. 그리고 형성평가의 목적으로 실시되거나, 또는 자격증과 관련된 시험에서는 목표 이상의 성취를 나타내는 피험자들에게 그 자격을 인정하는 준거참조평가가 사용되고 있다. 즉 평가의 시기와 목적, 결과 활용 대상을 고려하여 규준참조평가와 준거참조평가를 적절하게 선택적으로 사용하는 것이 필요하다.

4. 좋은 검사의 조건

다음으로 평가도구가 갖추어야 할 기본조건에 대하여 살펴보고자 한다. 평가도구가 피험자들을 제대로 평가하려면 평가도구가 피험자들을 평가하는 적합한 내용들로 구성되었는지, 그리고 평가도구가 피험자들을 정확하게 측정하고 변별해 내는 기능이 있는지 등을 따져 보아야 할 것이다.

1) 타당도

타당도(validity)란 한 검사가 측정하고자 하는 피험자의 속성을 제대로 측정하고 있는지, 검사의 목적에 적합하게 측정하고 있는지에 관한 것이다.

즉, 타당도란 검사도구가 '무엇(what)'을 측정하고 있는가와 관련된 개념으로 실제 검사도구가 측정하고 있는 것이 원래 측정하려고 하는 것과 얼마나 근접하는 가의 문제이다. 예컨대 '국어시험'이 '국어능력'을 측정하는 문항으로 구성되어야 하는 것이지 '영어능력'을 측정하는 문항으로 구성되었다면 이는 타당한 국어시험이라고 할 수 없는 것이다. 이처럼 타당도가 충분히 확보되지 않은 검사나 평가도구를 가지고, 피험자들의 능력에 대하여 평가를 내리게 되는 것은 피험자들을 제대로 평가하는 것이 될 수 없다. 그러므로 검사나 평가도구는 우선적으로 타당도가 충분히 확보되어야 한다. 즉, 타당도란, 이 검사가 원래 재고자 하는 것을 제대로 재고 있는가, 이 검사는 검사도구의 사용 목적에 얼마나 부합되는가, 이 검사는 무엇을 측정하는가와 같은 것을 의미한다고 볼 수 있다. 타당도의 종류는 내용타당도, 준거타당도, 구인타당도 등으로 분류될 수 있다.

(1) 내용타당도

내용타당도(content validity)란, 검사의 내용이 측정하고자 하는 내용을 적절하게 측정하고 있는가, 그리고 검사의 내용이 측정하고자 하는 내용의 대표성을 띠고 있는가 하는 것을 의미한다. 주로 논리적인 근거에 문항이 측정하고자 하는 영역을 고르게 나타내고 있는지 검토한다. 만약 검사의 목적과 별개인

문항들로 구성된다면 그 검사는 내용타당도가 낮은 검사라고 할 수 있다. 이때, 검사를 구성하는 문항들이 전체 영역을 얼마나 잘 대표하는가 하는 것이 바로 내용타당도를 판단하는 절차가 된다고 볼 수 있다.

그러므로 내용타당도를 수집하려면 측정영역에 대한 정확한 정의와, 측정하려고 하는 내용을 잘 알고 있는 전문가들이 검사문항의 대표성을 판단하는 작업이 같이 수반되어야 한다. 만약 한 교사가 중학교 1학년 국어능력을 측정하는 검사도구를 개발했을 때, 내용타당도를 검증하려면, 우선 중학교 1학년 국어능력이란 무엇을 의미하는지 정의하여야 한다. 아울러 중학교 1학년 국어에서의 교육목표가 무엇이며, 이러한 교육목표를 달성하는데 적합한 문항들로 검사가 구성되었는지를 판단하여야 한다. 이 판단은 전문성에 의거한 주관적이고도 논리적인 판단이어야 하기 때문에, 이러한 판단을 할 수 있는 사람은 중학교 1학년 국어를 가르치는 국어교사나 국어 교과에 대한 전문가들이어야 한다.

(2) 준거타당도

준거타당도(criterion related validity)는 검사의 타당성을 검사 외적인 준거와 관련하여 그 타당성을 입증하는 방법을 의미한다. 예를 들어 회사의 신입사원 선발을 위한 입사시험의 준거타당도는 검사 결과 선발된 회사원의 입사 후 일의 수행능력과 비교를 해보면 확인할 수 있다. 입사시험 점수가 높은 신입사원은 향후 회사에서의 수행 평가 결과 역시 높았다면 그 입사시험의 준거타당도는 매우 높은 것이 된다. 이 경우, 입사시험은 입사할 사원의 역량을 잘 예측할 수 있는 기능을 가져야 할 것이다. 이처럼 예측의 기능이 필요한 검사들은 예측타당도(predictive validity)가 높아야 할 것이다. 예측타당도는 검사점수(S)와 미래의 준거(C)의 상관계수 분석을 통하여 확인한다. 이때 검사점수와 미래의 준거 사이의 상관계수가 높게 나타난다면, 이 검사의 예측타당도는 높은 것으로 간주할 수 있으며, 검사를 통해 선발이나 예측을 하게 될 경우, 매우 유용하게 사용할 수 있는 검사가 될 수 있다.

한편 지능검사를 새롭게 개발한 한 연구자가 있을 때, 그 지능검사 개발자는 자신이 만든 지능검사의 타당성을 입증하기 위해서는 이미 개발되어 지능을 연구하는 데에 사용되고 있는 유명검사와의 관련성을 확인함으로써 그 검사의 준거타당도를 확인할 수도 있다. 이 경우의 준거타당도를 공인타당도(共因妥當度, concurrent validity)라고 부른다.

예측타당도와 공인타당도는 그 분석방법에 있어서 검사의 외부에 존재하는 준거에 의하여 그 검사의 타당성을 검증한다는 점, 그리고 상관계수 분석을 통하여 검증한다는 점에서 그 공통점을 가진다. 하지만 예측타당도는 검사와 관련된 준거가 미래에 있기 때문에 예측타당도를 검증하는 데에는 다소 시간이 오래 걸릴 수 있다는 단점이 있다.

(3) 구인타당도

구인타당도(construct validity)란, 검사도구가 측정하고자 하는 구인을 제대로 측정하는지에 대한 타당화를 하는 것을 말한다. 구인(構因, construct)이란 개인이 가지고 있는 속성이지만, 눈에 보이지 않아 관찰할 수는 없지만, 그 존재를 인정하는 심리적 요인이라고 볼 수 있다. 예를 들면, 지능은 눈에 보이지 않지만 우리는 지능의 존재를 인정하고 있으며, 지능은 언어능력이나 수리능력, 공간지각력, 기억력 등과 같은 요인들로 구성되어 있다고 생각하고 있다. 이러한 구인을 측정하기 위해서는 우선 그 구인을 조작적으로 정의하는 과정이 수반되어야 한다. 조작적으로 정의를 하는 것은, 추상적인 개념을 객관적이면서도 경험적으로 기술하여 정의 내리는 것을 의미한다. 흔히 검사를 개발할 때에는 관련 문헌과 이론을 참고하고 구인을 조작적으로 정의한 후, 이에 걸맞게 검사문항을 개발하게 된다. 구인타당도는 이처럼 조작적으로 정의된

구인이 얼마나 잘 측정되어 있는가를 판단하게 되는 것을 의미한다. 학업적성검사와 학업성취도검사의 상관을 내었을 때, 두 검사간의 상관이 높다면 이는 학업적성의 구인이 학업성취도와 학업성취도검사와 학업적성검사간의 관련성이 높아 학업적성검사의 구인타당도를 확인해 주는 방법이 된다.

2) 신뢰도

신뢰도(reliability)란 피험자들에게 동일한 검사를 반복 실시하였을 때 얼마나 측정의 일관성이 있는가를 의미한다. 타당도가 '무엇(what)'을 재고 있는가에 대한 문제였다면, 신뢰도는 평가의 방법, 즉 '어떻게(how)' 측정하고 있는가의 문제이다. 즉 측정해야 할 것을 얼마나 오차 없이 일관되게 측정하고 있는지 하는 것이 바로 신뢰도의 문제인 것이다. 예컨대 '길이'를 재고자 할 때 '손뼘'으로 재는 것보다 '자'를 이용하여 길이를 재는 경우가 훨씬 더 신뢰할 만한 수치를 얻을 수 있을 것이다.

신뢰도를 검증하기 위하여 반복측정시의 일관성의 정도를 알아보기 위해서는 두 검사점수간의 상관분석을 통하여 알아본다. 그리고 얼마나 측정의 오차가 없는가를 알아보기 위해서는 관찰점수 분산 중 진점수 분산이 차지하는 비율로서 알아보는 방법을 사용한다. 이러한 방법들을 사용하는 신뢰도로 재검사신뢰도, 동형검사신뢰도, 내적일관성신뢰도, 그리고 반분검사신뢰도 등이 있으며 이 각각에 대하여 살펴보고자 한다.

(1) 재검사신뢰도

재검사신뢰도(retest reliability)는 동일한 검사를 동일한 피험자들에게 두 번 실시하여 그 두 번의 검사점수간의 상관관계를 분석하여 나타내는 신뢰도계수이다. 이때 첫 번째 검사 점수와 두 번째 검사 점수간의 안정성이 얼마나 있는가 하는 것을 파악하게 되므로, 재검사신뢰도 계수를 흔히 안정성 계수(coefficient of stability)라고도 한다. 재검사신뢰도는 어떤 특정한 검사가 반복 실시되었을 때 그 일관성 정도를 상관계수로 분석함으로써, 신뢰도 개념을 쉽게 이해할 수 있다는 장점을 가지고 있다. 그러나 이때 동일한 피험자들에게 동일한 검사를 두 번 실시하기 때문에 발생하는 문제점이 있다. 첫째, 시간간격으로 인한 문제점이다. 만약 그 시간간격이 짧다면, 피험자들은 첫 번째 검사 내용에 대한 기억, 그리고 연습 효과가 개입하게 되어 두 번째 검사에 영향을 미치게 된다. 특히 검사내용을 기억하여 두 번째 검사에 답할 때 그대로 쓰게 되거나 하게 되면, 재검사신뢰도는 과대추정 되는 경향이 있게 된다. 이와는 반대로 첫 번째 시간간격이 길게 되면, 두 번째 검사를 받는 시점에 피험자들의 성장이나 성숙으로 인하여 피험자 속성에 실제로 변화가 생기게 되기도 한다. 이 경우에는 두 검사간의 상관계수로 추정되는 재검사신뢰도가 과소추정 되게 된다. 그러므로 재검사신뢰도는 첫 번째 검사와 두 번째 검사간의 시간간격이 매우 중요하게 작용한다. 대개는 2~4주 정도가 적합하게 여겨지고 있으므로, 두 번째 검사의 실시 시기를 2~4주 정도로 잡는 것이 권장된다. 두 번째 문제점으로는 검사 실시 조건의 동일화의 어려움이다. 동일한 피험자들이 동일한 검사를 두 번 해야 하기 때문에, 두 번의 검사 실시 조건을 동일하게 유지할 수 있느냐 하는 문제가 발생한다. 두 번의 검사 실시 상황에서 피험자의 건강상태, 동기, 태도 등의 조건이 완전히 일치할 수 없기 때문이다. 뿐만 아니라 검사 실시 환경도 두 번의 검사일이 동일하게 유지하기 어려울 수 있다. 따라서 재검사신뢰도는 모든 유형의 검사에 권장되지는 않는다. 두 번을 실시하여도 재검사시에 영향을 크게 받지 않을 수 있는 유형의 검사, 예를 들면 시청각 등을 이용하는 감각에 의존하는 검사처럼 기억이나 연습효과에 민감하지 않는 검사가 적당하다. 능력검사와 같은 성취도검사 유형에는 더욱 적합하지 않다.

(2) 동형검사신뢰도

동형검사신뢰도(alternate form reliability) 역시 동일한 피험자 집단에 두 번의 검사를 실시하여 추정하는 신뢰도이다. 하지만 재검사신뢰도처럼 동일한 검사를 두 번 실시하는 것이 아니라, 동형검사를 두 개 제작하여 동일한 피험자 집단에게 동시에 두 번 실시하여 추정하는 신뢰도이다. 동형검사를 두 번 실시하고 두 번의 검사점수로 얻어진 상관계수로서 검사신뢰도를 추정하는 방법으로, 동형검사신뢰도를 동형성계수(coefficient of equivalence)라고 부르기도 한다. 동형검사신뢰도는 사용되는 두 개의 검사는 동형검사(alternate form, parallel form)기 때문에, 재검사신뢰도에서 문제가 되었던 시간간격에 의한 영향이라든지, 검사 내용에 대한 기억, 또는 연습의 효과를 배제시킬 수 있는 장점이 있다.

동형검사신뢰도는 동일한 검사가 아닌 동형의 검사를 제작해야 하는 어려움이 따른다. 동형검사를 만들기 위해서는 두 검사의 검사내용, 문항의 형식, 문항 수, 문항 난이도 그리고 두 검사의 평균과 표준편차와 같은 통계적 특성을 서로 거의 같게 맞추어야 하는 조건을 충족시켜야 한다. 그렇기 때문에 동형검사를 제작한다는 것은 측정학적으로 어려운 작업이다. 그리고 동형검사신뢰도 역시 동일한 피험자들이 두 번의 검사를 받아야 하기 때문에 재검사신뢰도에서처럼 두 번 검사 실시에 따른 오차의 개입에 의한 영향을 받는다.

(3) 내적일관성신뢰도

내적일관성신뢰도는 재검사신뢰도나 동형검사신뢰도를 추정할 때, 두 번의 검사를 시행하는 번거로움을 피할 수 있는 신뢰도이다. 한 번의 검사를 피험자들에게 실시하고 신뢰도계수를 추정하게 되는데, 이러한 방법을 사용하여 추정되는 신뢰도계수는 반분검사신뢰도(split-half reliability) 및 Cronbach's α

등이 있다.

반분검사신뢰도는 한 개의 검사를 한 집단에 실시하고 그 검사를 반으로 나누어 두 개의 동형검사로 간주하여 두 반분검사 점수간의 상관계수로 추정하는 신뢰도이다. 즉 반분한 검사들 간의 동질성이 높은지를 볼 수 있으며, 동질성이 높다면 이 검사에 대한 피험자들은 동질적인 내용에 대한 반응은 일관성 있게 나타날 것이므로, 이때 상관계수는 커지게 된다. 만약 반분한 검사가 동질적이지 않고, 이질적이라면 피험자들의 반응 역시 일관성이 떨어지게 되고 상관계수는 낮게 나타나기 때문이다. 한편 반분검사신뢰도는 검사를 반으로 나누어 두 개의 검사를 실시한 것처럼 간주하는 것이기 때문에 반분된 검사는 원래 검사의 절반의 문항수를 가지고 있는 검사가 된다. 검사문항이 타당하다면, 검사의 신뢰도는 검사의 길이, 즉 검사문항 수에 영향을 받게 된다.

반분검사신뢰도와 함께 내적일관성신뢰도계수로 많이 사용되는 것 중 하나가 Cronbach's α이다. Cronbach's α는 문항 하나하나를 하나의 검사로 간주하여 문항들 간의 유사성이나 문항반응에의 일관성을 추정하는데, 관찰점수의 분산 중 진점수의 분산이 차지하는 비율에 기초하는 신뢰도의 개념에 의거하여 계산되는 신뢰도계수이다.

Cronbach's α는 검사를 반으로 나눌 필요도 없고 1회만 실시를 하여 문항간의 일관성 정도에 의해서 신뢰도를 추정할 수 있는 장점을 가지므로 앞에서 설명하였던 재검사신뢰도, 동형검사신뢰도, 반분검사신뢰도의 단점을 극복할 수 있다. 반면 일반적으로 측정도구의 신뢰도를 과소 추정하는 경향이 있지만, 이는 오히려 신뢰도 추정에 있어 엄격성이 인정되는 것으로도 여겨진다.

3) 객관도

객관도(objectivity)는 채점자 또는 평가자의 신뢰도로서, 채점자가 얼마나 일관성있게 채점하는가의 정도라고 할 수 있다. 즉 검사의 채점자가 주관적 편견을 갖지 않고 얼마나 객관적 입장에서 공정하게 채점하느냐의 문제이다. 그러므로 신뢰도가 검사도구의 변동가능성에 따라 결정된다면, 객관도는 채점자의 변덕에 따라 결정되는 신뢰도라고 볼 수 있다.

4) 실용도

실용도(usability)라 함은 측정도구의 실용적 가치정도를 의미한다. 즉, 측정도구가 경비, 시간, 및 노력을 적게 들여서 측정의 목표를 달성할 수 있어야만 실용성 있는 것이다. 실용도를 높일 수 있는 조건으로, 실시의 용이성, 채점의 용이성, 해석과 사용의 용이성, 동형 또는 비교형의 가능성, 검사비용 등을 들 수 있다.

5. 수행평가

1) 수행평가의 개념

교육현장에서 종래의 교육평가는 주로 선택형 평가도구를 활용하여 학습자의 인지적 학습성과를 측정하는데 주안점을 두었다. 즉 학습을 통해 얻은 인지적 학습성취도가 어느 수준인지를 점수화하여 그 결과를 학습자의 성적이나 장래 진로지도에 필요한 주요 정보로 활용하는데 치중해 온 것이 사실이다. 그러나 학습의 주요 효과로 간주되는 인지적 학습성취도 중심의 평가는 문제해결력이나 종합력 같은 고차적 사고능력을 측정하는데 한계가 있으며, 특히 단순한 성적 위주의 평가에 익숙한 학습자들이 단순 지식을 암기하는 학습과정에 익숙해지게 됨으로써 오히려 교육의 질을 저하시킨다는 비판도 생기게 되었다.

이제 지식기반사회라고 하는 새로운 패러다임에 기초한 평가의 원리와 실제가 요구되는 시대에 직면하게 되었으며, 이러한 요구 아래 수행평가(遂行評價, performance assessment)가 학교 현장에 등장하게 되었다. 우리나라에서는 1999년부터 점진적으로 초등학교와 중학교, 그리고 고등학교에 적용되었으며, 이제는 모든 교과에 걸쳐서 초중고교에서 광범위하게 사용되고 있는 평가방법이라고 할 수 있다.

수행평가란 교사가 학생이 학습과제를 수행하는 과정이나 그 결과를 보고, 그 학생의 지식이나 기능이나 태도 등에 대해 전문적으로 판단하는 평가 방식, 또는 학생 스스로가 자신의 지식이나 기능이나 태도를 나타낼 수 있도록 답을 작성하거나, 발표하거나, 산출물을 만들거나 행동으로 나타내도록 요구하는 평가 방식으로 정의되고 있다(백순근, 1996). 즉, 수행평가란 "학생 스스로가 자신의 지식이나 기능을 나타낼 수 있도록 산출물을 만들거나, 행동으로 나타내거나, 답을 작성(구성)하도록 요구하는 평가방식"이라고 정의할 수 있다.

수행평가가 등장하기 이전에는 지필검사를 중심으로 하는 평가가 주를 이루었다. 이러한 지필평가는 학습자들의 성취도를 평가하는 데에 매우 객관성을 띠는 것으로 간주되었는데, 이는 주로 지필평가가 선다형 문항이나 단답형 문항과 같은 유형의 문항들을 이용하여 평가도구가 제작되는 것에 기인하였다. 뿐만 아니라, 문항당 배점을 두고 채점을 하게 되면 피험자들의 성취 수준을 수량화하여 평가할 수 있고, 아울러 서열이나 등수를 매기는 규준참조평가가 매우 용이하였다. 그러나 이러한 형태의 지필평가는 교육현장에서 적용되는 데에 몇 가지 제한점을 지니고 있다.

첫째, 선다형이나 단답형 위주의 전통적 지필평가는 채점된 점수를 사용하여 학습자들의 성취 결과에 대해서만 정보를 제공한다. 교육현장에서 학습자들을 평가하는 데 있어서, 학습자들을 하나의 점수로 평가하기보다는, 어떠한 사고 과정을 거쳐서, 문제를 해결하는지에 대한 과정을 평가하는 것이 오히려 더 교육적이고 학습에 효과적이라고 볼 수 있다.

둘째, 전통적 지필평가는 학습자들에 대한 일회성 평가로 치우칠 수 있다. 학습자들이 학습하는 과정은 지속적이며 상당 기간에 걸쳐서 학습자의 행동특성의 변화가 발생한다. 그러므로 학습자들을 제대로 평가하려면 지속적으로 평가하고 평가에 계속성이 있어야 한다.

셋째, 선다형이나 단답형 위주의 전통적 지필평가는 학습자의 창의성이나 문제해결력, 분석력, 판단력과 같은 고등정신능력을 평가하는 데에 제한적일 수 있다. 물론 매우 구조화하고 잘 만들어진 선다형 문항은 고등정신능력을 측정하는 데에 사용될 수 있지만(성태제, 2010), 대부분의 선다형 문항이나 단답형 문항은 단순암기능력과 같은 단순정신능력을 측정하기에 용이하기 때문이다. 21세기 지식정보화 시대를 맞이하여 학습자의 창의성과 분석력 등의 고등정신능력을 측정할 필요가 강력히 대두되었는데, 전통적 지필평가로는 이를 충족시키기 어려웠다.

전통적 지필평가가 가지고 있는 이러한 몇 가지 제한점들로 인하여 수행평가가 대두하게 되었다. 전통적 지필평가를 대안할 수 있는 평가라는 점에서 대안적 평가(alternative evaluation)라고 불리기도 하며, 실제 상황에서의 수행정도를 측정할 수 있는 평가라는 점에서는 참평가(authentic assessment)라고 불리기도 한다. 그리고 평가받는 학습자들의 수행을 직접 관찰하고 평가한다는 점에서 직접평가(direct evaluation)라고 불리기도 하며, 이를 간단히 정리하면 다음 〈표 12-1〉과 같다. 그렇다면 수행평가는 어떠한 특징을 가지고 있는지, 그리고 어떻게 교육현장에서 활용될 수 있는지를 살펴보고자 한다.

표 12-1 수행평가와 관련된 용어 정의

용어	정의
수행평가	지식이나 기능, 혹은 기술의 수행 정도를 측정하는 평가
참평가	실제 상황에서 수행 정도를 측정하는 평가
포트폴리오 평가	개인의 작업이나 작품을 모아둔 자료집이나 서류철
직접평가	표출되는 행위를 직접 관찰에 의하여 실시하는 평가
대안적 평가	기존의 어떤 평가 방법을 대치할 수 있는 평가

2) 수행평가의 특성 및 유용성

우리나라 교육현장에 수행평가가 정착된 것은 1990년대 후반부터지만 음악, 미술, 체육 등 심동적 영역과 관련이 있는 교과에서는 실기고사라는 명칭으로 오랜 시간 동안 실시되어 왔었다. 해당 교과에서 습득한 지식이나 기술을 사용하여 얼마나 주어진 과제를 잘 수행할 수 있는가 하는 것으로 교사의 관찰 과정을 거쳐 종합적으로 판단하는 평가였다. 그러나 수행평가가 지니고 있는 여러 가지 교육적인 장점들로 인하여 수행평가는 이제 심동적 영역뿐만 아니라 인지적 영역과 정의적 영역까지 평가하는 방법으로 자리잡게 되었다. 지필검사로 평가할 때 생길 수 있는 한계점을 수행평가를 통해서 전체적이고 종합적으로 평가할 수 있게 되었기 때문이다. 예를 들면 영어 교과와 관련하여 평가를 하게 되는 경우, 지필검사로만 평가를 하게 되면 해당 학년에서 알아야 할 영어단어, 영문법, 독해 능력 등을 위주로 하여 학습자들의 영어 능력을 평가하기 쉽다. 물론 이러한 것도 영어 능력을 평가하는 중요한 요소임에는 틀림없지만, 영어 듣기나 말하기, 작문과 같은 요소를 추가하여 평가하게 된다면 학습자의 영어 능력을 전체적으로 그리고 종합적으로 평가할 수 있게 된다.

영어 듣기나 말하기, 그리고 작문과 같은 요소의 평가는 학교 현장에서 수행평가의 이름으로 진행될 수 있다. 수업 장면에서 이루어지는 수행평가의 유용성을 들자면 다음과 같다.

첫째, 수행평가는 학생이 문제의 정답을 선택하게 하는 것이 아니라, 자기 스스로 정답을 작성(구성)하거나 행동으로 나타내도록 하는 평가방식이다.

둘째, 수행평가는 추구하고자하는 교육목표를 가능한 한 실제상황하에서 달성했는지 여부를 파악하는데 중점을 둔다.

셋째, 수행평가는 교수-학습의 결과뿐만 아니라, 교수-학습의 과정도 함께 중시하는 평가방식이다.

넷째, 수행평가는 단편적인 영역에 대해 일회적으로 평가하기보다는 학생 개개인의 변화 · 발달과정을 종합적으로 평가하기 위해 전체적이면서도 지속적으로 이루어지는 것을 강조하는 방식이다.

다섯째, 수행평가는 개개인을 단위로 해서 평가하기도 하지만, 집단에 대한 평가를 중시하기도 한다.

여섯째, 수행평가는 학생의 학습과정을 진단하고 개별학습을 촉진하려는 데 목적이 있다.

일곱째, 수행평가는 학생의 인지적 영역뿐만 아니라 학생 개개인의 행동발달상황이나 흥미, 태도 등 정의적인 영역, 그리고 체격이나 체력 등 신체적인 영역에 대한 종합적이고 전인적인 평가를 중시하고 있다.

이러한 유용성을 지니는 수행평가는 기존의 전통적인 지필평가가 평가하지 못하던 영역까지도 보완하고 교육적 의미를 가진 대안적인 평가로 인정받아 우리나라 학교 현장에 정착되었다. 하지만 학교 현장에서 수행평가를 제대로 타당하게 사용하는지에 대해서는 논란이 있다. 학교 현장에서 많은 업무를 수행해야 하는 교사들은 수행평가 과제의 고안과 그 채점이 쉽지만은 않으며, 학생들과 학부모들 역시 학생들의 학년이 올라갈수록 수행평가 과제를 대학 입시와 학교 공부에 거추장스러운 것으로 생각하는 경향이 크기 때문이다.

이러한 어려움 속에서 학교현장에서는 원래의 수행평가의 취지와 목적에 어긋난 수행평가 과제가 주어지기도 하고, 학생들도 제대로 수행평가 과제를 수행하지 않기도 하는 문제점이 발생하기도 하였다. 이러한 점은 교사와 학생, 그리고 학부모의 수행평가에 대한 인식 부족에서 기인한다고 볼 수 있다. 이를 타개하려면 각 학교·급별로 수행평가에 대한 홍보가 필요하다. 뿐만 아니라 수행평가 과제에 대한 적절한 예와 공정한 채점 방안과 같은 예들을 교사들에게 주기적으로 제시해줄 수 있는 연수프로그램이 제공되어야 할 것이다. 아울러 학생과 학부모들과 교사들 간에 수행평가의 필요성에 대한 공감대 형성 그리고 수행평가를 제대로 실시할 수 있는 교육적 여건 구비와 같은 것들이 먼저 논의되어야 할 사항이다.

3) 수행평가의 기법

(1) 서술형 및 논술형 검사

서술형검사란 흔히 주관식 검사라고 하는 것으로 문제의 답을 선택하는 것이 아니라 학생들이 직접 서술(구성)하는 것이다. 논술형 검사는 서술형의 일종으로 제시된 문제상황에 대하여 자신의 주장 혹은 의견을 창의적이고 논리적으로 조직하여 답안을 작성하는 형식의 검사이다. 논술형은 선다형 시험을 통해서 측정하기 어려운 사고력, 추리력, 종합력, 비판력, 평가력과 같은 고등정신기능을 측정할 수 있다는 장점이 있다.

(2) 구술시험

학생들로 하여금 특정 교육내용이나 주제에 대해서 자신의 의견이나 생각을 발표하도록 하여, 학생의 준비도, 이해력, 표현력, 판단력, 의사소통결정력 등을 직접 평가하기 위한 방법이다. 구술시험은 평가를 하기 전에 특정 주제에 대해 발표 준비를 할 수 있도록 주제나 질문을 사전에 알려주기도 하지만 특별한 내용 영역에 관련 있는 주제나 질문을 제시하고 학생으로 하여금 즉시 답변하는 방식을 취할 수도 있다. 근본적으로 구술시험은 개인이 처한 상황에 적합해야 하고 교육목표에 직접적인 것만을 중심으로 이루어져야 수행평가의 방식으로 유용하게 된다.

(3) 찬반토론법

특정주제에 대해 학생들이 서로 토론하는 것을 관찰하고 학생들의 능력과 성취 수준을 평가하는 토론평가 방법 중에서 특히 찬반토론법이 가장 많이 활용되고 있다. 사회적으로나 개인적으로 서로 다른 의견을 제시할 수 있는 토론주제를 가지고, 개인별로 찬 · 반 토론을 하도록 하거나 집단으로 나누어 집단별 찬 · 반 토론을 하도록 한 다음, 찬성과 반대의견을 토론하기 위해 사전에 준비한 자료의 다양성이나 충실성, 그리고 토론 내용의 충실성과 논리성, 반대의견을 존중하는 태도, 토론진행방법 등을 총체적으로 평가하는 방법이다.

(4) 실기시험

그동안 실기시험은 미술, 음악, 체육 등의 교과에서 주로 활용되어 온 평가 방법이다. 종래의 실기시험과 수행평가에서 말하는 실기 시험의 차이는 시험을 치르는 상황이 통제되거나 강요된 상황인가 아니면 자연스러운 실제 문제 상황인가의 차이에 기인한다. 농구의 경우, 수행평가의 실기시험에서는 학급 또는 학교대항 농구시합에서 실제로 하는 것을 여러 번 관찰하여 실제 수행능력을 평가하는 것이다.

(5) 실험 · 실습법

실험 · 실습법은 자연과학분야에서 많이 활용되는 것으로 어떤 과제에 대해 학생들로 하여금 직접 실험 · 실습을 하게 한 후 그 결과보고서를 제출하게 한다. 실험 · 실습은 학생 개개인별로 할 수도 있고, 팀을 짜서 공동으로 할 수도 있다. 실험 · 실습을 이용한 평가에서는 기자재의 조작능력뿐만 아니라 실험 · 실습에 대한 학생들의 태도, 그리고 지식을 적용하여 주어진 문제를 해결해 가는 과정에 대해서도 포괄적이면서도 분석적인 평가가 이루어진다. 평가를 할 때는 실험 · 실습 과정과 보고서를 모두 고려하여 평가한다.

(6) 면접법

면접법이란 평가자와 학생이 서로 대화를 통해서 얻고자 하는 자료나 정보를 수집하여 평가하는 방법이다. 즉, 질문과 대답을 통하여 지필평가나 서류심사 만으로는 알 수 없는 사항들을 알아보는 평가방법이다. 면접법은 보다 심도 깊은 정보를 얻을 수 있으며, 사전에 예상할 수 없었던 정보나 자료를 얻을 수 있고 진행상 융통성을 발휘할 수 있는 장점이 있다. 그리고 여러 상황에서 융통성 있게 적용시킬 수 있도록 정교하게 고안된 면접조사표를 사용하면 면접을 통하여 많은 정보를 얻을 수 있다.

(7) 관찰법

관찰을 통해 일련의 정보를 수집하는 측정방법으로서, 일상생활 속에서 늘 함께 해 온 가장 오래된 방법인 동시에 연구의 기본 수단이라고 할 수 있다. 특히 교사는 학생들을 항상 접하고 있어 학생 개개인이나 집단을 단위로 학생을 이해하고 평가하기 위한 가장 보편적인 방법 중의 하나이다. 이는 특정한 과학적 도구를 이용하지 않고도 순수한 신체적 기능, 즉 오감에만 의존하여도 관심대상의 특성, 동기, 감정 및 의도를 추론할 수 있기 때문이다. 예컨대 학생들간의 사회적 관계구조를 파악하기 위해 한 집단 내에서 개인간 또는 소집단의 역동적 관계를 집중적으로 관찰할 수 있으며, 때로는 관찰과정에서 체크리스트나 평정척도를 활용하기도 한다.

(8) 자기평가 보고서

자기평가 보고서란 특정주제나 교수-학습 영역에 대하여 자기 스스로 학습과정이나 학습결과에 대한 자세한 평가 보고서를 작성 · 제출하도록 평가하는 방식이다. 때로는 동료 학생으로 하여금 학습과정 및 결과에 대해 평가를 하도록 하는 동료평가 보고서법을 사용하기도 한다.

(9) 연구보고서

이 방법은 각 교과별로나 범교과별로 여러 가지 주제 중에서 학생의 능력이나 흥미에 적합한 주제를 선택하여 그 주제에 대해서 자기 나름대로 자료를 수집하고 분석 · 종합하여 연구보고서를 작성 · 제출하도록 하여 평가하는 것이다. 학생들은 연구보고서를 작성하는 과정에서 자료수집을 계획하는 능력, 자료를 분석하고 종합하는 능력, 보고서를 작성하는 능력 등을 익히며, 연구보고서 발표과정을 통해서도 많은 것을 학습한다.

(10) 포트폴리오

포트폴리오(portfolio)는 일정 기간동안 구체적 목적에 따라 계획적으로 작성된 결과물을 평가하는 방법으로, 학생의 성취도뿐만 아니라 향상 정도를 평가할 수 있는 방법이다. 이 평가 방법은 자신이 쓰거나 만든 작품을 지속적이면서도 체계적으로 모아둔 개인별 작품집 혹은 서류철을 이용한 평가방법인데, 단편적인 영역에 대해 일회적으로 평가하기보다 학생 개개인의 변화 및 발달 과정을 전체적이면서도 지속적으로 평가하는 것을 강조하기에 수행평가의 대표적인 방법으로 관심을 받고 있다.

4) 수행평가의 문제점

(1) 비용

수행평가 실시를 가로막는 것의 하나가 비용이다. Hardy(1995)는 수행평가의 비용을 개발비, 실시비, 채점비로 구분하여 제시하고 있다.

개발비에는 구체적으로 학습/평가 목표의 확인과 상세화, 수행평가과제의 제작, 편집과 수정, 소규모 사전검사, 채점과 해석을 위한 지침개발 등이 포함된다. 실시비에는 평가를 실시하는 데 필요한 도구와 재료비, 그리고 평가 관련자를 대상으로 하는 특별훈련비가 포함된다. 채점비는 교사나 전문가 등 채점 관련자 훈련비, 채점과 관련한 직·간접 비용 등이 포함된다. 특히, 수행평가의 채점비는 전통적인 기계 채점식 지필검사보다 상당히 많이 드는 비용 중의 하나이다. 전통적인 기계 채점식 선다형 검사에 비해 2~3배의 비용이 든다는 주장에서부터 무려 200배까지 다양하게 추정되고 있다. 남명호(1995)는 두 가지 과학실험 수행평가와 동일한 내용의 선다형을 각각 실시했을 때 걸린 시간과 채점에 소요된 시간을 분석하였다. 이 연구에 의하면 검사하는 데 걸린 시간은 학생 1인당 선다형 지필검사는 평균 5초, 실기평가는 평균 135초로 실기평가가 선다형 지필검사에 비해 23배나 더 많이 소요되었다. 채점에 소요된 시간을 보면, 과학실험 수행평가가 선다형 지필 검사에 비해 대략 16배 소요되었다.

(2) 대규모 실시의 어려움

지필검사는 전체 학급 학생을 대상으로 동시에 실시할 수 있지만, 수행평가는 대개 소규모 집단의 학생들에게 시차적으로 시행된다. 이러한 제한은 여러 가지 다양한 기능을 측정하기 위해 수행평가를 사용하는 것을 어렵게 하는 요인이다.

(3) 시간적 · 공간적 제약

수행평가는 지필검사처럼 나중에 한꺼번에 채점할 수 없다는 단점이 있다. 특히, 결과보다 과정을 평가할 때, 그리고 과학실험, 연극, 연주 등 실연을 평가할 때 관찰자는 수행이 전개됨과 동시에 관찰하여 채점하거나 기록해야 한다. 이 때, 관찰자가 중요한 행동의 일부라도 놓치게 되면 정확한 평정을 할 수 없게 된다.

(4) 평정자 오류 가능성

수행평가의 채점은 평정자 오류를 가지기 쉽다. 평정자의 편견이나, 비일관적인 기준은 평정자로 하여금 동일 관찰내용을 전혀 다르게 해석하게 할 가능성이 있으므로 명확한 채점기준표를 개발해야 한다.

(5) 내적 일치도의 부족

평정자들 간에 적절한 내적 일치도를 획득하더라도 과제 간의 내적 일치도를 어떻게 할 것인가 하는 문제는 여전히 남는다. 과제 간 내적 일치도란 과제 A를 수행한 평정의 결과와 과제 B를 수행한 평정의 결과간의 일관성 정도를 의미한다.

〈연구 문제〉

1. 절대평가와 상대평가의 장·단점을 설명하시오.
2. 검사의 신뢰도(reliability)와 타당도(validity)를 설명하시오.
3. 학교현장에서 이루어지는 수행평가(performance assessment)의 장·단점을 설명하시오.

참고 문헌

강영삼, 이성흠, 김진영, 조상철(2007). 교육학개론. 파주: 교육과학사.

강인애(1998). 왜 구성주의인가. 서울: 문음사.

강주현 역(2001). 1분 혁명(스펜서 존슨). 서울: 동아일보사.

구광현, 가영희, 이규영(2006). 교육심리학. 서울: 동문사.

구현서(1998). Kohlberg이론에 기초한 도덕과 토의수업의 모형개발과 그 적용에 관한 연구. 한국교원대학교대학원 석사학위논문.

권대훈(2010). 교육평가. 서울: 학지사.

권정숙, 김청자, 서재복, 이석열, 이정원, 장선철(2009). 교육학개론. 서울: 태영출판사.

김경희, 김경숙, 박현숙, 심형진, 이나현, 전현심, 정희숙, 천은숙(2009). 교육학개론. 서울: 집문당.

김계현(1995). 카운슬링의 실제. 서울: 학지사.

김성훈 외(2011). 예비교사를 위한 교육평가. 서울: 학지사.

김언주, 강영하, 최건수(1989). 인지발달과 교육. 파주: 양서원.

김용신(1999). 구성주의에 따른 사회과 현장학습 방법. 한국교원대학교 석사학위논문

김제한(1992). 교육심리학. 서울: 서원사.

김종문 외(1998). 구성주의 교육학. 파주: 교육과학사

김종서, 이영덕, 정원식(2009). 최신 교육학개론. 파주: 교육과학사.

김종석, 김점겸, 강재희(1999). 구성주의적 교수전략의 훈련이 교사의 교수행동과 학생의 학업성취에 미치는 효과. 한국교육, 26(2), 219-254.

김창걸, 이규영(2006). 교육학개론. 서울: 형설출판사.
남궁달화(1995). 콜버그의 도덕교육론. 서울: 철학과 현실사.
박도순(2012). 교육평가. 파주: 교육과학사.
박문찬(1987). 국민학교 학생이 지각한 교사-학생의 인간관계가 학습태도 및 학업성취도에 미치는 영향. 한국교원대학교 대학원. 석사학위논문.
박성희(1999). 상담실 밖 상담실 이야기. 서울: 학지사.
백순근(1996). 수행평가의 원리. 파주: 교육과학사.
서규선, 최문기 역(1990). 도덕성 발달과 교육(Forisha & Foresha). 서울: 종로서적
서울대학교 인지학습연구회(2008). 연구로 본 교육심리학. 서울: 학지사.
성태제 외(2007). 최신 교육학개론. 서울: 학지사.
성태제(2012). 교육평가의 기초. 서울: 학지사.
송명자(1995). 발달심리학. 서울: 학지사.
송준만, 유효순(1995). 특수아동교육. 경기: 교문사.
신명희 외(2010). 교육심리학. 서울 : 학지사.
심녕희, 강소연, 김은경, 김정민, 노원경, 박성은, 서은희, 원영실, 황은영(2010). 교육심리학(2판). 서울: 학지사.
윤정일, 허형, 이성호, 이용남, 박철홍, 박인우(2003). 신교육의 이해. 서울: 학지사.
임구혁, 임웅(2012). 교육심리학. 서울: 학지사.
이구재, 강민석 역(1990). 현대도덕교육방법론(Chazan). 서울: 법문사.
이동석(1993). Kohlberg식 토의수업이 아동의 도덕성 발달에 미치는 영향에 관한 연구. 한국교원대학교대학원 석사학위논문.
이석호, 임용경, 김항원, 이재봉, 강두호, 박재주 역(1992). 도덕 · 가치교육의 교수모형(Herish, Miller & Fielding). 파주: 교육과학사.
이성진(1995). 교육심리학 서설. 파주: 교육과학사.
이장호, 금명자(1994). 상담연습교본. 서울: 법문사.
이장호, 최윤미(1992). 상담사례 연구집. 서울: 박영사.
이재창(1988). 생활지도. 서울: 문음사.
이정표, 권영신(2009). 교육학개론. 파주: 교육과학사.
이연섭, 장대운, 장연효(1986). 현대교육심리. 경기: 정민사.
이형득 등(1989). 상담의 이론적 접근. 서울: 형설출판사.
이형득, 설기문 역(1989). 조력기술훈련의 실제. 서울: 형설출판사.
이형행, 권영성(2010). 교육학개론. 경기: 공동체.
이홍우(1998). 교육의 목적과 난점. 파주: 교육과학사.
임규혁(1996). 교육심리학. 서울: 학지사.
임규혁, 임웅(2007). 교육심리학. 서울: 학지사.

장상호 역(1992). 인간주의 교육(C. H. Patterson). 서울: 박영사.
장선철, 김충기(2005). 교육심리학. 서울: 태영출판사.
정범모(1968). 교육과 교육학. 서울: 배영사.
정인성(1993). 구성주의와 비구조화 된 지식의 습득을 위한 코스웨어 개발. 논문집(한국방송통신대학편), 16집, 657-673.
정지은, 김민태, 오정요, 원윤선(2008). 아이의 사생활. 서울: 지식채널.
정원식, 이상로, 이성진(1987). 현대교육심리학. 서울: 교육출판사.
정홍섭 역(1997). 도덕지능(MQ)(Coles). 서울: 해냄.
조연주, 조미헌, 권형규 공역(1998). 구성주의와 교육(Steffe & Gale). 서울: 학지사.
조영남(1998). 구성주의 교수-학습. 대구교육대학교 초등교육연구논총, 12, 93-122.
조영달(2006). 다문화 가정 자녀 교육 실태. 서울: 교육인적자원부.
조영달 외(2008). 다문화교육의 이해를 위한 교양 교재 저술. 서울: 교육인적자원부.
조천제 역(2003). 칭찬은 고래도 춤추게 한다(켄블랜차드 등). 서울: 21세기 북스.
최정훈(1993). 인간중심 상담이론-상담의 이론과 실제. 한국대학상담학회편. 서울: 중앙적성출판부.
최현숙 역(2002). 칭찬의 기술(스즈끼 요시유끼). 서울: 거름.
추병완, 최근순 역(1999). 구성주의 교수-학습론(Brooks & Brooks). 서울: 백의.
한숭희(2006). 평생교육개론. 서울: 학지사.
한용진, 권두승, 남현우, 오영재, 류지헌(2009). 교육학개론. 서울: 학지사.
한은숙, 김종두(2009). 교육학개론. 서울: 교육과학사.
홍경자(2001). 상담의 과정. 서울: 학지사.
황윤한(1996). 교수 · 학습 방법의 패러다임적 전환 모색: 객관주의 교육에서 구성주의 교육으로. 한국교육(한국교육개발원), 23(2), 1-23.
황응연(1989). 교육환경의 물리적 조건. 정원식(편), 교육환경론. 서울: 교육출판사.
황응연, 유희준(1983). 현대생활지도론. 서울: 교육출판사.
황정규(1998). 학교학습과 교육평가. 파주: 교육과학사.
황정규 외(2012). 교육평가의 이해. 서울: 학지사.
EBS 제작팀(2009). 아이의 사생활. 서울: 지식채널.

Allport, G. W.(1961). *pattern and growth in personality*. New York: Holt, Rinnehart & Winston.
Ames, C.(1992). Classroom: Goals, structures, and student motivation. *Journal of Educational psychology, 84(3)*, 261-271.
Anita Woolfolk(2007). *Educational Psychology,* 10th Edition. Pearson Education, Inc.

: Allen & Bacon. - 김아영 외 역(2007). 교육심리학 제10판. 서울: 박학사.

Banks, J. A.(2008). *An introduction to multicultural education*(4th ed.). Boston: Allyn & Bacon.

Bernard J. Baars & Nicol M. Gage(2007). Cognition, brain and consciousness. MA: Elsevier Ltd. - 강봉균 역(2010). 인지, 뇌, 의식. 서울: 교보문고.

Bloom, B. S.(1976). *Human characteristics and school learning.* New York: Roland Press.

Bloom, B. S.(1986). *Automaticity: The hands and feet of genius. Educational Leadership.* New York: McGraw-Hill.

Bruner, J. S.(1996). *The Culture of Education.* MA: Harvard University Press.

Cronbach, L. J.(1969). Validation of educational measures. In *Proceeding of the 1969 Invitational Conference on Testing Problems: Toward a theory of achievement measurement*, 35-52. Princeton, NJ: Educational Testing Service.

Eggen, P. D. & Kauchak, D.(1992). *Educational psychology: Classroom connection.* New York: Macmillan Publishing Company.

Ericsson, K. A.(Ed.).(1996). *The road to excellence.* Mahwah, NJ: Erlbaum.

Freud, S.(1933). *New introductory lectures in psychoanalysis.* New York: Norton.

Gardner, H.(1983). *Frames of mind: The theory of multiple intelligence.* New York: Basic Books.

Gardner, H.(1993). *Creating minds.* New York: Basic Books.

Goetz, E. T., Alexander, P. A., & Ash, M. J.(1992). *Educational psychology*: A classroom perspective. New York: Macmillan Publishing Company.

Haensly, P. A., & Reynolds, C. R.(1989). Creativity and intelligence. In J. A. Glover, R. R. Ronning, & C. R. Reynolds(Eds.), *Handbook of creativity*, 111-132. New York: Plenum.

Johnson, D.(1981). Naturally acquired learned helplessness: The relationship of school failure to achievement behavior, attributions, and self-concept. *Journal of Educational Psychology, 73*, 174-180.

Klaus, M., & Kennell, J.(1982). *Parent-infant bonding.* St. Louis, MO: Mosby.

Lengrand, P. J.(1988). *An Introduction to Lifelong Education.* London: Croom Helm Ltd.

Lerman, D. C., & Iwata, B. A.(1995). Prevalence of the extinction burst and its attenuation during treatment. *Journal of Applied Behavior Analysis, 28*, 93-94.

Lewin, K.(1942). *Field theory and learning.* In 41st year book of N. S. S. E., 2, The psychology of learning.

Lichtenstein, E. H., & Brewer, W. F.(1980). Memory for goal-directed events. *Cognitive*

Psychology, 12, 415-445.

Runco, M. A.(2007). *Creativity: Theory and Themes.* MA: Elsevier Ltd. - 전경원 외 역(2010). 창의성 이론과 주제. 서울: 시그마프레스.

Ormrod, J. E.(2000). *Educational psychology: Developing learners(3th ed.).* Upper Saddle River, NJ: Merill/Prentice-Hall.

Ormrod, J. E.(2006). *Educational psychology: Developing learners(5th ed.).* Upper Saddle River, NJ: Merill/Prentice-Hall.

Ornstein, A. C., & Levine, D. U.(2006). *Foundations of Education(9th ed.).* Boston, MA: Houghton Mifflin. 김성봉・박정환・박종필・박태수・양진건・오성배(공역). 교육학개론. 서울: 아카데미프레스.

Eggen, P. D., & Kauchak, D.(2004). *Educational Psychology: Windows on Claasroom(6th ed.).* Pearson Education, Inc: Prentice-Hall. - 신종호 외 역(2006). 교육심리학. 서울: 학지사.

Peters, R. S.(1973). *Ethics and Education.* London: George Allen & Unwin Ltd. 이홍우 역 (1980). 윤리학과 교육. 파주: 교육과학사.

Plucker, J. A., & Renzulli, J. S.(1999). *Psychometric approaches to the study of human creativity.* In R. J. Sternberg(Ed.), *Handbook of creativity.* New York: Cambridge University Press.

Sternberg, R. J., & Williams, W. M.(2010). *Educational Psychology(2nd ed.).* Pearson Education, Inc. - 김정섭 외 역(2010). 교육심리학. 서울: 시그마프레스.

Roediger, H.(1997). Memory: Explicit and Implicit. Paper presented at the Symposium, Recent Advances in Research on the Human Memory, National Academy of Sciences. Washington, D. C.

Rosenthal, R., & Jacobson, J.(1968). *Pygmalion in the classroom : Teacher expectation and pupil' s intellectual growth.* New York: Holt, Rinehart and Winston.

Simonton, D. K.(1994). *Greatness: Who makes history and why?* New York: Guilford.

Sternberg, R. J.(1985). *Beyond IQ: A triarchic theory of human intelligence.* New York: Cambridge University Press.

Stufflebeam, D. L.(1971). *Educational evaluation and decision making.* Ithaca, IL: Peacock.

Sternberg, R. J., & Williams, W. M.(2002). *Educational psychology.* Boston : Allyn & Bacon.

Sternberg, R. J.(1996). *Successful intelligence.* New York: Simon & Schuster.

Sternberg, R. J., & O' Hara, L. A.(1999). Creativity and intelligence. In R. J. Sternberg(Ed.), *Handbook of creativity*, 251-272. New York: Cambridge University Press.

Sternberg, R. J., & Lubart, T. I.(1995). *Defying the crowd : Cultivating creativity in a culture of conformity*. New York: Free Press.

Tan, O. S., Parsons, R. D., Hinson, S. L., & Sardo-Brown, D.(2003). *Educational Psychology: A practioner-research approach* (An Asian edition). Thomson.

Tyler, R. W.(1942). General statement on evaluation. *Journal of Educational Research, 35*, 492-501.

Woolfolk, A. E., & McCune-Nicolich, L.(1984). *Educational psychology for teacher*. Englewood Cliffs, NJ: Prentice-Hall.

Woolfork, A. E.(1993). *Educational psychology*(5th ed.). Boston: Allyn & Bacon.

Weiner, B.(1984). *Principles for a theory of student motivation and their application within and attributional framework*. In R. Ames & C. Ames(Eds.), Research on motivation in education(Vol. 1), Orlando, FL: Academic Press.

Zhang, L. F.(2001). Do styles of thinking matter among Hong Kong secondary school student? *Personality and Individual Differences, 31*, 289-301.

저자 소개

✍ 정황순

교육학박사(교육심리 전공)
현, 백석예술대학교 교수

〈대표저서와 논문〉

『가족복지론』(공저, 창지사, 2012), 『교육학개론』(공저, 태영출판사, 2012),
『실기교육방법론』(공저, 태영출판사, 2006), 『교육학개론』(공저, 동문사, 2003),
『집단상담의 이론과 실제』(공저, 학술정보, 2002)
"기독교 대학생의 다중지능 및 신앙성숙과 자아정체감과의 관계"(백석논단, 2010) 외 다수

✍ 박현정

교육학박사(Ph.D)
현, 백석예술대학교 교수

〈주요논문 및 연구활동〉

『기독교대학 교양교육과정에 대한 제언』(기독교교육정보, 2011),
『주 5일 수업제에 따른 교회토요학교 교육과정에 대한 제언-초등교육을 중심으로』(기독교교육논총, 2013),
『기독교교육에서 인문학 활용 가능성 모색』(기독교교육정보, 2013),
『다문화부부의 인문학강좌 참여경험: 영화 만들기를 중심으로』(한국디지털정책학회, 2013),
『다문화가정 대상 인문학강좌 교육과정개발』(한국연구재단 및 교육과학기술부, 2011-2012),
『장애아동가정 대상 인문학강좌 교육과정개발』(한국연구재단 및 교육과학기술부, 2011-2013)

✍ 김영옥

교육학석사
현, 수원여자대학교 겸임교수, 창의나라유치원 원장

〈저서 및 논문〉

『교육학개론』(공저, 태영출판사, 2012),
『동화짓기 활동이 유아의 언어표현력 및 창의성에 미치는 영향』(중앙대학교 교육대학원, 2003)

교육심리학

초판발행 2013년 8월 20일
6판발행 2018년 8월 30일

2018. 8.

저 자 정황순 · 박현정 · 김영옥
발행인 김현태
발행처 태영출판사

주 소 (08301) 서울 구로구 구로동 104-10 동남오피스텔 201호
전 화 02 · 839-3757, 839-3752
팩 스 02 · 837-3754
등 록 2005년 5월 30일 제12-421호
http://www.taeyeongbook.co.kr
E-mail tys2005@hanmail.net
ISBN 978-89-6302-123-2 93370
정 가 16,000원

NAVER 태영출판사

* 잘못 만들어진 책은 교환해 드립니다.